생 명 역
7번출구

감사와은혜

KB216210

생명역
7번 출구

감사와은혜

인간은 별의 운행에 대해서는 넋을 잃고 생각하지만
정작 인간의 내면에 대해서는 생각하지 않는다.

- 아우구스티누스 고백록

siso

여는 글

아름다운 연애를 하고픈 사람들을 위해

즐거운 결혼생활을 하고 싶은 커플을 위해

아이를 행복한 사람으로 키우고 싶은 부모를 위해

풍부한 결실을 맺는 노년을 맞이하고픈 성인을 위해

2011. 12. 23.

혼돈을 더하는 시는 불편하다는 어떤 평론가의 이야기가 힘을 준다. SBS 채널의 '우리 아이가 달라졌어요'라는 프로그램을 보고 느꼈던 감동은 혼란, 무의미 등등은 어쩔 수 없는 것이 아니라는 깨달음을 줌에서 온다. 삶의 문제를 풀어나감에 힘을 주고, 삶에 흐르는 어떤 맥락을 파악해 나가는 것이 예술임이 글을 씀에 있어서의 나의 철학이다(폴란드, 체코에서 삶의 편린을 보고 오고자 한다. 나의 조그만 플랜이다).

사람들을 행복한 자유로 한걸음 내딛게 하는 것, 그것이 자연의 선물.

2011. 12. 30.

정체성을 느낀다는 것. 그것은 사회에 뛰어들고, 과업을 완주해 나가는 데에서 오는 어떤 자기완성의 느낌이다.

얼마나 슬펐는지 모른다. 내가 얼마나 슬펐는지 하나님만 아신다. 매일 절망 속에서 살았다. 그런데 빛을 향해 나아가려는 그 슬픔 속에서의 노력이 나를 어느 정도의 빛 속으로 이끌어 갔다. 슬퍼도 살아야 했다. 생명을 무의미하게 끝낼 수는 없었다. 빛은 안 보였고 헛발질만 하는 것 같았다. 그래도 눈물을 닦으며 이웃을 도왔고, 글을 썼고, 아이와 캐리와 동이를 키웠다. 그러자 희미한 빛이 보였다. 사회 속에서 주님의 세계 안에서 진정으로 생활하고 싶다. 정체성을 잃지 않으며….

2011. 12. 31.
이성적인 느낌이 드는 이성은 그리 흔치 않다. 그러나 여러 결핍으로 인해 여성에게 여성임을 느끼게 하지 못하는 남성을 향해 경멸의 감을 느낀다는 건 인류를 이해하지 못하는 사랑 없는 행동이다. 그런 남성들을 불쌍히 여기고 남성성이 활짝 꽃피기를 기도해 줄 일이다. 어떻게 하면 그 남성군이 남성성이 꽃필 수 있는지 그것을 연구해 볼 일이다. 여성으로 하여금 여성임을 느끼게 해주는 일은 그 남성이 훌륭해서가 아니라 99.9% 환경의 문제이기 때문이다.

2012. 1. 2.

샘물교회 목사님 말씀을 듣던 중 문득 내게 다가오는 말씀이 있었다.

"섬겨지려고 온 것이 아니라 섬기러 이 세상에 우리가 왔다."

'왜 슬프지? 왜 이토록 힘들지?' 하고 불평하며 내 삶에 절망해 있던 내게 그 말씀은 큰 울림을 가져다주었다. 가장 낮은 곳으로, 가장 버림받은 영혼을 섬기러 나는 이 세상에 온 것이다. 모든 것을 누려보려고, 즐겨보려고 온 것은 아니다. 그렇게 자신을 낮추는 사람은 조그만 것에도 행복하고 감사할 줄 알 것이다.

2012. 1. 5.

모든 영혼이 귀하다. 우스워 보이는 사람도 깊이 파고들어 분석해 보면 결론은 불쌍하다는 것이다. 우스운 존재가 없는 것이다.

2012. 1. 6.

어렸을 때부터 세상의 도리를 알려주는 누군가가 있고, 사랑으로 존중받으며 큰 사람은 행복한 사람이다. 인류의 역사를 보았을 때 이만큼의 문명과 문화가 이루어지기까지 인류는 참 먼 길을 걸어온 것이다. 위로받아야 하고, 서로 사랑하며 살아야 한다.

2012. 1. 7.

나 자신을 극복하는 것. 나 자신의 감정·느낌·생각으로 절망하며 괴롭게 살지 말고, 성령이 나의 삶에 바라는 대로 살기. 주님께서 내 삶에 바라는 대로 살기. 내가 죽지 않고 살아있는 것은 어떤 이유가 있을 것이다. 100%가 아니라도 어떤 이유가 있을 것이다. 절망하며 내 생각대로, 느낌대로 살지 말기….

2012. 1. 9.

캐리 때문에 간 동물병원에서 '전문가가 되어야겠다'라고 느꼈다. 여의사였는데, 결코 아마추어가 아니었다.

'그래, 남성들이 이상으로 하는 여성은 자기 분야에서 최선을 다하는 실력자일 거야. 여성이 남성에게 바라듯이.'

일은 축복이자 구원이다. 건강이 많이 회복되자 느끼는 점이다.

'인생에는 내가 모르는 무엇인가가 있을 거야.'

노력해야 하는 이유다. 시크릿의 노래 가사 중 '노력이 없는 사랑이 싫어'라는 부분이 떠오른다.

2012. 1. 11.

임대주택을 재건축아파트에 포함하면 교육적인 효과는 물론 아이들은 세상을 배운다. 가난이 어떻게 오는가도 배우게 된다. 세상의 아픔을 품에 안게 됨으로써 외롭지 않게 된다. 행복한 사람만 살아야 하는 세상일까? 아픔이 있는 이웃이 모두 사라져 버린 지구가 어떻게 지속되겠는가…. 쾌락이 인생의 다인가….

52살의 나이를 찾았다. 모든 나이는 그 나이대의 의미와 아름다움과 스토리가 있는 것이다. 100살의 나이에는 또 그 나름의 아름다움과 발랄함이 있기에….

은희를 찾았다. 나의 18살 때부터의 친구. 꼭 행복을, 그녀의 행복을 찾게 해주고 싶다. 내가 세상에 베풀었다고 생각했지만, 그 10배의 기쁨을 되받고 있다. 헤아릴 수 없는 보답을 받고 있다. 결국 나도 보답한 것이다. 베풀었다는 것도….

2012. 1. 12.

암은 정신적인 문제, 영양의 문제, 환경의 문제, 유전의 문제 등이 복합되어 나타나는 질병이다. 암을 이겨내는 과정 자체로 자아의 문제를 해결해나가는 모습을 많이 본다. 암을 이겨내는 방법의 하나인 영양의 문제를 보자면 지력(地力)의 저하, 환경오염 등으로 영양제와 정수기가 꼭 필요한 시점이 되었음을 인지해야 한다. 콩의 제니스테인, 녹색 잎채소의 글루타티온, 마늘의 S-알릴시스테인이 우리가 쉽게 만날 수 있는 항암요소이다. 긍정적인 마음, 웃음, 희망이 중요함은 말할 것도 없다. 기억해야지.

2012. 1. 14.

열등감의 문제가 얼마나 많은 사람을 괴롭히고 있는 것인지를 생각하게 하는 토요일 밤이다. '머니볼'이라는 영화가 주었던 메시지대로 자유로운 영혼이 선행되고, 열등감을 느끼는 부분을 끊임없는 노력으로 상쇄해 나가면 되지 않을까? 성경에 나온 대로 '피곤치 않으면 거두리라…'

2012. 1. 17.

아름답다고 사랑한다면 아름답지 않으면 사랑하지 않겠다는 것 아닌가…. 내가 나인 것은 환경과 교육과 축복과 스스로가 나 자신일 수 있게 해준 99% 때문이다.

2012. 1. 18.

영이가 지난해에 아기를 낳았다. 나도 진정한 어른, 할머니가 된 것이다. 어린 사람들, 어르신들에 대한 책임감을 느낀다.

2012. 1. 19.

남편을 로맨틱한 연인이 되게 하려면 그의 상처를 보듬어주고, 같이 삶의 문제를 해결해나가고, 그의 부모님을 이해하며 사랑하고, 같이 추구해 나가는 가치관을 정립하라. 그의 섬세한 정서의 모세혈관을 살려주고 사랑과 정성을 쏟을 때, 당신의 시간과 인내를 쏟을 때 그는 개구리가 왕자님이 되는 동화처럼 변화할 것이다.

2012. 1. 21.

세상에서 소외되었다고 생각될 때, 세상을 당신에게 다가오도록 하려면 세상을 사랑해 보라. 필리핀에서, 에티오피아에서 고통 받는 사람들까지를 위해 기도하고, 주위의 사람들에게 사랑과 관심을 베풀며, 세상의 문화를 내 공부방으로 끌어들이고, 단체(민간 비영리조직 or 종교단체)에 가입해 보라.

당신이 세상을 소외시키지 않는 한 당신은 소외당하지 않으며 고독하지 않다. 눈에 보이는 명예만 명예로운 것이 아니라 봉사활동, 사적인 유물(일기, 그림) 등도 당신의 창조적 생산품인 것이다. 세상의 가치로 자신을 격하시키지 말고, 의미를 자신의 인생에 스스로 부여해 나가라. 나만이 아는 내적 충만감은 다른 사람이 몰라도 나의 정체성을 채워 준다. 그리고 당신의 존재가치는 무한대임을 항상 기억하라.

"남이 나를 알아주는 것을 근심하지 말고 내가 남을 알아주지 못하는 것을 근심하라."

-공자

2012. 1. 22.

친구의 연인을 사랑하는 것과 결코 답 없는 외사랑은 삶의 스타일을 바꾸어야 할 삶의 형태라는 생각이 진정한 어른이 되어갈수록(지난해 난 할머니가 되었다) 확실히 든다. 그것은 나 자신을 파괴하고, 친구를 파괴하며, 부모님을 절망케 한다.

매력은 우스운 것이다. 나를 위해 울어주는 눈물에 비하면. 진정한 건강의 모습으로 자신의 삶에 햇빛을 초대한다면 지구가 살아난다.

2012. 1. 23.

어려서는 외모로 보이는 아름다움에 많은 비중을 두었다. 그러나 나이가 든 후 노자의 '아름다움은 진실이 아니다'라는 말을 이해하게 되었다. 눈에 보이는 아름다움은 이제 중요하지 않다. 그리고 아름다움의 반대가 추함도 아니다. 단지 아파 보일 뿐, 혐오의 감정이 아닌 연민의 마음이 들 뿐이다. 더욱이 누구나 노력하면 외모의 아름다움을 갖출 수 있게 된 시대에 더더구나 소위 추한 것이 연민의 마음만 드니 모두가 꽃과 같다. 사람이 꽃처럼 아름다울 뿐이다.

2012. 1. 24.

악한 것이 아니라 병들었을 뿐이다. 무척 나빠 보이는 사람은 무척 병들었을 뿐이다. 그리고 지옥은 스스로 만드는 것이다. 스스로 만든 지옥에 갇히는 것이 제일 고통스럽다.

2012. 1. 27.

독이 소량일 경우 인체가 이를 해독할 수 있으면 그것은 치료의 역할을 하기도 한다. 고통도 마찬가지인 것 같다. 마음이 그것을 풀어낼 수 있을 때 그것이 인생의 메커니즘(역동의 원리)을 가르쳐 줄 수 있다.

2012. 1. 28.

인생이란, 어린이의 마음을 잊지 않는 한 천국이 보인다.

2012. 1. 30.

예수님은 가치관의 전도를 가져오셨다. 낮은 것을 높이시고, 높은 것을 낮추셨다. 우리는 예수님을 믿는다고 하면서도 말로만 믿는 것은 아닐까. 그분의 가치관을 조롱하고 겉으로만 크리스천인 척하는 것은 아닐까.

2012. 2. 1.

이성과 원만한 관계를 맺지 못하는 이들은 부모님과의 관계를 생각해 볼 일이다. 어릴 적 딸은 아버지와, 아들은 어머니와의 결혼을 심각하게 생각해 본다고 한다. 그만큼 세상에 태어나서 처음의 이성에 대한 이미지 혹은 패러다임을 이성 부모에게서 배우는 것이다. 부모의 역할이 얼마나 중요한 것인지를 또 한 번 느끼게 된다.

자라서 이성에게 환멸을 느꼈다면 이후의 이성을 향한 관계 형성에 어려움을 겪게 된다. 용서하고 용서하며 또 용서해야 하는 이유가 여기에 있다.

〈학교가 상처를 주네〉

행복은 성적순이 아닌데,

학교에서 우리는 1등급, 2등급, 3등급 등급판정을 받네.

『꼴찌에게 보내는 갈채』라는 책도 사랑하는 박완서 님이 쓰셨는데,

학교에서는 꼴찌를 등외 인간으로 분류하네.

그것은 정말 교육적이지 않은데, 정말 교육적이지 않은데….

평생을 그 열등감으로 사는 길은 남북분단보다 더 괴로운 일….

그러나 누군가 이렇게 말해 준다면,

"너를 성적으로 정의내리지 마.

 초등학교 중퇴인 에디슨이 한 일을 봐….

 고등학교 중퇴인 서태지가 한 일을 봐….

 대학교 중퇴인 스티브 잡스가 한 일을 봐…."

2012. 2. 4.

『남자들은 왜 여우 같은 여자를 좋아할까』라는 책 중에서 남자는 자기의 의견이 없는 여자를 사랑할 수 없다는 이야기가 나온다. 그 이유는 세상에 대한 새로운 제너레이션의 생각이 필요하기에, 인생을 살아가는 데 있어 남자를 사랑한다면 같이 세상의 문제를 풀어나가야 하기에, 천국에도 누군가는 일해야 천국

이 돌아가기에(여기보다는 덜 힘들겠지?). 그리고 나와 다른 개체를, 반응이 있는 인간을 사랑하지, 생각 없는 무생물을 누가 사랑할 수 있을까….

때로는 말 없음이 좋기도 하겠지만, 모든 것이 사랑이다. 사랑에서 모든 사랑이 싹튼다.

2012. 2. 5.

'언약궤를 성전으로 옮기다.'

'행복한 마음이 곧 종교적 마음가짐이다.'

오늘 발견한 말씀들….

2012. 2. 6.

밤이 되니 강아지들은 코를 부비대며 잠들기 시작하네.

나는 오늘도 그대가 그립네.

밤하늘을 바라보니 별은 보이지 않고 흐린 하늘만 보이네.

하지만 내 마음의 별 하나는 사라지지 않네.

2012. 2. 7.

어려서는 어른들이 "젊은 사람이 살려고 애쓰는 모습이 대견하다"라고 하실 때 정확히 그 뜻을 몰랐다. 그러나 내가 어른이 되고 보니 살려고 애쓰는 모든 사람의 모습이 너무 예쁘다. 시인과 촌장의 노래 '사랑일기'에서처럼 나도 그분들에게 '사랑해요'라고 쓴다.

2012. 2. 8.

성당에서 마음의 위로와 평화, 힘을 얻으려 한다. 오래 다녔던 교회와 작별하려니 힘들다. 하지만 또 성당에서 공동사회를 이루어나가면 그곳이 고향처럼 편안하고 따뜻한 곳이 되리라.
성산성결교회, 내 인생에서 따뜻한 날들을 보낸 곳…. 그곳의 추억을 언제까지나 기억하리라.

2012. 2. 9.

토끼와 거북이의 우화가 말하고 싶은 것은, 진정한 승자가 거북이임이 뜻하는 것은 종교 혹은 신념의 힘이다. 종교 혹은 인생의 믿음이 없는 사람은 토끼처럼 살아간다. 그저 쾌락, 눈에 보이는 것이 다인 그런 삶. 인정하고 싶지 않지만 그렇게 살아가는 사람들이 있다는 것이다. 그 많은 뉴스의 헤드라인을 장식하는 한심한 이야기들. 등록금이 없어 고민하는 젊은이가 있는데 1억 원을 피부미용에 쓴다는 시장후보가 있다는 이야기(리더가 그래서는 안 되는 것 아닌가?)를 비롯하여 종교 혹은 인생에 대한 믿음을 상실한 영혼들의 비참한 현상을 보며 나 자신을 진정한 자유로 이끌어 가야 함을 절실하게 느끼는 새벽이다.

2012. 2. 10.

건강하게 살려면 역설적인 이야기지만 자신이 약한 존재임을 인정해야 한다. 사람들과 어울려 살기 때문에 인간임을, 깨끗한 음식 때문에 몸이 유지됨을, 선배들의 조언을 참고해야 시행착오를 줄일 수 있음을, 때로는 신경정신과 의사와 상담해야 함을 받아들여야 한다. 자신의 한계를 받아들여야 더 큰 존재가 될 수 있는 것이다.

2012. 2. 11.

'하이힐을 신고 달리는 여자'라는 영화를 보았다. 사라 제시카 파커 주연의 영화로 워킹맘의 고뇌와 행복을 이렇게 따뜻하게 그린 영화가 있었나 싶다. 큰 프로젝트를 성공시키고 결혼생활도 굳건히 지켜가는 한 커리어우먼의 일상을 그린 영화로 마음이 따뜻해지는 영화였다. 좋은 예술은 언제나 우리를 격려해주고 힘들 때 위로를 준다. 영화라는 종합예술이 얼마나 큰일을 하는지 다시 한번 생각하게 하는 토요일 밤이다.

2012. 2. 13.

한 모임에서 상처에 관해 이야기했다. 동생의 죽음, 예사롭지 않은 이웃으로 인해 받은 상처, 아이로 인해 받은 상처, 동서와의 관계로 인한 상처, 사랑으로 인한 상처 등등. 상처가 없다고 말한 사람은 없었다. 우리는 빛과 사랑으로 나아갈 때, 누군가의 위로로 인해 상처가 치유됨을 이야기했다. 자신을 어둠 속에 방치하지 말 것을 이야기했다.

●

2012. 3. 2.

추억은 쌓아 가면 되고, 외모는 노력하면 되고, 이성성은 억압이나 결핍에서 풀려나 자유로워지면 된다. 중요한 것은 서로 사랑하고 좋아하는 것과 인격이다.

에곤 실레를 비롯해 받아들여지지 못하고 죽어간 예술가들이 떠오른다. 예술가뿐이랴. 인정받지 못하고 떠나간 선각자들, 개인적인 삶을 살아보지 못하고 떠나간 선각자들, 개인적인 삶을 살아보지 못하고 떠나간 자유와 인권의 열정 가득한 선구자들. 나의 글들도 그렇게 개인 문고가 되고, 나는 지구를 떠나는 것인가.

2012. 3. 4.

숙명여대 박물관에서 열리고 있는 멕시코 문화전을 보러 청파동에 갔었다. 문화전은 휴무였고, 숙명여대 앞을 걸어 보았다. 그곳에는 1980년대의 나의 공간이 있었다. 1980년대의 학교 앞이 있었다(내가 다녔던 학교 앞은 거대도시화에 모든 옛 모습이 사라져 버렸다. 이렇게 개발하면 안 된다는 것을 보여주고 있다).

그때의 외로움, 삶에의 기대, 꿈, 나의 이상(理想), 20대만의 열정, 고뇌, 달콤쌉쌀했던 로맨스 등이 주마등처럼 나의 뇌리를 스쳐갔다. 릴케의 말대로 그때의 의문이 있었기에 지금의 대답이 있을 수 있는 거겠지. 그런데 나는 그때처럼 외롭다. 고통스러운 외로움이 환기되며 다가올 내 앞의 삶을 위해 무엇인가를 해야 한다고 생각했다. 행복을 만나는 데 오랜 시간이 걸리는 사람들이 있다. 내가 그런 경우다. 그럴 때 불행하게 걸어가지 않고, 기뻐하며 감사하게 걸어가야 한다. 내게는 예수님이 주신 비전이 있다. 그러니 웃으며 걸어가겠다.

2012. 3. 5.

일산에 사는 친구를 만났다. 그녀를 생각하면 가슴이 아리다. 힘든 세월을 살아왔음에도 그녀에게서는 우주의 생명력이 느껴진다. 부모님의 사랑과 보살핌을 받지 못했다고 그녀는 말하지만, 난 그녀 가족의 결속력을 느낀다. 상처 있는 가족 구성원끼리의 말해지지 않는 끈끈한 정. 고등학교 2학년 때도 느꼈지만 그녀 마음의 생명력을 느끼며 일산의 흐린 하늘 아래 보낸 하루였다. 친구가 꼭 사랑하는 사람을 만나기를 기도해본다.

장자의 아내가 죽었을 때 장자는 전혀 슬퍼하지 않았다. 그 이유를 묻자 "유와 무의 사이에서 기가 생겨났고, 기가 변형되어 형체가 되었으며, 형체가 다시 생명으로 모양을 바꾸었다. 이제 삶이 변하여 죽음이 되었으니 이는 춘하추동의 사계절이 순환하는 것과 다를 바 없다. 아내는 지금 우주 안에 잠들어 있다. 내가 슬퍼한다는 것은 자연의 이치를 모른다는 것과 같다. 그래서 슬퍼하기를 멈췄다"라고 했다.

2012. 3. 12.

〈고통의 의미에 대하여〉

인생이 정말 힘들었을 때 정말 괴로운 것은 '저 사람은 저렇듯 행복한데, 왜 나는 불행한가'였다. '내가 죄를 지었나, 나의 부모님이 죄를 지었나, 왜 인생이 이렇듯 불공평한가'였다. '왜 나는 노력을 해도, 아무리 착하게 살아도 불행한가' 하는 의문이었다. 이제 인생에 대한 회의를 어느 정도 극복하고 느끼는 것은 영원한 행복도 없고, 영원한 불행도 없다는 것이다. 영원히 행복하려면 그만큼 노력하고 헌신해야 하며, 불행도 영원하지 않다는 깨달음이다. 인류는 서로 연결되어 있기에 내가 불행하면 이웃도 불행하다는 것, 우리 인류는 공동체라는 것, 누군가가 불행한데 나와 우리 가정만 행복할 수 없다는 것을 알았다. 그러니 지금 불행하다면, 행복해지기 위한 자격을 얻기 위해 그런 것임을 깨닫고 슬퍼하지 않기를 바란다.

2012. 3. 15.

고독을 견디는 힘.

그러기 위해서는 사회와 역사, 영원에 열려있어야 한다.

끊임없이 노력하겠다는 마음이 있어야 한다(그 과정이 외로움을 극복하게 해준다).

해피엔딩을 꿈꾸어야 한다(꿈꾸지 않으면 미래는 의미가 없다).

사람들의 고정관념에 도전할 수 있어야 한다(뇌는 부정적인 생각에 더 익숙하다).

그리고 절대 긍정의 마음을 지녀야 한다.

2012. 3. 17.

〈좋은 남자를 구별하는 법〉

나의 재능과 표지만을 사랑하는지 아닌지는 그가 동물이나 장애인, 소외당한 이웃을 어떻게 대하는가를 보면 알 수 있다. 또한 서비스하는 사람들에 대한 그의 태도를 보면 알 수 있다. 나에게는 지극히 매너 좋은 사람이 사회적 약자들에 대해 무감각하거나 무시하는 태도를 보인다면, 그는 분명 내게서 매력이 사라지거나 나보다 매력적인 여성을 만나면 마음이 변할 사람이다. 사랑은 대상의 문제가 아니라 삶에 대한 태도의 문제이기 때문이다.

물질적 환경이 좋다고 영원한 연인이 되는 것도 아니다. 오히려 가난하지만 가족 간의 사랑과 격려 속에서 어려움을 이겨나가거나, 대화하는 가운데 영성에 대한 갈망이 느껴지는 사람이 영원한 연인이 될 수 있다. 지금 사랑하는 사람과 영원하고 싶은가? 그에게 영원의 가치를 느끼게 하고, 체험하게 하며, 영원을 엿보게 하라.

2012. 3. 21.

〈사람들, 상처들〉

삶을 살아오면서 얼마나 많은 사람이 상처받고 그것을 견디며 살고 있는지 알았을 때, 한 영혼 영혼에 깃든 슬픔의 무게를 알아차렸을 때 난 삶의 실체를 알 수 있었다. 왜 신문에 그 무서운 소식들이 실리는지. 삶은 아픔이라는 실존적 명제가 포함된 스토리다.

정신분열 환자가 그에게 연민을 지닌 한 사람을 만나게 되면 더 이상 정신분열증이 아니라는 심리학자 칼 로저스의 말이 나에겐 상처에 대한 회복의 실마리가 되었다. 아픈 친구에게 내가 그런 한 시선이 되어주어야겠다. 나의 상처는 또 다른 나를 연민으로 바라보는 시선에 의해 회복될 것이다.

2012. 3. 24.

22년의 세월이 흘렀다. 그 봄 나의 새로운 삶의 형태가 시작된 지. 의미가 있는 이 날, 강남의 한 극장에서 본 '언터처블(1%의 우정)'이라는 영화는 '세 얼간이' 이후 가장 큰 감동을 준 작품이다. 경제적 상위 1%에 속하는 사람과 하위 1%에 속하는 사람의 우정에 관한 이야기(목 아래 부분이 마비된 부자를 정부의 생활보조금으로 생활하는 사람이 돌보며 피어나는 인간적인 우정의 이야기). 하위 1%의 드리스는 어찌나 발랄하고 인간적이며 살아있는 사람인지 영화를 보는 내내 그의 행동들 때문에 웃고 즐거웠다. 부유하지만 장애가 있는 필립은 드리스에 의해 살아있음을 느낀다.

그런데 내가 본 대부분의 경제적 하위 1%의 사람들은 자존감이 부족했다. 그들에게 누군가는 말해주어야 한다. 모든 생명은 참으로 고귀하고 사랑받아야 함을 말이다. 필립이 드리스에게 그 일을 해주었듯이.

2012. 3. 27.

친구에게 이야기했다.

"삶의 지속적인 멘토를 찾아라. 이야기할 때 독백하지 말고 눈을 마주보며 대화해라. 인간을 수단으로 보지 말고 목적으로 봐라(독일의 철학자인 칸트의 말대로)."

외로운 친구는 그것을 메모했다. 누구도 이야기해주지 않았다며. 나는 그녀의 정신세계에 나의 조그만 사랑의 도움말이 단비가 되기를, 삭막해지면 또다시 생각나는 단비가 되기를 기도했다. 지금 내 마음도 좀 황량하다.

2012. 3. 28.

〈삶의 팁 세 가지〉

첫 번째 팁은 된장찌개를 끓이는 법이다. 된장찌개를 끓일 때 처음부터 된장을 넣는가 아니면 마지막에 넣는가? 정답은 채소와 부재료를 익힌 후 불을 끄기 5분 전에 된장을 넣어야 한다는 것이다. 된장이 항암식품임을 처음으로 규명한 식품공학 박사의 레시피이다. 이유는 된장은 발효식품이므로 처음부터 된장을 넣고 끓이면 유익균이 모두 사라진단다. 항암식품으로서의 역할이 사라지는 것이다.

두 번째 팁은 화장품에 관한 것이다. 화장품은 기름과 물을 섞어서 크림타입의 제형을 만든다. 섞는 데 촉매제가 필요한데, 그 역할을 하는 것이 계면활성제이다. 비누를 만드는 그 계면활성제 말이다. 피부에 좋을 것이 없다. 직접 오일을 바르거나 액체 상태의 토너만을 주로 바르는 것이 피부를 위하는 길이다.

세 번째 팁도 역시 화장품에 관한 이야기다. 수면제를 습관적으로 먹으면 뇌에서 수면을 조절하는 기능이 역할을 하지 않게 된다고 한다. 피부도 마찬가지다. 적량의 화장품을 발라야 수분과 유분을 조절하는 피부기능이 역할을 한다. 너무 많이 바르면 그 역할이 퇴화되어 버린다. 무엇이든 과유불급이다.

2012. 3. 30.

인생에서 제일 힘들었을 때 방울언니를 만났다. 도봉구 창동에 살 때 아파트 앞 약국에 놀러 가면 방울언니도 그곳에 놀러와 있었다. 첫 결혼에 실패한 언니는 심신으로 지쳐있던 나와 친구가 되었다. 약국에서 수다를 풀어내고 커피 한 잔 마시며 그렇게 세월은 흘러갔다. 그러다 나는 언니가 경제적으로 매우 어려움에 처해 있고, 정신적으로도 기댈 곳이 없게 되었음을 알게 되었다. 이혼한 딸과 외손자, 장가를 못 간 아들과 사는 언니는 정말 외로워 보였다.

언니를 도왔다. 생활비도 도와주고, 교회라는 공동체로 이끌며 위로해 주었다. 때로는 언니가 미웠다. 나는 어느새 6년여 간 언니를 도움으로 인해 자아정체성이 생기고 있었다. 언니의 외손자는 삼성전자 천안공장에 취직했다. 언니는 내게 구주라고 한다. 내 인생에서 가장 잘한 일 중의 하나가 생긴 것이다. 언니를 도운 일을 생각하면 삶이 따뜻하게 느껴진다. 나의 삶을 오히려 언니를 도운 일이 따뜻하게 만들어주고 있다. 그때 언니를 외면하지 않아서 얼마나 다행인지….

2012. 3. 31.

교회에 가서 교회가족들과 봄맞이 청소를 했다. 우리 4여전도회가 맡은 곳은 모세성경대학과 수요성경학교를 공부하는 2층이었다. 한 시간 여를 닦고 쓸고 했더니 청명한 봄 하늘처럼 그곳이 깨끗해졌다. 목요일 새벽기도시간에 5여전도회와 함께 부를 찬송연습을 하고 교회를 나서는 내 발길이 가벼웠다.

나는 어떻게 교회에 나오게 되었나를 생각하니 감사한 마음이

퐁퐁 샘솟는다. 교회가 없었으면 견디지 못했을 시간들. 주위 사람들을 이해하지 못했을 거고, 생명에 대해 미움 한 방울 없이 사랑하며 완전히 이해하려고 하지 못했을 것이다. 나에게 주어진 운명도 감당하지 못했을 것이다. 그 보석보다 더 값진 말씀들과 만나지 못했을 것이다. 이렇게 따뜻한 공동체와 만나지 못했을 것이다.

47여 년 전 강북구 인수동 성북교회 앞마당에서 본 예수님의 이미지가 나에게 천국을 꿈꾸게 했다. 그 비전은 나의 무의식에 기억되었고, 나의 삶을 이끌어주는 멘토가 되었다.

2012. 4. 4.

어제 시어머님이 우리집 옆으로 이사하셨다. 어머님은 몸만 오셨고 사실은 우리가 모든 절차를 다 했다. 어머님을 만나기 전에는 세상의 아픔을 알지 못했다고 해도 과언이 아니다.

'왜 저토록 정 없이 말할까, 어떻게 저토록 사람을 미워할 수 있을까, 왜 모든 것이 부정적이고 감사하실 줄을 모를까…'

처음에는 놀라고 상처받았지만 곰곰이 생각하기 시작했다. 왕조시대에 셋째 딸로 태어나신 어머님은 한학을 조금 배우신 걸 빼면 교육의 기회가 없으셨다. 일본제국시대의 혹독함을 경험하며 6·25 전쟁을 겪고(두 자녀를 잃으셨다) 대한민국 정부 형성기의 혼돈을 겪으며 살아오셨다. 아버님이 사업을 크게 하시다 실패하신 후 어머님은 온갖 잡일을 하시며 자녀들을 키우셨다. 큰며느리가 집안에 들어왔는데, 그분도 상처가 많으신 분이라 갈등이 컸다고 한다. 언젠가 어머님께서 혼잣말처럼 말씀하셨다.

"행복한 적이 없어…."

친구들의 시어머님도 같은 연배가 많으신데 모두 친구들과 각종 갈등이 많은 것 같았다. 시어머님 세대가 너무 상처가 많으심을 깨달았다. 남녀평등시대의 평화로운 나라에서 충분히 교육받을 수 있었던 우리들과 같은 기준으로 이해의 폭을 좁혀서는 결코 시어머님 세대를 이해할 수 없음을 알게 되었다. 사랑의 불을 놓으리라 결심하고 노력한 지 20여 년, 어머님께서 나와 같은 집안의 며느리를 얻으라신다. 순간 모든 수고가 상쇄되는 느낌을 받았다. 이제는 어머님께서 악의가 있어서 화를 내시는 것이 아님을, 내가 싫어서 싫은 소리를 하시는 것이 아님을 안다. 단지 어머님은 상처가 너무 많으신 거다.

'어머님, 주무시는 천진한 표정과 자녀를 위해 손발이 닳도록 희생하심과 우리를 위해 기도하시는 그 마음을 기억할게요. 어머님의 청춘, 커리어, 꿈을 다음 세상에서 꼭 펼치시길 기도할게요. 남은 삶은 외로우시지 않도록, 상처가 치유되시도록, 잃어버리신 꿈을 되찾을 수 있도록 저희가 도와 드릴게요.'

2012. 4. 10.

며칠 전에 조카에게 다녀왔다. 조카에게는 채영이라는 10개월 된 아이가 있다. 간섭하는 것 같아서 이야기는 하지 않았지만(이미 조카에게 많은 이야기를 했기에) 내가 다시 아이를 키운다면….

먼저 엄마와 아이의 관계를 벗어나 내 인생에 초대되어 온 친구라고 생각하며 즐겁게 아이와 놀겠다. 가르친다기보다 내가 만들고 싶었던 시간을 아이와 공유하고 싶다. 잠자는 시간이 되면 이불을 덮고 아이와 함께 바다가 푸른 이유, 별이 반짝이는 이유, 무지개는 왜 그리도 예쁜지, 냇가에 개구리는 왜 그렇게 폴짝폴짝 예쁘게 뛰어다니는지, 옆집 동이의 스캔들에 대해(캐리라는 요크셔테리어를 따라다니는데) 이야기하고 함께 잠들었다가 아침에 깨어 아이의 잠든 모습을 바라보며 아이의 아침을 기쁜 마음으로 준비해 주고 싶다.

여름이면 캠핑장에서 살다시피 하며 자연 속에서의 삶을 만끽하겠다. 물론 영어단어 10개, 중국어 숙어 10개, 일어 회화 3개는 매일 함께 공부해야 한다. 외국어 3개 정도를 익히는 것은 우리의 삶을 더욱 풍요롭게 해주므로. 가을이면 단풍 속을 걸어보고 낙엽으로 시도 지어보며 푸른 가을하늘을 두 눈에 담뿍 기억하리라. 겨울밤이 되면 군고구마 기구를 준비하여 밤늦게까지 함께 팔아보고 싶다. 정말 많은 것을 배울 수 있을 것이다.

토요일이 되면 손을 잡고 시립도서관에 가서 보고 싶은 만화와 존 그리샴의 소설, 아가사 크리스티의 고전이라고 부를 수밖에 없는 추리소설을 마음껏 보리라. 또한 플라톤과 아리스토텔레스가 서양문화의 근간이 된 이유를 알아보고, 오천 년 우리 역사 속의 그 많은 유산을 듬뿍 읽어보리라. 일요일이 되면 교회에 가서 왜 예수님이 "이웃을 네 몸처럼 사랑하라"라고 하셨는지를 기도를 통해, 성경공부를 통해, 이웃과의 교류를 통해 깨달아 보리라.

방학이 되면 가족이 다 모여 거실에서 커튼을 치고 '셰난도', '닥터 지바고', '바람과 함께 사라지다', '쉘브르의 우산' 등의 영화를 재미나게 보며 인생을 배우고 싶다. 멋진 CD(냇 킹 콜, 전람회, 김창완, 라흐마니노프 등)를 통해 함께 음악을 즐기며 삶은 감자와 군고구마를 맛있게 먹어보는 시간의 추억도 만들고 싶다.

아이를 키운다는 것은 내 삶을 몇 십 배로 풍요롭게 해주며 또 다른 행복을 가져다준 과정이었음을 아이가 22살이 된 지금에서야 발견하고 있다.

PS. 어머님이 최근에 세상을 떠난 아이의 친구에게 전화를 걸어 영혼의 존재에 대해 이야기 나누고, 어머님께서 행복하게 사는 것을 간절히 기도하고 계실 것임을 알려주었다. 아이의 친구에게도 좋은 친구의 엄마가 되고 싶다.

2012. 4. 20.

'마법에 걸린 사랑'이라고 번역된 디즈니사의 영화를 보고 잠시 생각에 잠겼다. 대사 중에 "영원히 행복하게 함께 살았다는 말은 없다"라는 말이 나오는데, 영화의 결말은 영원히 행복하게 사는 것으로 끝났다.

사람들이 드라마에 열광하는 이유는 드라마 속에는 인간에게 잠재되어 있는 문화의 원형이 그대로 재현되기 때문이다. 노력하면 이루어지고, 착하면 복을 받으며, 역경을 이겨내면 승리하는…. 그런데 말이다. 인간의 역사가 노력해서 수많은 문화와 문명을 이루어냈고, 착한 사람들이 영원히 기억되었으며, 수많은 역경을 이겨낸 역사가 아니었던가. 선대에 이루지 못한 꿈이 씨앗을 뿌려 후대에 꽃핀 것이 인류의 역사이다. 로맨스의 세계에서도 현명하고 노력하며 착한 사람은 인기가 있기 마련이다. 그런 의미에서 볼 때 우리는 훌륭한 드라마에서 삶의 진리를 본다. 근거 없는 허구가 아닌 너무도 수긍이 가는 사실을 보는 것이다.

2012. 4. 21.

나는 왜 흑인들이 영혼의 깊은 곳에서 울려 나오는 소울이나 블루스 음악을 만들어냈는지 이제야 이해할 수 있다. 그들은 수정처럼 맑디맑은 슬픔의 정수까지 침잠했었기 때문이다. 노동과 나의 힘으로 어쩌지 못하는 시대의 편견과 학대를 겪고 이를 음악으로 승화시킨 그들만의 장르가 소울과 블루스라서, 그 슬픔을 감추지 않고 부끄러워하지 않으며 폭력이나 죽음으로 잘못 표현하지 않고 예술로 꽃피운 것이 소울과 블루스라서 그들의 음악을 들었을 때 위로받고 아름다움을 느끼며 영혼의 깊은 곳이 감동한다.

2012. 4. 24.

모세성경대학 시간에 하나님께서 해주신 말씀이다.

"절망하지 말라. 시기는 내가 정한다."

광야를 지나가게 하심은 그 누구도 아닌 주님과 대화하는 습관을 지니게 하려 하심이라. 주님으로 인하여 얼마나 큰 위로와 힘을 얻는지요.

2012. 4. 27.

월터 아이작슨의 『스티브 잡스』를 읽었다. 지루해질 수도 있는 한 기업 CEO의 전기를 이렇듯 재미있고 감동을 느끼게 쓴 작가의 성실함에 고마움을 느꼈다.

미혼모의 아기로 태어난 잡스가 차고에서 컴퓨터를 만들기 시작하여 세계적인 첨단 기술 집약의 기업인 애플을 만들고, 그 기업을 키워나가는 과정은 어쩌면 전쟁 같기도 했다. 하나의 제품을 만들기 위해 비전을 품고 이를 현실에 구현하기 위해 악전고투하는 잡스의 모습에서 인생을 보았다. 과정은 처절할 정도로 힘들지만 그 결과가 성공적이었을 때 느끼는 성취감과 보람으로 잡스는 누구도 꿈꾸지 못하던 제품을 연속적으로 만들 수 있었던 것 같다. 그리고 그는 돈이 목표가 아니라 영원에 남을 무엇인가를 만들고 싶다고 했다. 그것이 그를 계속 일하게 만든 힘이었다고 생각한다.

하지만 잡스가 잡스일 수 있게 만든 것은 애플사와 그의 휘하에서 일하던 많은 사람, 그의 제품에 열광했던 소비자였다는 생각을 한다. 결국 그 혼자서 할 수 있는 일이 아니었으니까. "할 수 있는 것은 다 했다"라는 그의 마지막 말은 그가 행복한 삶을 살았음을 말해 준다. 그로 인해 우리의 삶도 많이 행복해졌다. 땡스 스티브!

2012. 5. 2.

누군가 이성적이지 못하다면, 그(그녀)는 이성적이면 견딜 수 없는 문제를 안고 있는 가능성이 크다. 그러므로 아무도 무시하지 말라. 누구도 경멸하지 말라. 그(그녀)가 3~4살 사이와 7~8살 사이에 스트레스를 받으며 컸다면 이성의 뇌가 아닌 '감정의 뇌'로 스트레스를 제어한 경험이 쌓이게 된다. 이 경험은 그대로 축적되어 성장 후에도 과거의 경험을 통해 스트레스를 감정의 뇌로 제어하게 된다고 한다. 전두엽 발달기에 스트레스를 적게 받거나 받지 않은 아이가 '이성의 뇌'가 자리 잡은 후에 스트레스를 합리적으로 제어하게 되는 것과 대조적으로 말이다. 그러므로 이성적이지 못한 사람에게도 이유가 있는 것이다.

세상의 다양한 생명체의 여러 아픔에 대처하는 우리의 자세는 '사랑의 눈'으로 바라보기. 용서하기 어려우면 먼저 이해해보기. 그리고 일곱 번씩 일흔 번 용서하기.

2012. 5. 4.

조카의 아이가 낯선 곳에만 가면 하염없이 울어대기에 무엇인가 문제가 있다고 생각되어 물어보니 규칙적인 수유, 따로 재우기에 이유가 있었다. 울어도 수유 시간이 되기 전에는 젖을 주지 않고, 독립적으로 키운다고 따로 재운다는 것이다. 1960년대에 서구에서 유행했지만 실패로 끝난 육아법을 지키고 있었다.

최신 육아법에 의하면 우리 고유의 양육방법이 최고라고 한다. 업어주고, 울면 안아주고, 배고파 울면 젖을 주고(어느 정도의 규칙성은 필요하다), 엄마·아빠와 적어도 5살까지는 함께 자고, 할아버지·할머니와 듬뿍 정을 나누고, 단동십훈(① 불아불아 ② 시상시상 ③ 도리도리 ④ 지암지암 ⑤ 곤지곤지 ⑥ 섬마섬마 ⑦ 업비업비 ⑧ 아함아함 ⑨ 작작궁작작궁 ⑩ 지나아비 활활의)으로 신체발달을 돕는다. 숨바꼭질, 공기놀이, 고무줄놀이 등의 전래놀이를 전승하여 교육하는 기관이 있는데 아이들이 정서적으로 안정되고 매우 밝으며 여러 지능도 평균 이상이라고 한다. 공동체와 어울려 놀게 관계를 맺어주며, 자연의 순리에 맞추어 아이를 키우는 것이 부모에게도 행복한 육아법인 것이다. 완벽하지는 않지만 이런 교육철학으로 키운 내 아이가 밝고, 비교적 삶을 잘 헤쳐나가는 것을 보면 맞는 양육방법임이 틀림없다.

2012. 5. 7.

아이의 고등학교 친구들의 엄마들과 정기적인 모임을 하고 있는데, 내가 '배우자와 로맨틱한 관계를 만들려면'이라는 주제하에 팁을 만들어 엄마들과 공유했다. 그 내용이 좋은 것 같아 옮겨 놓는다.

첫째, 내가 로맨틱하고 매력적으로 변하면 배우자도 자극을 받아 매력적으로 변한다.

둘째, 내가 받고자 하는 대로 배우자에게 해주면 배우자도 내게 해준다.

셋째, 배우자의 아픔까지도 사랑하라. 삶의 문제가 해결되면 영혼이 아름답게 꽃핀다. 그러기 위해서 지혜를 모아라, 벌이 꿀을 모으듯. 경제문제, 교육문제 등 각종 문제에 대한 지혜는 공부하는 데에서 해결된다.

넷째, 배우자가 존경할 만한 아름답고 깊이 있는 영혼의 틀을 만들어라.

다섯째, 배우자도 내가 꿈꾸는 열정적인 사랑을 꿈꾸고 있다는 것을 기억하라.

2012. 5. 9.

시름에 빠졌을 때 주님께서 주시는 말씀.

"항상 에너지가 넘치게 하라. 인생이 많은 선물을 줄 것이라고
생각하라. 많은 행복이 기다리고 있다고 생각하라. 그리고 사랑
의 눈으로 삶을 바라보라. 모든 생명체가 아픔이 있고 사랑이
필요한 존재라는 것을 깨닫게 될 것이다."

2012. 5. 12.

교회는 내게 마음의 쉼터이다. 금요일 기도 모임에서 나는 울며,
웃으며, 감사하며 또는 간절히 기원하며 하나님께, 주님께 기도
드린다. 누군가 나에게 귀 기울여 주신다는 것, 나에게 연민을
지니고 계시다는 것, 나의 슬픔에 마음 아파하신다는 것이 얼마
나 큰 위로인지.

교회는 또 내게 우주의 진리가 담긴 성경을 공부할 수 있는 배
움터이다. 마태복음의 산상수훈을 목사님과 성도님들과 공부할
때 순수한 환희를 느꼈던 기억은 내 삶에 등대가 되어주고 있다.

교회는 또 내게 보이지 않는 것에 귀 기울일 줄 아는 영혼의 친

구를 만날 수 있는 곳이다.

그런 교회를 알게 된 것은 내 삶의 커다란 축복이고, 내 아이에게 교회를 알려준 것은 아이의 삶에 등대를 켜준 일이다. 교회는 슬픔을 견딜 힘을 주는 곳, 진리를 알게 해주는 곳, 소울메이트를 만나게 해주는 곳, 울고 싶을 때 달려가는 그리운 나만의 시냇가이다.

2012. 5. 16.

〈노년의 계획〉

요양센터에 계신 엄마를 보고 왔다. 치매가 오셨지만 정서적인 면에서는 따뜻했던 옛 모습 그대로셨다. "엄마를 생각하면 눈물이 흘러"라고 하니 엄마도 눈물을 흘리셨다. 방문한 것을 어찌나 반가워하시는지 돌아올 때는 마음이 무척 아팠다.

아직도 엄마는 따뜻한 지성 어린 눈동자를 간직하고 계셨다. 치매에 걸리셨지만 영혼만은 아름다우신 것을 난 느낀다. 나이를 먹어도, 내일 세상을 떠날 것 같아도 난 사랑을 꿈꾸고, 새로운 것을 배우며, 다음 세대를 위한 배려를 그치지 않을 것이다. 노년이 와도 엄마의 눈동자에서 영혼만은 자유롭고 아름다울 수 있음을 알았기에.

2012. 5. 18.

〈논술을 공부했기에 얻은 자유〉

노무현 대통령께서 교육의 패러다임에 논술을 도입한 후, 논술 강사가 되고 싶어 10여 년간 공부를 했다. 또한 인과관계에 의해 문제를 해결해나가는 아가사 크리스티의 추리소설 전권을 읽었다. 삶에 논술의 마인드를 개입시키면 얼마나 이해력이 넓어지는지를 그동안 뼈저리게 느꼈다. 분노할 일이 없는 것이다. 원인이 있기에 결과가 있음을 알았기에. 그리고 무엇인가 분명치 않은 일이 생겼을 때, 순차적으로 곰곰이 생각해 보면 하나의 스토리가 떠오르는 것이다. 그렇게 함으로써 나름대로 해결한 일이 쌓여 갔다.

조금만 시간을 내서 원인과 결과를 생각해 보고 사건의 과정을 추론해 보면 마음의 평화가 온다. 세상에 해결 못할 일이 가득하다고 여기지 말고 논술적 방법으로 생각해보자. 예를 들어, 우리 사랑하는 강아지 동이가 끙끙대면 이유가 있는 것이다. 배가 고프다든지, 놀고 싶다든지 이유 없이 끙끙대지 않는다. 이것이 논술적 사고이다.

2012. 5. 19.

교회 체육대회에 쓸 김치를 담그려고 교회에 갔다. 오 권사님께서 손녀를 데리고 오셨다. 김치를 담그는 중 혹 목이 마르냐고 물었더니 그렇다고 하여 물을 주고, 심심할 것 같아 미끄럼틀에 데려갔다. 1부터 10까지는 아는데 11부터는 모른다고 하여 그다음 수를 알려주며 놀았다. 5살인 수아에게 세상은 참 좋은 곳인데 몇 가지를 알아야 한다며, 누가 엄마가 기다린다고 누군가 데려가려 하면 어떻게 할 것이냐고 물었다. 안 간다고 했다. 교회부속 건물의 꼭대기에 올라가고 싶어 했지만 그곳은 옥상인데 지금 김치를 담가야 하니 다음에 직접 가보자고 했다. 김치를 다 담그고 카페에서 팥빙수를 먹고 있는데 아이가 나에게 과자를 주었다. 엉, 두, 트루아만 달라고 했다. 불어를 알려주려고. 너무 예뻐서 무릎에 안아주었다. 집에 돌아와서도 오늘 처음 본 그 아이가 계속 생각났다.

"수아야, 잘 자라서 멋진 젊은이가 되렴."

조용히 중얼거렸다. 그리고 그 어린 영혼이 만개하기를 기도했다(생각해 보니 다시는 못 보지 않을 것이다. 권사님을 통해 손녀의 소식을 들을 수도 있고, 전할 수도 있으니…).

2012. 5. 21.

지난 금요일 교회에서 타 교회 목사님의 특강이 있었다. 서울대 약대를 나온 누나는 분당에서 (그분의 표현대로 라면) 약을 파는데, 누구도 중·고등학교 시절에 희망이 없다고 한 자신은 26권의 책을 쓴 부흥하는 교회의 목사님이 되었다며 그 계기가 사랑의 예수님을 알게 된 덕분이라고 했다.

부모들은 불안한 것이다. 그러나 조금만 눈을 돌려 보면 명문대를 나오지 않은 사람들의 수많은 성공담이 있다. 대표적인 예가 에디슨이다. 학교에서는 지진아라 했어도 나의 아들은 천재라며 그를 믿어 준 어머님이 계셨다. 학업의 실패가 문제가 아니라 그로 인해 자녀와 부모와의 관계가 나빠지고, 자녀들이 인생을 재미없다고 느끼는 것이 문제이다. 사회에서 그를 한계 짓고 분류해 버려도 그를 밀어주고, 가능성 자체임을 일깨워주며, 조용히 진로를 모색하는 데 도움을 주는 부모 혹은 선생님이 계신다면 수많은 에디슨과 스티브 잡스가 탄생할 것이다. 성적 문제로 고민이 많은 이 땅의 자녀들의 문제를 다시 생각해 본 하루였다.

2012. 5. 22.

교회의 모세성서대학에서 에베소서 공부를 하던 중 6장에 아내와 남편에 대한 관계에 대하여 예수님이 하신 말씀을 만났다. '아내는 남편을 교회가 그리스도를 존경하듯 존경하고, 남편은 그리스도가 교회를 사랑하듯 아내를 사랑하라.' 사랑에는 존경도 포함되고 존경에는 사랑도 포함되리라.

한국의 교회사를 공부하던 중 신유의 은사에 대해 잠시 묵상해 보았다. 성령이 임하시고 용서와 화해와 사랑의 복음이 전해질 때 많은 마음이 치유되고 신체의 병이 치료되는 것이리라.

성서와 만나며 난 삶의 강가에서 반짝이는 많은 조약돌을 만난다. 조약돌은 내가 사랑을 보낼 때 보석이 된다. 운명은 우리를 내가 가자고 하는 곳으로 이끌고 간다. '서로 사랑하라.' 성경에서 내가 가장 좋아하는 말이다.

2012. 5. 24.

'새 술은 새 부대에'의 뜻은 정반합의 변증법적 합일이라는 말. 그러니 기존의 모든 문화를 부정하지 말고 새로운 패러다임과의 합일을 이뤄내야 한다.

'우상에 절하지 말라'는 건 먹을 것과 마실 것을 그 나라와 의를 구하는 것보다 우선시하지 말라는 뜻. 조상님은 사랑이시기에 절 좀 한다 해도 집은 안 무너지고, 가정에 해될 것이 없다. 성경에서 내가 좋아하는 구절은 '안식일을 위해 사람이 있는 것이 아니라 사람을 위해 안식일이 있다'라는 말….

2012. 5. 25.

연인간의 사랑이 사치인 사람들도 있다. 내가 그렇지 않을 수 있었다는 건 엄마와 아버지 그리고 평화의 덕분이었다.

2012. 5. 26.

성경에 나오는 구절 중 '헛되고 헛되니 모두가 헛되다'라는 구절이 있다. 언뜻 보면 허무해 보이는 구절이다. 그러나 더 확장해 보면 사랑 빼고 다 헛되다는 말이 아닐까 한다.

'새로운 것은 없나니 하나도 없다'는 말은(성경시대부터 산업시대 초기까지는 문명이 거의 답보상태였다.) 새로운 것을 만들어 보자는 당부의 말이 아닐까 한다.

오늘은 '넝쿨째 굴러온 당신'이 방송되는 토요일이다.

2012. 5. 27.

[새벽]

'아름다움을 만들어내는 것이 아니라 존재하는 아름다움을 찾아내고 발견하는 것'

– 츠베탕 토도로프의 『일상예찬』 중에서

(그가 17세기 네덜란드 풍속화에서 찾아낸 보석 같은 진실)

[낮]

TV에서 바보만을 보는 사람은 바보일 가능성이 많다.

[저녁]

크립을 듣다. 라디오헤드의….

2012. 5. 28.

1) 최소한의 노력으로 최대한의 효과를 내는 것이 경제원리일진
   데, 직업을 얻는 것이 교육의 궁극적 목표라면 고등학교만 졸
   업하고 직업에 있어서의 성공을 얻는 것은 무척 생산적이다.

2) 불교는 따분하고 기독교는 이상적이라고요? 당신은 그렇지
   않나요…. 따분한 것은 옳음을 향해 가려는 항해이고요, 이
   상적인 것은 현실을 더 좋게 하려는 노력 아닐까요.

2012. 5. 30.

내가 악의 길로 가지 않는 한 누구도 나를 타락시킬 수 없다.

2012. 5. 31.

퇴근을 하고 집으로 향하는 운전기사의 뒷모습에서 조그만 행
복을 배운다. 일상에 성실히 최선을 다하고 걸어가는 행복한 뒷
모습에서 대통령 못지않은 훌륭함을 느낀다.

멀찌감치 걸어가면서도 서로의 행보를 느끼는 노부부의 모습에서 사랑을 배운다.

2012. 6. 2.

조카가 결혼식을 올렸다. 이 시점에서 교육에 관해 생각하게 된다. 지나치게 자녀를 통제하면 진정으로 성숙한 어른이 부모 곁을 떠나서 생활할 수 있는 성인이 되지 못한다. 교육의 목표는 부모의 도움 없이도 살 수 있는 어른이 되는 것이니까. 충분한 사랑으로 키우되 결코 간섭하지 않는, 그의 운명을 방해하지 않는….

2012. 6. 4.

다운 쉬프트족(downshifts)에 대해 생각한다. 그들의 생활방식에 관심이 많다. 에디슨만이 세상을 더 나은 곳으로 만드는 것은 아니다. 분리수거하고, 마을에서 장애인이나 어르신들 및 어린이들을 위해 봉사하며, 아픈 이들을 위해 위로의 말을 건넬 수 있고, 투표하는 것으로도 세상을 더 나은 곳으로 만들 수 있다. 유니세프, 세이브 더 칠드런, 어린이재단, 컴패션, 월드비전 등

등에 정기적으로 후원하는 것으로도 세상을 더 좋은 곳으로 만들 수 있다. 거리를 지나가며 사랑의 시선으로 가로수를 바라보고, 사람들을 바라보는 것만으로도.

2012. 6. 6.
난 슬픔에 침몰되지 않을 것이다.
동해에 떠오르는 태양을 잊지 않을 것이고,
아이들의 해맑은 눈동자를 잊지 않을 것이다.
언제나 해피엔딩을 꿈꾼다.

2012. 6. 8.
한 알의 밀알이 되어 썩으면 큰 나무가 되어 나뭇잎이 우거질 것이니, 기꺼이 내가 한 알의 밀알이 되겠나이다. 세상을 위해, 푸르른 나무가 되게 하기 위해.

2012. 6. 10.

교회에서 강사님이 핵심가치에 대해 이야기하셨다. 존슨앤드존슨이 위기를 당했을 때 그 제품 수거에 1조 원을 썼고, 생명존중이라는 자신들의 핵심가치를 잊어버리지 않았기에 결국 영속하는 기업이 된 이야기.

인생에서도 마찬가지인 것 같다. '주님을 사랑하고 이웃을 사랑함'이라는 나의 핵심가치를 결코 잊지 않을 것이다.

2012. 6. 18.

정애가 세상을 떠났다. 여러 고통이 있었으나 조문을 갔을 때 날 맞은 세 아이로 인해 그녀는 많이 위로받았으리라고 생각한다. 유진, 유림, 유성에게 말해주었다.

"너희가 잘사는 것이 엄마의 뜻이다. 영혼이 없다고 누가 말할 수 있겠니…"

새벽에 문득 그녀가 나에게 고마워하고 있음을 느꼈고, 다음 세계에 대한 말할 수 없는 확신이 날 찾아왔다. 세상을 떠난 영혼들과 문득문득 교류하고 싶은 나 자신을 발견하곤 한다.

2012. 6. 27.

이 노래를 20대 때 들었던 순간을 기억한다. 충격을 받았다. 너무 아름답고 도전적이며 마음을 설레게 해서.

'사랑의 상처를 이겨낼 정도로 강한 마음은 없습니다. 사랑은 구름 같습니다. 많은 비를 품고 있는. 나는 젊습니다. 알고 있어요. 그러나 한두 가지는 알고 있습니다. 당신으로부터 많은 것을 배웠습니다. 사랑은 격렬할 때 당신을 불태워버릴 불꽃과 같습니다. 사랑의 상처. 어떤 바보들은 행복과 천국과 합일을 생각합니다. 그러나 그것은 진실이 아닙니다. 사랑은 단지 당신을 슬픔에 잠기게 하는 거짓말입니다. 사랑의 상처.'

– 나자레스의 '러브 허츠(love hurts)' 중에서

이 노래의 가사는 이렇듯 사랑의 아픔을 이야기하고 있지만, 멜로디는 얼마나 사랑이 인간을 고양시키고 감정의 깊은 여행을 경험하게 하는지를 들려준다. 비트 가득한 절규하는 듯한 이 노래를 들으며 사랑의 상처를 기억하는 일은 슬프면서도 달콤한 시간을 만들어준다.

2012. 7. 4.

치유함으로 치유 받고, 섬김으로 인해 영혼에 꽃이 피고, 나눔으로 인해 커다란 정체성이 생기는 이 세상은 눈물과 사랑과 땀이 변화시킬 수 있는 따뜻한 곳이다.

2012. 7. 6.

사회학자이며 인간생태학 분야의 권위자이신 분이 쓴 『내가 알고 있는 걸 당신도 알게 된다면』이라는 책을 다 읽고 내려놓았을 때 커다란 감동이 내 마음을 가득 채웠다. 5년간 1,000명의 70세 이상 노인들에게 인생의 각 문제를 인터뷰해서 쓰인 이 책은 생생한 조언들로 채워져 있었다.

당신을 흥분시키는 정말 하고픈 일을 하라는 조언, 결혼은 생각하고 또 생각하고 결정하라는 조언, 아이와 많은 시간을 함께하라는 조언, 노년의 삶은 결코 지루한 덤이 아니라 책임을 다 내려놓고 즐기며 음미할 수 있는 아름다운 시간이라는 조언. 다음 세대를 향한 그분들의 사랑이 담긴 진실된 조언들이라서 더욱 감동을 느꼈다.

2012. 7. 7.

'몇 안 되는 일용품들, 밥을 짓고 반찬을 만들어 먹어야 하는 가족, 가정생활을 영위할 수 있는 공간을 만들어주는 네 개의 벽, 한두 가지 소중히 여기는 재산, 지구상에 사는 수많은 보통사람, 각자의 생업에 따라 토지를 경작하고 그릇을 빚고 어린아이들을 교육시키며 울고 웃으며 살아온 사람들, 아침이 되면 일어나고 밤이 되면 잠자리에 드는 평범한 사람들, 신세계를 만들고 싶어 하고 그 때문에 누군가가 다쳐도 아랑곳하지 않는 사악한 얼굴을 가진 천사들이 아닌, 그들이야말로 중요한 사람들이다.'

- 아가사 크리스티의 『They came to Baghdad』 중에서

세계전쟁을 겪은 아가사 크리스티의 작품 중 한 구절이다. 일상이 깨어져 버리는 전쟁을 겪은, 광란의 정신병자에 의한 미친 짓을 목도한 지성의 작가 아가사 크리스티의 분노가 녹아있는 구절. 세계는 잘난 천재에 의해 이끌어지는 것이 아니라 상식을 지닌 따뜻한 보통사람들에 의해 서서히 변화하는 것이다. 반짝이는 발명이나 발견도 대다수 보통 사람에 의해 상용화되고, 천재라는 사람들도 보통 사람인 가족 안에서 보살핌을 받으며 태어나고 성장한다. 보통 사람을 소중히 여김이 세상을 살리는 것이다.

2012. 7. 11.

개포도서관의 신간 도서 코너에서 토머스 게이건의『미국에서 태어난 게 잘못이야』라는 책을 발견했다. 한 미국 변호사가 유럽의 현 사회의 모습을 미국과 비교해서 썼다. 그는 유럽 특히 독일을 이상적인 사회모델로 꼽았다. 노동조합과 사회민주주의에 의해 유럽 제일의 경제 대국이 되었고 복지가 실현될 수 있었다고 한다.

노동조합을 인정하지 않고 고용 탄력성만을 중요시하는 미국에서는 제조업이 사라져 버렸다. 아무도 소중히 여기지 않으니. 서비스업과 금융산업의 발달이 후기산업사회의 모습이 아닌가 했던 나에게 저자의 지적은 충격이었다. 독일은 숙련된 인력에 의한 부가가치가 높은 제조업 덕에 중국 다음으로 혹은 중국을 제치고 수출총액이 세계 1, 2위를 다툰다고 한다. 그리고 시민들의 의견을 취합하는 사회 구조상 많은 사람이 신문을 읽는다고 한다.

6주간의 휴가, 9 to 5의 근무시간 준수, 많은 사회 안전망. 그것이 경제구조를 해친다고 사람들이 이야기했을 때 내 마음 한구석에서는 '아니야, 그렇지 않아. 부가가치 높은 산업을 육성해서 인간적인 환경에서 일할 때만 잘살 수 있어. 인간은 기계가 아니

고 행복할 때 자신의 능력의 200%를 발휘할 수 있어'라는 생각
이 늘 떠올랐다. 그런데 이런 내 생각이 옳음을 한 미국 변호사
가 보여 주었다(세계 제일의 채무국으로 전락한 미국, 파산하는 주의
숫자가 늘어만 가는 미국, 문맹률 높은 미국, 수준 높은 인프라가 없는
미국 등 현 미국의 적나라한 모습을 알게 되었다).

그러면서 집에서 지하철을 타러 가는 길에 있는 비싼 빌라 앞에
서 시위 중인 한 제약회사 노동조합원의 모습이 떠올랐다. 그곳
에서는 제약회사 부회장이 하는 노조탄압과 부당해고 등 온갖
작태를 조합원들이 플래카드로 알리고 있었다. 노동조합을 인
정하는 것이 모두 잘사는 길임을 토마스 게이건이라는 미국 변
호사에 의해 알게 되었음을 그 부회장에게 알려주고 싶었다.

"당신만 잘살면 되는 것이 아니야. 모두 잘살아야 당신도, 당신
의 후손도 길이길이 잘살 수 있어요"라고 말해주고 싶었다(존 듀
이는 일찍이 학교가 실용적인 기술만을 가르치는 곳이 되어서는 안 된
다고 말했다. 그 대신 젊은 학생들에게 정치적으로 행동해야 하는 이
유, 깨어 있는 시민이 되어야 하는 이유 그리고 습득한 기술을 보호하
기 위해 노동운동을 해야 하는 이유 등을 조목조목 설명해 주는 곳이
되어야 한다고 역설했다).

2012. 7. 19.

노력하는 자는 성공하고, 착한 사람은 복을 받으며, 악한 일을
하는 사람은 벌을 받는다는 어릴 적에 읽던 동화가 인생의 모습
임을 50여 년의 세월이 흐른 삶에서 배운다.

아무렇게나 세상이 돌아가는 것이 아니라 보이지 않는 운행 법
칙이 있음을 느낀다. 희망을 잃지 않으면 행복이 찾아옴을, 노
래하는 새가 희망을 품은 가지에 깃듦을….

2012. 7. 20.

아무도 사랑해 주는 사람이 없을 것이라는 생각, 그것이 바로
지옥이다. 그러나 내가 사람을 사랑하고, 세계를 사랑하면 사랑
은 피어난다. 얼마나 많은 사람이 서로 사랑하기를 꿈꾸는가….
모든 생명은 사랑을 꿈꾼다.

2012. 7. 21.

계속 갈망해야 얻어지는 것이 있다.

2012. 7. 30.

리처드 니스벳의 『생각의 지도(the geography of thought)』라는 책을 휴가 중에 읽었다. 조화와 공동체를 생각하는 동양의 사고와 개성을 중요시하고 분석적인 서양의 사고의 차이점을 재미있게 잘 쓴 책이다.

이는 농업 중심의 동양의 사회 환경과 상업 및 무역 중심의 서양의 사회 환경에서 비롯되었으며, 모든 것이 복잡하다는 단언보다는 가설을 세우고 이를 논증적으로 해결하는 서양의 사고가 학문의 영역에서는 좋고, 공동체와 조화를 중요시하는 동양의 사고가 새로운 사회의 모범으로 떠오르고 있음을 저자는 이야기했다.

공기 좋은 경기도 양평의 한 휴가지에서 몰두하며 읽었다는 추억을 선물한 책이다. 이렇게 현명한 책들을 읽으면 나의 문제도 꼭 해결되리라.

2012. 8. 7.

중학교 영어로 다시 읽는 세계명작이라는 시리즈 가운데에서 『오 헨리(1862~1910) 단편선』을 읽었다. 부모님이 일찍 세상을 떠났고, 공금횡령 혐의로(사건의 진상이 밝혀지지 않음) 3년간 감옥에도 갔다 온 오 헨리는 주옥같은 단편소설을 쓰고는 건강 악화와 알코올 중독, 금전적 압박 등으로 고생하다가 48살의 나이로 세상을 떠났다고 한다. 전체적으로 보면 그리 순탄하지 않은 삶을 산 작가가 어쩌면 이리도 가슴을 에이게 하는 이야기를 쓸 수 있었는지 감탄을 하게 된다. 천국과 영원을 꿈꾸게 하는 이야기들. 다 읽고 났을 때 가슴 먹먹한 감동을 주고, 재기 넘치는 반전에 놀라기도 하며, 인생의 진리를 넌지시 이야기하는 그의 철학적 사고의 깊이에 매료되면서 그의 소설을 읽은 시간이 행복했다.

《물레방아가 있는 교회》는 20여 년 전 헤어졌던 부녀가 만나는 이야기인데, 딸이 아버지를 알아보는 순간이 너무도 아름답게 묘사되어 있다.

'낮은 오르간 선율에 의한 진동으로 위에서 밀가루가 가늘게 떨어지기 시작했다. 그것은 에이브럼 신부를 머리부터 발끝까지 온통 하얀 밀가루로 뒤덮었다. 그러자 그 나이든 방앗간 주인이 일어나서 두 팔을 휘두르며 방앗간 주인의 노래를 하기 시작했다. "물방아가 돌아가면 곡물이 빻아지고 가루로 뒤덮인 방앗간 주인은 행복하리.'"

그러자 아주 놀랄만한 나머지 이야기가 이어졌다.

'그가 노래를 시작하자, 그녀는 그에게 팔을 뻗었고, 그녀의 입이 움직이며 꿈꾸듯이 그를 불렀다. "아빠, 덤즈를 집으로 데려다 줘!" 그리하여 에이브럼 신부는 그의 잃은 딸, 어글레이어를 두 팔로 꽉 껴안았다.'

《천달러》는 '사랑은 이런 것이지' 하는 감동을 준다. 드러나지 않게 사랑하는 사람을 위해 자신의 이익을 포기하는 멋진 길리언이란 청년을 만난 순간의 감동은 내 삶을 풍요롭게 해주었다. 《인생은 연극이다》에서는 사랑하는 사람과 헤어지고 20여 년 후에 그가 옛사랑인 줄 모르고 다시 사랑하게 되는 여인의 인생 행로를 보여 줌으로써 사랑의 불가사의한 운명적인 단면을 따뜻하게 보여 주고 있다.

《외로운 길》은 쉬운 말로, 놀던 남자가 결혼한 후 변한 모습을 보여 주면서 "나는 페리가 무사히 집에 돌아온 것을 안 마리아나의 표정을 보았는데, 레모네이드와 체커를 포함한 결혼생활의 다른 모든 부분이 그 표정 하나로 견딜만한 가치가 있다는 생각이 들더군. 그리고 나는 내가 바보라는 생각이 들었네. 페리가 바보가 아니라"라고 말하고 있다. 오 헨리는 결혼을 이해하고 있었다는 생각이 문득 들었다. 그리고 격한 생활을 하던 한 남자가 진정으로 자신을 걱정하고 사랑하는 여인에 의해 변한 모습은 잔잔한 감동을 주었다.

아가사 크리스티가 영원히 전해질 추리소설의 여왕이라면, 오 헨리는 영원히 전해질 단편소설의 왕자라는 생각이 든다. 우리가 선조들이 남긴 무궁무진한 문화 속에 산다는 것을 깨닫게 해준 오 헨리. 많이 감사!

2012. 8. 8.

멋진 남성과 아름다운 여성이 그리 많지도 않은 이유는 전쟁, 가난, 상처받음, 교육의 부재 때문이다. 진정한 연애에 빠지는 남녀가 그리 많지도 않음은 사랑은 문화의 축적이 이루어지고 평화의 축적이 이루어져야 일어날 수 있는 사건이기 때문이다.

2012. 8. 22.

쾌락주의가 다가 아니다. 살아야 할 의무도 있는 것이다.

(고통스럽다고 사는 것을 포기하지 않기.)

2012. 8. 30.

나뭇잎에 물었다.

"나, 살아야 할까?"

나뭇잎이 우는 것 같았다.

2012. 9. 1.

삶이란 견뎌내는 것이 다가 아니다. 진정 원하는 삶을 살기 위해 습관과 결별하고, 도전하며, 감행해야 한다. 성공하려면 무모할 만큼의 열정이 필요하다.

2012. 9. 4.

인간의 역사가 흘러온 모습을 보면 가부장적 권위의 사회에서 절대 왕정의 사회를 거쳐 개인의 중요함과 민주적 사회 모습으로 변화해 왔음을 알게 된다. 이런 변화를 감지하지 못하고 아직도 원시사회 족장의 모습을 한 권위의식에 가득 찬 모습을 보면 쓴웃음이 나온다. '넝쿨째 굴러온 당신'의 국민 남편 방귀남과 '강남스타일' 뮤직비디오의 싸이는 그런 우스운 권위의식을 말끔하게 씻어낸 발랄한 모습으로 기쁨을 준다.

21세기에 나폴레옹 황제로 살려고 하면 그는 혹은 그녀는 변화된 시대를 감지하지 못하는 살아있는 화석일 뿐이다. 한 개인, 한 개인이 모두 스타이고 엄청난 의식화가 된 열린 사회가 21세기의 사회이다.

2012. 9. 14.

한 이웃을 도우려면 먼저 그가 혹은 그녀가 어떤 축복 속에 사는지를 보여주고, 그가 혹은 그녀가 남모르게 흘리는 눈물의 이유를 말할 수 있게 함께 울어주어야 한다. 그리고 말한다. 용서하라고. 사유의 유희에서 온 잘못, 보호받지 못한 영혼이 저지른 잘못, 가난에서 비롯된 슬픔을 용서하라고…. 나의 슬픔에 매몰되어 버리기에는 이웃의 슬픔이 눈에 밟힌다.

2012. 9. 15.

내 무덤 앞에서 울지 말라.

나는 거기 있지 않기 때문이다.

난 잠들어 있지 않다.

난 불어오는 수천 갈래 바람이다.

난 하얀 눈 속에서 반짝이는 다이아몬드 빛이다.

난 익은 알곡에서 반사되는 태양 빛이다.

난 조용히 내리는 가을비다.

부드러운 아침 햇살을 받으며 푸드득 날아가는 새다.

내 무덤 앞에서 울지 말라.

난 거기 있지 않다.

나는 죽지 않았다.

- 무명의 아메리카 원주민

2012. 9. 16.

가난의 문제로 고민하는 많은 사람을 보았다. 그런데 가난의 문
제해결은 의외로 형이상학에 있다는 걸 알았다. 왜 살아야 하

고, 우리는 어디에서 와서 어디로 가며, 왜 돈을 벌어야 하는지 그 이유를 알고 있는 거. 튼튼한 토대가 있어야 건축물이 굳건히 지어지듯이 영혼의 물음에 대답할 수 있을 때 가난의 문제도 해결될 수 있음을…. 내가 찾은 왜에 대한 해답은 복의 통로가 됨이다. 내가 번 돈이 이웃의 문제를 해결할 수 있도록.

2012. 9. 20.

〈진심으로 행복하고 싶다면〉

1. 홀로 행복을 창출할 수는 없다. 자신에게 격려와 힘이 되는 누군가가 있어야 한다. 어려서는 내 힘만으로도 살 줄 알았다. 그러나 아니었다. 나는 인류문명에 빚지고 있었으며, 가족에게 너무도 많은 것을 받고 있었다. 생명체와 연결되어 있어라. 건강하게.

2. 용서하라. 일곱 번씩 일흔 번이라도 용서해야 발전이 있다. 용서하지 못하는 그 분노의 감정은 당신을 더 나가지 못하게 한다. 필요 없는 앱은 삭제해야 스마트폰의 기능이 향상되듯 분노의 감정을 털어버려라.

3. 공부하라. 세상을 떠날 때까지 우리에게는 할 일이 있다. 천국도 그냥 운행되지는 않는다. 누군가는 일하고 있어야 삶이

계속된다. 그러려면 세상의 메커니즘(역동의 원리)을 알아야
한다.

4. 세상에 대해 책임감을 느껴라. 그것은 세상에 대한 사람을
품으라는 이야기와 같다.

5. 사람을 사랑의 눈으로 보라. 당신이 영혼이듯, 다른 사람도
영혼이다.

6. 행동하기 전에 생각하라. 조그만 차를 움직이는 데에도 운전
면허가 필요하다. 하물며 삶을 살아가는 데 있어서 무슨 말
이 더 필요하겠는가. 독서가 취미가 아니라면 독서가 취미인
사람을 가까이하라.

7. 건강하라. 건강하지 못하면 삶이 지옥이다. 건강에 대한 정
보를 구하라.

8. 아름답도록 노력하라. 아름답지 못한 환경은 생명체를 병들
게 한다. 진정한 아름다움을 간직하라.

9. 성(sexual intercourse)을 죄악시하지 말라. 그런 사람에게는 연
애할 기회가 오지 않는다. 순수하고 행복한 성적 교류는 이
세상을 떠받치는 힘이다.

10. 일상의 조그만 행복을 소중히 하라.

11. 세상은 막 돌아가지 않는다. 노력은 보답을 받고, 악하게 사
는 사람은 외롭게 되며, 선과 정의를 위해 살아온 사람은 영
원한 존경과 사랑을 받는다.

PS. 당신이 세상을 왕따시키지 않는 한 세상은 당신을 왕따시키지 않는다.

2012. 9. 27.

나폴레옹 장군은 "내 인생에서 행복했던 날들은 일주일이 채 되지 않는다"라고 했으며, 헬렌 켈러 여사는 "내 인생에서 행복하지 않은 날은 없었다"라고 했다는 사실을 매거진 『주부생활』을 보고 알았다. 또 배우 박지영 씨는 "아이들에게 종교와 독서하는 습관을 물려주고 싶다"라고 말했다는 기사도 보았다.

서울대학교 심리학과의 곽금주 교수는 성범죄로부터 딸아이를 보호하는 법을 이렇게 말하고 있었다. "남자와 여자의 신체구조가 다름을 설명해준다. 혼자 집에 있을 때 택배기사나 경비아저씨 등 낯선 어른이 찾아올 때의 대처법을 알려준다. 위험을 느끼거나 무서울 때는 크게 소리쳐 도움을 청하게 하라. 다른 사람이 몸을 만지거나 원하지 않는 행동을 하면 단호하게 싫다고 말하게 한다. 낯선 어른이 도와달라거나 어디로 가자고 하면 단호히 거절하고 멀리 떨어진다. 다른 사람의 몸 역시 소중하므로 함부로 만지지 않도록 가르친다. 몸의 소중함을 가르친다. 부부가 서로 존중하고 사랑하는 모습을 보인다. 갈등은 자녀가 보지 않는 곳에서 해결한다."

이 잡지에서는 패션이나 아름다움의 팁도 다루지만 또 소중한
삶의 이야기를 담고 있다. 여성지에 대해 선입견을 갖고 있었던
나였지만, 그 선입견을 걷어버리고 찬찬히 기사들을 보았을 때
만든 사람들의 수고로움을 발견할 수 있었다.

2012. 10. 9.

동이를 진열된 케이지에서 꺼내 내 품에 안고 동물병원에서 나
왔을 때, 한 생명을 구원한 듯한 기쁨이 온몸에 퍼졌다. 동이를
처음 본 것은 쿨펫동물병원의 진열된 케이지에서 복스러운 요
크셔테리어 강아지가 나를 보고 있음을 느꼈을 때였다. 이가 없
는 강아지를 쓰다듬어 주었다. 한 달 후 쿨펫에 갔을 때 그 강아
지가 털이 조금 자란 채 이는 아직 나지 않고 여전히 케이지에
진열되어 있었다. 집에 있는 캐리의 친구가 필요함을 느끼고도
있었지만 입양되지 않은 채 여전히 진열되어 있는 그 강아지가
몹시 안쓰러웠다. 집으로 데려와 씻기고 먹인 후 재워주자 피곤
한 듯 동이는 잠들었다. 우리 가족은 『메밀꽃 필 무렵』의 허생원
의 아들 이름으로 작명을 해주었고, 동이는 씩씩하게 자라났다.
낯선 이가 오면 있는 힘껏 짖어대며 집을 지키고, 캐리에게 좋은

남자친구이며, 양말을 동그랗게 말아 던져주면 집어오는 놀이를 즐겨하는 동이는 어느덧 7살이 되었다. 케이지에 갇혀 있던 경험으로 인한 트라우마가 있어서 차를 타는 것과 외부인에 대한 두려움이 있지만 한없이 맑은 눈동자를 간직하고 있다. 새벽에 배가 고파 나의 새벽잠을 깨우곤 하지만 가족을 향한 무조건적인 애정을 가지고 있는 동이는 내게 사랑을 가르쳐준다. 외출했다 돌아왔을 때 그토록 반가워하는, 안아주기만 하면 한없이 뽀뽀하는, 욕실에서 내가 나오기를 욕실 문밖에서 마냥 기다리는 동이는 나의 삶에 온기를 건네준다.

"동이야, 조건 없이 사랑해 주어서 고맙고 따뜻한 평화를 주는 너를 사랑해!"

2012. 10. 18.

길을 걷노라면 옷을 멋있게 입은 사람이 참 드물다. 무엇인가를 강요하는 듯한 느낌이 드는 옷차림, 전혀 색배합이 맞지 않는 옷차림, 천박한 옷차림, 인생이 싫은 옷차림 등등. 옷차림은 내면의 반사이다. 내면의 문제를 해결하고, 심미안을 기르면 보다 아름다운 옷차림이 거리를 풍요롭게 할 텐데….

여성들이여 행복해져라. 세상에는 사랑에 빠지고 싶은 많은 남성들이 있다.

2012. 10. 30.

'그럼에도 불구하고 두 사람 모두 진짜 영웅은 아이들에게 인생은 아름답다는 믿음을 주려고 겸허하게 작은 정원을 가꾸는 남자들과 매일매일 웃으며 빵을 빚는 여자들이라는 사실을 알았다.'

— 어느 책에서

2012. 11. 4.

〈친구에게〉

H! 노 스모킹! 한 갑 피운다는 말을 듣고 깜짝 놀람. 그러다 암 걸리면 어떡해. 나, 준이, 석이를 비롯해 너 의지하고 사는 사람들 어떡해. 최진실 씨가 지금껏 건강하게 살면 얼마나 세상이 밝을까. 헤비스모킹은 자살행위야. 난 생각해, 자살도 살인이라고. H, 건강하자. 그러면 행복이 찾아온대.

〈교회에서 기도〉

하나님께서 내게 사명을 주셨다. '내가 소원 들어주기 싫은 사람들을 위해 일하라'고.

와우! 엄청 거한 사명. 그러나 내 삶을 구원할 사명.

2012. 11. 10.

도서관, 9시 뉴스, 자원봉사…. 들으면 문득 혈액이 혈관을 도는 느낌을 주는 단어들은 내가 사회의 일원임을 느끼게 해준다. 사회로부터 고립된 삶을 강요받아야 하는 사람들은 얼마나 외로울까.

2012. 11. 16.

『Daddy-Long-Legs』를 영문으로 다 읽었다. 마지막 편지를 읽으며 눈물이 방울방울 떨어졌다. 『키다리 아저씨』는 진 웹스터가 1912년 출판한 책이다. 고아 소녀가 자선사업가의 도움으로 대학에 가게 되고, 그분에게 대학 시절의 이야기를 편지로 보낸다. 기쁨과 고민과 슬픔을 모두 써 보내다가 졸업 후 그분을 만나게 되는데 만나 보니 그동안 사랑했던 분이라는 것을 알게 된다는 줄거리이다.

어찌나 인간적이고 재미나며 독립적인 성격의 소녀인지. 그녀의 친구가 되고 싶었다. 나의 삶도 슬픔을 이겨내고 긍정을 향한 벅찬 도전이 되기를 기도해본다. 그녀의 편지 중에 평범하게 산 사람들은 자신들이 얼마나 행복한지를 모르는 것 같다는 지적이 나온다. 자신은 평범한 삶의 가치를 알 정도로 불행한 삶을 살았기에 남은 삶을 감사하며 살 수 있다는 말에 깊은 공감을 한다.

2012. 11. 19.

〈마이 스윗 로드…〉

내가 경험한 종교는 따뜻함이다. 5살 때 친구를 따라간 교회, 그 교회의 마당에서 예수님의 이미지를 본 이래 내게 찾아온 종교. 절망에 빠져 내일 아침이 오는 것이 두려울 때 나는 베개 위의 머리를 눕히는 부분 옆에 성경책을 두고 잔다. 그러면 조금 덜 두려워지고, 덜 슬퍼지는 것이다.

'항상 기뻐하라. 끊임없이 기도하라. 늘 감사하라'는 말씀을 항상 기억하려 한다. '내 주 하나님을 사랑하고, 내 이웃을 사랑하

라. 그것이 가장 큰 율법이다'라는 말씀을 좋아한다. 십자가에 달려 돌아가실 때도 '저들은 그들이 하는 일을 모르나이다. 그들을 용서하소서'라고 하신 예수님의 모습을 떠올리면 얼음처럼 차가운 가슴이었을 때라도 눈물이 차오른다.

내 작은 신음 소리에도 주님은 귀 기울이신다는 목사님의 말씀을 들었을 때 문득 '혼자가 아니구나' 하는 안도감이 들었다. 낯빛이 조금만 좋지 않아도 "무슨 일 있냐?"라고 물으시던 부모님이 내게는 한 분 더 계신 것이다. 슬픔으로 내 맘이 가득 찰 때 달려가 눈물로 이야기하면 위로해 주시는 분이 계시다는 걸 안다는 건 엄청난 기적이다. 안 믿어진다는 사람도 있는데 나는 믿어지니 얼마나 복된 일인지….

2012. 11. 21.

안 좋아 보이는 타인의 면면은 나쁜 것이 아니라 아픈 것이라는 깨우침. 아픈 것이다. 결핍 때문에, 오해 때문에 아픈 거다.

2012. 11. 26.

우리 교회의 자녀교육 기도회에서 강사님이 용인에서 아기들을 돌봐주고 계신 목사님 이야기를 했을 때 가슴에 '쿵' 하고 울림이 왔다.

용인의 목사님 주소를 확인한 후 지하철을 내려 버스를 갈아타고 도착해서 어느 빌딩 지하에 있는 교회의 문을 열고 들어가자 걸어 다니는 아기들과 중학생쯤 되어 보이는 아이들이 눈에 들어왔다. 선해 보이는 목사님을 만나 자초지종을 들었다. 입양도 되지 않는 사각지대의 아기들을 돌보고 계시며(부모의 포기각서가 있어야 하는데 아빠라는 사람들이 도망을 가버려 포기각서가 없다는 것이다. 그런 아기들은 입양조차 될 수 없다고 한다.), 집주인이 집을 비워달라고 해서 기도 중이라고 하셨다. 목사님과 아파트로 가서 2살 미만의 아기들을 만났다. 손을 씻고 나서 아기들 젖병을 물리고 기저귀를 갈아주기 시작했다. 8명 되는 거의 모든 아기가 코감기를 앓고 있었다. 사모님에게 자주 환기를 시키고 가습기를 틀어놓는 것이 좋겠다고 조언 드렸다. 사모님은 지쳐 보이셨지만 환히 웃으며 모든 일을 하고 있었다. 이 아기들은 모두 목사님의 주민등록에 올라가 있단다. 그리고 아기들을 위한 대안학교를 준비 중이시라고 했다. 아까 지하실에서 본 중학생들은 홈스쿨링 하는 인근의 아이들이라고 하셨다. 교회의 성도들이 교대로 와서 아기들을 돌봐주고 계셨다. 예나, 예인, 예현, 예닮, 우빈, 예빈, 진웅, 예랑. 사랑스러운 아기들. 생후 20일쯤 된 우빈이는 너무 어려 애처로웠다. 기저귀를 열어 보자 알차게 오줌을 싸놓았다. 꼭 껴안고 눈을 맞추며 우유를 주자 내 눈을 가만히 바라보았다. 이렇게 예쁜데 생각해 보니 친엄마, 친아빠가 없는 거다. 가슴에서 무언가가 치밀었다.

사모님에게 말씀드렸다. 목사님은 혁명가라고. 이웃사랑을 외치는 목사님은 많으나 실천하는 삶을 사는 분은 드물다고. 모두 기득권에 안주해서 목회를 하시는데, 김 목사님은 진정한 혁명가라고. 아기들에게 노래도 불러주고, 동화책도 읽어 주고 하다 보니 집에 갈 시간이 되었다. 다음 주에도 꼭 오겠노라고 인사를 하고 아파트를 나왔다. 11월의 저녁 바람은 싸늘했지만 내 맘에는 8명의 아기에 대한 사랑이 담겨 있었다. 언제까지일지 모르지만 내가 할 수 있을 때까지 아기들을 돌봐주겠노라고 다짐했다.

2012. 12. 2.

예수님을 사랑한다는 것은 세상의 슬픔과 함께한다는 의미와 같다.

2012. 12. 12.

정신적으로 건강하며 편견이 없고 발전적인 사람들의 이유를 생각해 보았다. 사회와 연계되고, 끊임없이 자신을 돌아보게 하는 직업! 그것이 이유다. 평생에 걸쳐 할 일이 있다는 건, 그 일을 사랑한다는 건 정말 많은 의미를 지니고 있는 행복이다.

2012. 12. 15.

기도 중 문득 '너는 잘못 살고 있다'라는 음성이 들렸다. 잘살고 있다고 생각했는데, 슬프지만 그런대로 보람 있는 삶을 산다고 생각했는데…. 기쁘지 않은 삶을 살기 때문이라고 생각했다. 그래서 성령이 임하사 내게 그런 깨달음을 주셨다고. 모든 것을 받아들이고, 발전적 의미를 부여하며, 사랑을 실천하리라. 인생을 긍정적으로 생각하며 사람들을 믿고 존경하리라. 하루를 축복이라 믿고 존경하리라. 하루를 축복이라 생각하고 무엇인가를 내 삶을 통해 이루리라.

2012. 12. 25.

도서관에서 예약했던 『피로사회』를 성탄절에 읽었다. 이 책의 저자는 한국인으로 독일에서 교수로 있으면서 책을 펴내 큰 호평을 받았다. 거의 모든 철학책이 그렇듯 사유적인 단어의 조합으로 정신을 번쩍 차리고 읽다가 니체의 말이 눈에 들어왔다.

"그들은 게으르지도 못하다. …… 자신의 내적 필연성 내지 각성에 의한 노동이 아니라 유혹적인 근면성과 싸구려 성과주의에 의한 소진이다."

깊은 사색을 허락지 않는 교육이 만들어내는 피로사회. 정말 중요한 것은, 정말 가치 있는 것은 무엇일까? 성탄절에 곰곰이 생각해 보았다.

2012. 12. 26.

잘해 주지도 못하는 남편, 그래도 활짝 웃으며 일터로 가는 그에게 미안했다. 나의 슬픔이 어느 책 제목처럼 내가 있는 곳에서 활짝 꽃을 피우리라.

2012. 12. 31.

어느 영화 대사처럼 '장롱면허를 꺼내 운전하듯이 내 꿈도 꺼내고 용기도 꺼내는' 새해를 맞이하고 싶다. 내년이면 53살이 된다. 꽃피울 수 있는 나이라 생각한다. 93살이 되어도 난 그리 생각할 거다. 난 영원을 믿으니까.

2013. 1. 2.

계사년 새해가 되었다. 새해의 둘째 날 아이에게서 뜻하지 않았던 말을 들었다. 외모에 대해 너무 지적을 듣다 보니 자신감이 없다는 거였다. 순간 가슴이 철렁했다.

'자신감을 키워주자는 모토가 있었는데, 나도 모르게 아이에게 상처를 주고 있었구나.'

내 삶 자체에도 그런 자세로 살고 있지 않은가 반성이 들었다. 완벽을 추구하는 거, 현 상황에서 꽃피우지 않고 현재는 미래를 위한 시간일 뿐이라며 살고 있지 않았나 하는 자성. 그래서 불행하고 슬퍼하고….

"아이야, 고맙다. 바른 지적을 해주었어. 너에게 상처 주지 않고, 엄마의 삶에도 만족하며 살려고 노력할게."

2013. 1. 4.

언젠가부터 환경에 대한 관심이 내 안에서 싹텄다. 영화 '모정' 을 보았을 때 홍콩의 시내가 보이는 언덕에서 주인공 남녀가 사랑을 맹세하는 장면이 나왔다. 그 언덕이 얼마나 아름답던지 그 언덕에서 풍기는 꽃향기가 느껴지는 것 같았다. 또 노을 지는 곳은 어디나 천국 같다. 노을빛은 너무 아름다워서 영원한 고향을 보는 듯하다. 제주도의 푸른 밤은 또 얼마나 아름다운지…. 이토록 귀한 환경이 쓰레기와 공해로 인해 더러워져 간다는 소식을 접했을 때 내 마음속에는 환경을 지키기 위해 조그만 노력이라도 시도해봐야겠다는 의식이 싹텄다.

그때부터 모임에 나가면 사람들에게 장바구니를 가지고 다니자는 이야기를 하기 시작했고, 분리수거를 취미인 양 하기 시작했다. 그리고 수요일마다 '환경스페셜'이라는 프로그램을 꼬박꼬박 보았다. 어쩌면 딱딱할 수도 있으리라 생각했는데 아니었다. 바닷속 세계는 아름다움 그 자체였고, 생태계의 메커니즘은 놀라움을 넘어 경이로웠다. 김포평야의 새벽의 모습은 어쩌면 그렇게 또 아름다운지. 다람쥐, 청설모, 멧돼지 어치가 사는 가을 숲. 다람쥐가 늦가을에 겨울잠을 자기 시작하는 모습, 자연의 순리에 조금의 의심도 없이 천진하게 순응하는 모습은 얼마나 사랑스러운지. 2007년 태안의 기름유출사고, 그 후 5년 태안은 다시 살아나고 있었다. 생태계는 복원이 되는 것이다. 바닷속 식량은 함부로 볼 게 아니었다. 얼마나 다양한 수자원이 바다와 바닷가에 있는지. 동강의 물고기들은 얼마나 또 다양하게 삶을 꾸려가고 있는지. 평면의 브라운관을 통해 보는 화면이었지만 자연의 모습은 깊은 감동과 함께 내 몸속에 긍정과 힐링의 화학반응을 주었다.

그런데 그 생태계가 앓고 있다. 낚시꾼들이 쓰는 납봉돌 때문에, 플라스틱과 스티로폼 때문에, 배를 타고 다니는 사람들이 쓰레기를 그냥 바다에 버리기 때문에, 하천 난개발로, 폐수 무단 방류로, 해안의 자갈을 파내고 매립해서 바닷가와 바다가 중병에 걸려 있었다. 난개발로 숲이 망가지고, 쓰레기로 대지는 끙끙 앓고, 공장형 축사에서 자라는 동물들은 거의 미쳐가고 있다.

우리가 살고 있고, 우리의 아이들이 살아갈 지구 생태계가 이렇게 망가지고 있으니 어찌해야 하나. 그래도 사람들이 그 사실을 자각하고 있으니 해결될 거라고 기대하며, 나의 조그만 노력과 의지로 지구를 위해 기도할 것이다. 지금도 눈에 보이는 듯하다. 겨울잠을 자기 시작하는 다람쥐의 모습이, 산란 전 뽀뽀하는 파랑돔 한 쌍이, 새벽이 밝아오는 숲이….

2013. 1. 5.

사랑을 받고 싶은가, 먼저 사랑하라. 문득 떠오른 깨달음. 세상의 역학을 이해하기 위해 공부하고, 여행하며, 사람들과 교류하고, 진정으로 살기 시작하면 진심으로 사랑하게 되나니.

2013. 1. 7.

"희망의 끈을 놓지 마라. 보이지 않는 세계가 있다는 것을 믿어라. 교회에 가자…"

내가 나에게 해주고 싶은 말.

2013. 1. 14.

행복에 이르는 도정을 즐기자. 쉽게 행복해져야 한다는 강박에
서 벗어나자. 노력해야 행복해질 수 있다는 명제를 나는 고리타
분하다고 생각하는 것 같다. 아니다. 53년의 세월이 알려주는 진
실은 그렇지 않다. 땀 흘려야 할 때가 분명 있다.

2013. 1. 15.

살아있다는 건 나를 지으신 이의 의도를 파악한다는 거다. 그
는 내가 힘들다고 생명을 포기하길 바라지 않을 뿐 아니라 생명
을 포기한다면 내 주위의 사람들에게 악영향을 끼치기에 내 생
명이 만개하길 바라시는 것 같다. 내가 죽고 싶다며 중얼거렸을
때 풀잎이 우는 것 같았다. 삼라만상에 신이 깃들어 있음을 알
고 있기에 신도 내가 죽으면 우실 것 같다. 나아가 그냥 살지 않
고 생명을 만개하도록 노력하며 살고 싶다. 굴러 떨어지면 다시
일어서며, 시간을 소중히 생각하며 나란 존재를 꽃피우리라.

2013. 1. 16.

임 목사님께.

1월 9일 수요예배를 다녀와 느낀 점이 있어 목사님께 몇 말씀 올리고자 합니다. 목사님께서는 몸의 욕망에 대해 매우 죄악시하며 말씀하셨는데, 저의 의견은 '식욕은 물론 성에 대해서도 죄의식을 가질 필요가 없다'는 것입니다. 배우자와의 아름다운 사랑은 아가서에 아름답게 나와 있습니다. 바울사도도 몸의 욕망을 결코 죄악시하시지 않으셨습니다. 그것이 인간의 조건입니다. 도덕적으로 타락하지 않고 형상화할 때 몸의 욕망은 얼마나 아름다운 것인지 모릅니다. 건강하게 해주고 정신적 힘을 줍니다. 부부가 서로 사랑하는 것이 왜 나쁩니까? 우리 몸이 주님의 사랑으로 지어진 것인데 몸을 학대하면 주님께서 기뻐하실까요? 몸의 욕망은 정신적 기쁨에서 비롯되는 것입니다. 삶에 희망을 잃은 사람은 몸의 욕망이 없습니다. 무분별하게 몸만의 욕망에 자신을 방치하는 사람들은 모두 정신적 문제가 있습니다.

다원적 종교현상을 걱정하셨는데, 저의 이상향은 두세 개의 종교가 공존하며 서로 다른 종교를 존중하고 오순도순 살아가는 모습입니다. 서로 살아온 길이 다른 삶이고, 역사가 오랜 종교가 공통의 말을 하고 있을 때 왜 우리 종교만 고집해야 합니까?

종교는 만남이라고 생각합니다. 우리가 부모님을 만나듯 그렇게 만나는 것입니다. 성경에 새 포도주는 새 부대에 담아야 한다는 말이 나옵니다. 서로 다른 종교를 존중하는 새로운 포도주를 거듭난 기독교란 새 부대에 담으면 안 될까요?

목사님께 도움이 될까 하여 몇 자 적어 보았습니다. 외람된 말이 있었다면 용서해 주십시오.

2013. 1. 18.

절망에 빠졌을 때 주님이 주신 말씀, '영원한 사랑을 꿈꾸어라.' 시들어 버리는 사랑 말고….

2013. 2. 3.

내가 집 다음으로 시간을 많이 보내는 곳인 도서관에서 독서모임을 만들어주었다. 독서에 관한 강좌를 열었었는데, 호응이 좋아서 아예 정기모임으로 만든 것이다. 도서관이 휴관하는 둘째, 넷째 목요일에 모임을 갖고 있다. 그 모임에 참석하는 기쁨이 크다. 지금껏 카프카의 『변신』, 제인 오스틴의 『오만과 편견』, 도스토옙스키의 『죄와 벌』을 가지고 열띤 토론과 논의를 벌였다.

카프카(1883-1924)의 『변신』은 산업사회로 들어오면서 한 개인이 갖는 소외감과 고독을 다룬 작품으로 사춘기 무렵의 나의 모든 고뇌를 그의 작품에서 발견할 수 있었다. 시대를 앓았던 사람으로 난 그를 기억할 것이다.

제인 오스틴(1775-1817)은 현대 추리소설이라 일컫는 장르를 영국에서 처음으로 다룬 작가로 세태소설의 대가였다. 결혼에 이르는 과정을 재미있게 심리묘사를 해가며 다룬 재능에 찬사를 보내고 싶다.

도스토옙스키(1821-1881)의 『죄와 벌』은 고등학교 때 읽었던 작품으로 누구도 다른 사람 생명의 가치를 판단할 권리는 없다는 것을, 매춘부인 소냐를 통해 한 지식인이 구원받는 과정을 보여 주고 있다.

주로 주부들인 회원들의 열정과 성실에 놀라며 즐겁게 모임에 참석하고 있다. 앞으로 5년여만 더 이 모임이 유지된다면 얼마나 많은 고전을 만나고 인식의 세계가 풍요해질지 기대가 크다.

2013. 2. 13.

주님께 "몸이 아프더라도 삶이 비열하지 않고 비루하지 않게 살려면, 생존이 아니라 축복이라고 느끼며 살려면 어떻게 해야 하나요?"라고 여쭤보았을 때 "봉사하라"라고 말씀해주셨다. 언제나처럼 주님은 나의 간구에 귀 기울여 주셨다. 엄청 땡스 갓!

2013. 3. 5.

임마누엘 열방교회 목사님이 키우는 아기들을 돌봐주러 용인에 갔다 왔다. 일주일에 한 번씩 가기로 나 자신과 약속했는데 2주를 못 가다 갔더니 왠지 아기들에게 미안했다. 집으로 들어서니 아기들 우는 소리, 노는 소리로 가득하다. 백일이 갓 지난 우빈이를 주로 돌보았다. 노래를 불러주며 눈을 맞추어 주면 '생긋' 웃는 그 모습이 사랑스러웠다. 아기들이 많아 조용히 자는 것이 힘들 것 같아 푹 재우려 노력했다. 봉사하고 집에 와서 떠오르는 아이가 있었는데, 그 아이는 예빈이다. 어찌나 해맑게 생겼는지 생활하다가도 예빈이가 떠오른다. 늘 아기들을 돌봐주시는 집사님께 예빈이가 엄마 하고 부르는 모습을 보니 가슴이 뭉클했다. 예빈이와 우빈이를 입양해서 기를 형편이 된다면 그러고 싶지만 그건 도저히 현실성이 없는 이야기라 접기로 했다.

오늘 두 아이가 나의 하루를 가득 채워 주었다. 항상 느끼는 거지만 아기들을 돌보면 그 아기들의 해맑은 모습으로 삶이 다시 보인다. 많은 자원봉사자가 하는 이야기, 오히려 도움을 받는다는 그 사실을 나도 깨닫는다. 조그만 지적 자극에도 아기들은 곧 반응한다. 안아주고 사랑을 표현하면 곧 평화로운 표정이 되곤 한다. 그렇게 놀다 보면 아기와 교감이 생긴다. 인간과 인간 사이의 따뜻한 정이 생기는 것이다.

"아기들아, 고맙다. 너희들을 돌보는 시간에 난 인간을 믿게 되고 세상이 옳게 보인단다. 그리고 상처 난 마음이 치료되는 것을 느끼곤 한단다. 고마워."

2013. 3. 31.

팀 버튼 전시회에 다녀왔다. 재치와 재기가 넘치는 그의 전시회는 입을 다물지 못하게 했다. 전시회를 다니는 가운데 한 부부와 아이의 대화를 들었다. 엄마가 아이에게 말했다.

"너도 팀 버튼처럼 그려봐."

그러자 아빠가 말했다.

"왜 팀 버튼처럼 그려? 네가 그리고 싶은 대로 그려야지."

'정답'이라고 생각했다. 팀 버튼은 그의 세계를 만들었고, 나는 또 나의 세계를 만들면 된다. 누구도 부러워하지 말고 나만의 개성 넘치는 인생을 만들면 된다. 거기에 나의 정체성이 있다.

2013. 4. 4.

『백만장자 시크릿』이라는 책을 읽었다. 인상적인 구절은 '부자가 되려면 부자가 되기 위해 헌신하라'는 것이었다. 모든 것에 적용되는 구절이다. 행복하려면, 성공하려면, 사랑을 얻으려면, 건강하려면 그러기 위해 헌신해야 이루어진다. 중요한 개념이다.

2013. 4. 9.

용인의 아기들에게 다녀왔다. 아기들 쉼터에 도착할 무렵 내가 감기에 걸린 것이 생각나 아기들 얼굴만 보고 도로 집으로 왔다. 다닌 지 6개월 정도 지나자 아기들이 스스럼없이 안긴다. 사랑스러워 꼭 안아주고 문을 나섰다. 그러면서 그 아기들의 엄마·아빠의 마음을 어렴풋이 느낄 수 있었다. 사랑하지만 기를 수 없어 돌아서야 하는 그 마음을….

2013. 4. 10.

고등학교 때 처음 알고 따뜻한 느낌을 받았던 철학자 마르틴 부버의 평전을 읽었다. '나와 너'의 철학을 이야기한 그의 인생과 철학에 대해 알아가면서 성실한 사람이 인류에 끼치는 선순환에 대해 생각해 보았다. 도서관에서 수강하고 있는 동양고전철학 강독시간에 선생님께서 말씀하신, 한 사람의 덕 있는 사람이 세상을 살릴 수도 있다는 이야기를 마르틴 부버의 생애를 통해 깨달았다.

유대인인 그가 2차대전의 전범인 아이히만의 사형을 반대했다는 것을 읽고 내가 꿈꾸는 세상을 그도 꿈꾸고 있었다는 것을 발견했다. 사랑이 많았던 철학자로 나는 마르틴 부버를 기억할 것이다.

2013. 4. 18.

아들이 입대했다. 21개월간의 복무기간을 마치고 나오면 어떤 모습일지 벌써 기대가 된다. 지인들은 위로의 말들을 하는데, 나는 전혀 슬프지 않다. 얼마나 많은 것을 아이가 배우고 체험

할 것인가를 생각하면 수강료 안 내고 공부시키는 것 같다. 머리카락을 자르고 뛰어 들어가는 아이의 모습이 사랑스러웠다.

"잘 다녀와, 사랑하는 아들."

아이는 그곳에서 사회생활을 배우고, 분단의 현실을 체험하며, 의식주의 소중함을 깨우칠 것이다.

2013. 5. 6.

용인에서 한 목사님이 17명의 아기들을 키우고 계시다는 소식에 사람들은 교대로 가서 그 가엾고 사랑스러운 아기들을 돌봐주고, 한 분유회사는 분유를, 한 기저귀회사는 기저귀를 무상으로 공급해주고 있다. 그 교회의 성도들은 아기들을 입양했다. 나는 이 아름다운 기획의 일원으로 참가해 아기들을 돌보고 있다는 사실이 무척 기쁘다. 세상은 우리가 생각하는 것 이상으로 밝다. 사람들은 우리가 생각하는 것 이상으로 아름답다.

2013. 5. 13.

내가 태어나서 처음 강아지를 집안에서 딸처럼 키웠던 사랑스러운 캐리가 하늘나라로 갔다. 요크셔테리어 종류의 강아지로 14년 10개월을 살다가 떠났다.

처음 캐리를 보았을 때 첫눈에 반했다. 그토록 작고 애처로운 생후 40일 된 강아지. 탄탄한 생명력으로 먹고, 놀고, 아기도 낳고, 가족들의 사랑을 듬뿍 받았던 사랑하는 캐리. 캐리와의 추억들이 주마등처럼 스친다. 그 해맑은 눈동자, 작고 예뻤던 얼굴, 야무짐….

"캐리야, 너로 인해 엄마의 삶이 많이 풍요로웠어. 사랑한다."

2013. 5. 15.

첫사랑과 헤어진 후 슬픔을 이기는 힘과 내성이 생겼어. 문득 캐리가 떠오르면 절망감이 온몸을 휩쓸기도 하지만 죽음이 끝이 아니라고 생각하니까. 바람으로, 빗방울로, 대기의 내음으로 캐리와 연결되어 있다고 생각하니까. 나도 캐리가 있는 곳으로 갈 거니까…. 좋은 하루 보내.

– 친구에게 보낸 메일 중에서

2013. 5. 23.

오전에는 독서토론 모임에서 조지 오웰의 『1984』를 토론했다. 희망이 사라진 1·2차 세계대전 시대를 살았던 한 지성인이 다음 세대에게 무서운 경고의 메시지를 주었다. 전체주의에 의해 운영되고, 텔레스크린에 의해 빅 브라더에게 감시당하는 사랑마저 사라져 버린 사회. 조지 오웰은 다음 세대에 대한 큰 사랑으로 이야기해주고 있었다. 이런 사회가 올 수도 있다는 경고를.

오후에는 피아니스트 임현정의 콘서트를 갔다. 내 영혼의 슬픔, 공포, 두려움은 물론 희망, 환희, 기쁨까지 라벨과 쇼팽과 베토벤의 곡을 통해 표현해 준 예술가인 임현정을 만났다. 5월의 밤에 좋은 예술을 만끽했다.

2013. 5. 27.

행복은 그 상황 자체보다 상황을 받아들이는 태도에 달려있다고 한다. 모든 것에 감사하기로 한다.

2013. 6. 5.

6월의 햇살 아래 조금 더워하며 개포고등학교 앞을 지날 때, 조그만 요크셔테리어 강아지가 마구 뛰어가고 있었다. 그 뒤를 중학생으로 보이는 아이들이 쫓고 있었다. 강아지는 찻길로 뛰어들기도 했다. 아이들이 땀을 흘리며 강아지를 쫓다 결국 잡았다. 한 할아버지가 근심 어린 표정으로 서 계시다가 강아지를 받아들고 중학생 아이들에게 고마워하셨다. 옆에서 보던 나는 중학생 아이들을 칭찬해주었다. 아직 강아지 한 마리의 생명을 지키려고 더위에도 찻길에 뛰어드는 아이들이 있었다.

2013. 6. 7.

친구가 사는 일산에 가기 위해 지하철에 앉아 책을 읽고 있었을 때, 남루한 차림의 30대로 보이는 남성이 사연을 쓴 종이쪽지를 사람들에게 돌렸다. 그 쪽지에는 힘겨운 사연이 있으니 도움을 달라는 내용이 쓰여 있었다. 쪽지를 받아들었을 때 그 남성의 세상을 향한 적의가 가득한 눈을 보았다. 범죄자의 얼굴이 있다면 그런 표정일 것 같았다. 사람들은 관심을 두지 않는 것 같았다. 쪽지를 건어가는 그에게 돈이 많지 않아 미안하다며 천 원을 주었을 때 그는 지하철노선이 나와 있는 조그만 프린트물을 내게 주었다. 그 순간 그의 몸에서 힘이 빠지며 적의가 사라짐을 느낄 수 있었다. 조그만 친절, 따뜻한 말 한마디가 얼마나 중요한지 다시 한번 생각하며, 이름 모를 그 남성의 신산한 삶에 희망이 생겨나길 기도했다.

2013. 7. 3.

왜 어떤 남성은 생각하는 것만으로도 가슴이 떨려오는데, 어떤 남성은 전혀 아무 느낌이 없을까? 몇 년 전부터 그 문제에 대해 많은 생각을 하고 있다. 그리고 '그 남자는 왜 내 마음을 떨리게 하지 못할까?'(가제)라는 책을 내 마음에서 발효시키고 있다. 어쩌면 이 책을 완성시키는 것이 내 삶의 사명이 아닐까 하는 생각을 하고 있다. 왜 그는 나를 영혼 깊은 곳부터 전율케 하고 또 다른 그는 아무런 이성적인 감정이 안 생기는 것일까….

2013. 7. 26.

노인심리상담사 자격증을 땄다. 센터에서 노인치매상담사 자격
증도 따면 내년 4월부터 취업도 가능하다고 권하여 공부하기로
했다. 도전하고 노력하는 삶이 좋다.

2013. 7. 27.

불행감에 대해 나만큼 아는 사람이 있을까? 세상과의 소통이
끊어진 것 같고, 이 세상은 그냥 운행되는 것 같고, (어떤 황금률
없이) 어디에도 사랑이 없는 느낌. 이것이 불행감의 킹이 아닐까
싶다. 그럴 때 나는 가만히 우주의 역학에 귀를 기울여 본다. 그
리고 내가 세상을 왕따시키지 않는 한 세상은 나를 왕따시키지
않음을 상기해본다. 세상은 따뜻한 거라고 가만히 읊어본다. 그
리고 음악을 듣는다. 세상이 다가오면서 행복했던 기억이 떠오
른다. 행복한 미래가 이미 이루어졌다고 생각해 본다. 그리고 기
도한다. 지금 불행하다고 아무렇게나 살면 결코 내가 꿈꾸는 미
래는 오지 않을 것을 알고 있다.

2013. 8. 1.

미래는 결국 알 수 없다.

약속된 것도 없다.

용기를 내고, 나 자신의 열정과 절실함을 믿을 수밖에 없다.

2013. 8. 6.

힘든 시간, 힘이 되어주는 음악 고마워.

고향처럼 노래해주는 밤의 풀벌레들 고마워.

선량한 미소 짓는 어떤 얼굴도 고마워.

절망하지 않고 우주의 섭리에 귀 기울였을 때 위로해 주는

미지의 영혼도 고맙습니다.

지금 난 참 힘들다.

2013. 8. 18.

힘듦을 기독 정신으로 이겨나가고 있다. 기도하면 마음이 고요해지며 세상이 두렵지 않게 된다. 세상이 삭막한 사막 같지 않게 된다. 사랑이 느껴지며 또 하루를 살게 된다. 종교가 있다는 건 또 다른 세계를 마음에 품는 것이다. 말해지지 않는 또 다른 세상, 나는 그것을 영혼의 세상이자 영원의 세상이라 부르고 싶다.

2013. 8. 31.

내가 나에게.

힘들 때는 혼자라 생각하지 말고 엄마, 아버지를 생각하자.

노력은 배반하지 않음을 기억하자.

세상은 사랑으로 가득 차 있음을 떠올리자.

미래는 만드는 자의 것임을 잊지 말자.

2013. 9. 14.

〈나의 기도문〉

주여, 나로 하여 강 건너 숲속으로, 솔밭 사이로, 강물이 흐르는 숲속으로 가게 해주소서. 내 마음의 시냇가에서 주님의 세계를 늘 묵상하게 하옵소서. 다른 사람의 비판이 두려운 것이 아니라 다른 사람을 아프게 하는 것만을 염려하게 하소서. 자유로운 세상으로 가는 용기를 주옵소서. 내 생명을 주신 이가 주님이듯, 내 생명을 거두어가는 이도 주님이심을 기억하게 하옵소서.

2013. 9. 21.

추석 선물이라며 남편이 준 이근후 선생의 『나는 죽을 때까지 재미있게 살고 싶다』라는 책을 읽었다. 그분이 하시고 싶은 말씀은 다른 노후관계 책과 크게 다르지 않았다. 하지만 그분 자신의 삶이 스스로의 말을 실천한 삶이었기에 따뜻한 감동으로 다가왔다. 자신의 노년을(죽음까지도) 성숙으로 받아들이고, 손자·손녀 및 자손들과 사랑을 나누며, 아침이면 자신의 일터로 출근하고 의미 있는 활동 후 붕어빵을 사서 집으로 향하는 어떤 노신사의 모습을 그 책에서 보았다.

2013. 9. 26.

친구의 생일이어서 선물을 들고 일산 아파트 단지의 소박하지만 녹음과 공기만은 최고급스러운 길을 걷고 있을 때, 정자 아래서 중학교 학생인 듯한 남자아이 셋이서 담배를 피우는 모습을 보았다. 진정으로 걱정되어서 담배를 피우면 키도 안 크고 머리도 나빠진다며 아이들에게 충고해 주었다. 그러면서 해코지당할 수도 있단 생각이 들었지만 아이들은 얼른 담배를 끄고 내게 고개를 끄덕하고 자리를 떠났다. 진정으로 걱정되어서 하는 소리라는 것을 그 아이들도 아는 듯했다. 앳된 얼굴의 그 세 중학생이 아름드리 장성한 수목으로 자라길 기도해본다.

2013. 10. 10.

외롭다고 호소하는 친구에게 이렇게 이야기해주었다.

먼저 남편과의 관계를 정립해보세요. 우리 인생에서 행복의 질은 배우자와의 관계가 제일 많이 결정한대요. 서로 허심탄회하게 내면의 문제를 토로해보고, 아름다운 추억의 시간도 가져보고(예를 들어 손을 꼭 잡고 노을을 말없이 바라본다든가), 공통된 취미생활, 공동의 봉사활동도 해보고. 성적으로 먼저 남편에게 다가가고(우아하게!), 시대과의 문제도 해결하기 위해 노력하고, 우리가 살기 전에는 어떤 일들이 있었는지 남편과 같이 공부도 해보고. 그리고 당신이 아이들의 롤모델임을 자각하여 풍요롭고 행복한 삶의 모습으로 살겠다고 결단하세요. 다른 사람들에게는 의미 없을지 모르지만 아이들에게는 큰 의미가 있는 엄마의 문고, 엄마가 쓴 요리책, 엄마가 찍은 사진 등으로 자신의 재능을 아이들에게 남겨주세요. 세상에서 인정받는 것만큼이나 아이들의 인정도 큰 의미가 있답니다.

지금까지 누려온 이 세상의 축복에 보답하려는 의미에서 봉사활동을 해보세요. 이 세상에는 울고 있는 사람들이 정말 많답니다. 세상이 돌아가는 것에 대해 책임감을 느껴보세요. 나 없이도 세상은 돌아가겠지만 내가 세상에 관심을 가지면 더 잘 운행된답니다. 봉사활동을 통해 당신은 보람과 사랑을 배울 것입니다. 그것은 돈으로도 살 수 없는 귀중한 경험입니다. 그 활동은 또한 그대의 가정에 선한 기운이 오게 하여 축복의 통로가 되는 길을 마련해 줍니다.

마지막으로 종교에 대해 생각해 보세요. 어떤 종교가 되었든(사이비 종교가 아니라면) 인식의 폭을 넓혀주고 인간이 영적인 존재임을 일깨워줄 것입니다. 한 생명, 생명이 놀라운 존재들임을 일깨워줄 것입니다. 단, 당신이 소속될 종교단체가 천국 같은 평강과 화평의 마음을 갖게 해주는 곳이어야 합니다. 왠지 불편하고 불안하다면 당신과는 맞지 않는 곳입니다.

당신이 세상을 떠날 때 나는 정말 살아보았다고 말할 수 있는 그런 삶을 만끽하시길 기원합니다.

2013. 10. 16.

내게는 슬픔이 다가왔을 때 슬픔에 빠져 죽음에 이르는 길과 종교에 의지하며 삶의 길을 걸어가는 두 길이 있다. 종교는 사랑이다. 모든 공인된 종교가 희망과 빛을 향해 나아가자고, 삶을 포기하지 말라고 손을 꼭 잡으며 말해주고 있다. 내 삶의 슬픔 때문에 죽음에 이르지 말고 주님께 의지하며 삶의 길을 걸어가야겠다고 다짐해본다. 흐르는 눈물을 닦으며 언젠가 행복해질 거라고, 그 행복은 너무 소중해서 고난을 감내할 가치가 충분하다고 나 자신에게 다짐하며….

2013. 10. 18.

친정 식구들과 집들이 모임을 했다. 새집에 이사 온 지 한 달여 만에. 귀찮게도 생각했지만 모여서 오빠의 이야기도 듣고, 언니는 설거지며 청소도 해주고, 올케가 가져온 난도 보고, 형부가 강아지와 친하게 지내는 모습을 보니 문득 마음이 따뜻해지며 슬픔이 완화되는 것을 느꼈다. 『오래된 미래』라는 책에서 본 공동체의 모습을 오래간만에 느껴보았다.

'아! 이래서 심리학자들이, 미래학자들이 공동체의 삶을 중요하다고 했던 것이구나.'

성경에도 자기 가족을 사랑하지 않는 사람은 축복받지 못한다고 했다. 인간은 사람들 속에서 살아야 함을 느꼈다.

2013. 10. 20.

이해하고 용서하는 가운데 마음의 안정이 찾아온다. 운명을 받아들이는 것, 자기 운명과 화해하는 것, 행복은 희망을 갖는 것이다. 미래를 믿는 것이다. 미래를 위해 땀을 흘리고, 현재를 즐기며, 생명을 소중히 여기는 것이다.

2013. 11. 4.

인생을 포기하고 싶어질 때 문득 삶은 권리이기도 하지만 의무이기도 하다는 깨달음이 왔다. 행복해서 살고, 괴로워서 포기하는 장난 같기에는 인생이 너무 신비롭다. 그리고 이웃에, 선배들에게 너무 많은 것을 받았기에 은혜를 갚기 위해서도 살아야 한다. 행복은 그리 쉽게 오는 것이 아니다. 그렇다고 그리 어려운 것도 아니다. 꿈을 가지고 성실하게 살면 언젠가는….

2013. 11. 15.

어깨통증으로 아프고, 건강도 20대 때의 건강이 아니며, 슬픔이 있지만 감사의 조건을 생각하니 감사의 파이가 내 인생에 훨씬 크다는 생각이 든다. 상황 때문에 절망하지 말고 상황을 받아들이는 자아의 태도를 긍정적으로 가지면 극복 가능하다는 누군가의 이야기가 위안이 된다. 감사는 내 인생을 밝혀주는 등불 같은 단어이다.

2013. 11. 27.

청춘은 무지개이다.

순식간에 사라지지만 그 빛은 영원히 기억되니까.

2013. 12. 1.

어젯밤의 놀라운 꿈.

2013. 12. 2.

미용을 하고 난 후 몇 주를 퇴행의 행동을 한 동이. 그 원인을
모르는 채 새벽에 밥 달라고, 물 달라고 보챌 때 많이 화냈던 나
의 행동이 미안하다. 생각해 보니 다른 때보다 열 배는 깔끔해
있던 미용 후의 모습이 다른 사람의 시선이 중요한 남편의 주문
인 것 같아서 남편에게 물어보니 예상했던 대로다. 그렇게 남의
시선과 판단이 중요한 남편도 나름의 상처가 있어서였을 거라
생각한다. 인간의, 나아가 생명체의 모든 문제가 심리적인 원인

에서 비롯된다고 생각하니 어쩌면 신비롭기까지 하다. 사랑 없이는, 이해 없이는 생명체는 존재할 수가 없다.

동물병원 케이지에 진열되어 있었던 동이의 아픔을 알기에 동이의 상처가 애처롭고 아프다. 한참 어미의 사랑 안에서 보호받아야 할 시기에 엄마 개와 분리되어 케이지에 갇혀 있어야 했던 어린 동이. 모든 상처받은 생명체가 애처롭게 느껴지는 밤이다.

2013. 12. 15.

하루를 쉬며 지내던 중 문득 '내가 어떤 분야의 전문가?'인가 하는 의문이 들었다. 세 권의 책을 썼으나 아직 글을 쓰는 데에 달인이라고 말할 수 없는 것 같고, 영어에 관심은 많지만 자신은 없고, 상담해주는 건 좋아하며 보람을 느끼지만 체계적이지는 않아서 노력하고 싶다. 10년 후에는 어떤 분야에서건 전문가라는 자신감을 갖고 싶다. 그 과정이 인간본질에 맞고 행복할 거라는 예감이 든다.

2013. 12. 21.

내가 꿈꾸는 세상이 보편성을 가지고 있다는 믿음이 생겼다. 아픈 사람을 모두 보듬어주고, 더 많이 가진 사람이 그렇지 않은 사람과 나누며, 불행한 사람을 소외시키는 것이 아니라 그들의 불행을 모두의 문제로 받아들이는 우리 모두의 세상. 문화가 꽃 피고, 자연을 품은 문명이 만개한 세상. 우주의 섭리가 존중되는 세상. 감히 꿈꾸는 모두가 행복한 세상.

2013. 12. 26.

내 삶이 어떤 의미를 가지게 할 의무와 권리가 나에게 있다. 완주하지 못하고 포기하면 안 될 사랑이 있다. 어려서 교회 마당에서 본 예수님의 이미지. 왜 그 모습을 보게 되었을까. 그 많은 인류의 슬픔에 내 슬픔을 더할 수는 없다. 오히려 내가 덜어낼 수 있는 인류의 슬픔을 최대한 덜어낼 것이다. 그러기 위해서는 무한정 현명해져야 한다. 모두를 사랑으로 보되, 과오를 잡아낼 수 있는 지성이 있어야 한다.

2013. 12. 31.

나의 상황이 목숨을 버리고 싶을 만큼 힘든 상황이어서, 다음
해가 오는 것이 두려워서, 그래도 기도를 잊지는 않아서 조용히
흐느끼며 기도했을 때 들리는 성령의 말씀.
'봉사하는 맘으로 살아라. 성직자라 생각하며 살아라….'

2014. 1. 2.

건강하지 못함에도 나의 원래의 건강을 되찾기 위해 최선을 다
하고 있다. 원래의 나의 모습(창조적이고 자유로운)을 꽃피우기 위
해 서면 쓰러질 듯 힘들어도 우주를 헤매고 다닌다. 영원한 사
랑을 찾기 위해 마음에서 상처가 끊이지 않으나 절망하지 않는
다. 이런 나의 모습을 나는 옳다고 믿는다.

2014. 1. 4.

세상과 하나가 되는 순간이 있다. 소외감, 버려진 느낌, 슬픔이 사라지고 삶이 참 아름다우며, 나의 조그만 삶이 존중받는 느낌이 드는 순간. 반면 세상에서 유리된 듯하고 아무도 나와 연결되지 않는 듯한 황량한 시간도 있다. 집을 나섰을 때 나는 세상이 큰 가족임을 느꼈다고 하는 누군가의 고백처럼 나의 삶의 시간을 사랑으로 수놓아 가고 싶다. 한순간도 황량해지고 싶지 않다.

2014. 1. 5.

새로운 한 해, 들장미 소녀 캔디처럼 살고 싶다.

2014. 1. 7.

세계를 향해 열려있어야만, 긍정적인 마음을 가져야만 숨을 쉴 수 있으니 내가 겪는 고난은 나를 훈련시키려는 우주의 섭리이리라.

2014. 1. 9.

나의 내면의 빛으로 이겨나가야 한다. 내가 행복을 느끼는 길로
가라는 성령의 말씀.

2014. 1. 12.

'성공의 반대말은 실패가 아니라는 것이다. 실패라고 생각했던
그 순간, 방법을 찾고 한 걸음 더 나아가니 바로 그 앞에 성공이
기다리고 있었다.'

- 『꿈은 기회비용을 요구한다』 중에서

"역경은 참으로 고마운 존재다. 그것이 없었다면 결코 발휘되지
않았을 잠재력이 역경을 통해 우리의 능력으로 자리 잡게 되기
때문이다."

- 달라이 라마

결국 더 많이 노력하고 더 많이 도전하며 절대 포기하지 않는
사람만이 목표를 이루고 꿈을 이루는 것이다.

2014. 1. 23.

'슬픔이나 우울이 그대를 덮치지 못하게 하십시오. 그대의 마음을 영원의 거울 앞에 놓으십시오. 태초부터 하느님께서 몸소 마련해 놓으신 숨겨진 감미로움을 맛보십시오.'

　　　　　　　– 홍솔의 『아시시, 영혼에 위로가 필요하다면』 중에서

2014. 1. 30.

극장에서 '수상한 그녀'를 보았다. 따뜻하고, 재미있고, 눈물 나게 만드는 강력히 추천하고 싶은 영화다. 우리는 의무와 나 자신의 행복 사이에서 선택해야 한다면, 행복을 포기하는 사람의 모습에서 가슴 아픈 감동을 느끼는 것이다.

2014. 2. 1.

'믿음은 바라는 것의 실상이요, 보이지 않는 것의 증거이니…'
이 성경 구절을 곰곰이 생각해 보고 내 삶에 적용해보려 한다.

내 속에 오래된 소망이 있으니, 난 그 소망을 어떻게든 이루어보려 한다. 노력하고, 노력하고 그러다 안 되면… 안 되는 것은 생각해 보지 않고 긍정적으로 될 수 있다는 확신만을 보고 혼신을 다해 볼 생각이다.

"주님! 도와주소서. 저의 인생이 가련하다 생각하시고, 저토록 노력하니 내가 이루어 주리라 생각하시도록 최선을 다하겠습니다."

바라는 것의 실상이 믿음이라니.

2014. 2. 4.

도서관에서 영화 속에 나타난 문학이란 주제로 제인 오스틴의 『오만과 편견』에 대한 강의를 들었다. 19세기의 한 지성적인 여인이 바라본 결혼의 풍속은 21세기의 모습과도 그리 큰 차이가 없는 것 같았다. 그러나 제인 오스틴은 시대의 모순을 잡아냈고, 귀족계급에 이의를 제기했으며, 지성과 개성 및 강직함과 활력 등 새로운 가치관을 강조했다. 계급과는 무관한 개인의 성품과 자질을 중요시하는 새로운 질서로의 이동 모습을 그려냈다. 그러니까 21세기의 모습을 예견하고 새로운 가치관을 제시한 것이다. 언뜻 비슷해 보이나 19세기와 21세기에는 가치관의 뚜렷한 변화가 생긴 것이다. 제인 오스틴과 같은 선구자적인 진보적 작가 정신을 가진 사람들에 의해 결혼에 함유된 의미가 폭이 넓어지고 깊어진 것이다.

강의가 끝난 후 점심식사를 하고 이어서 '안나 카레니나'라는 영화를 보았다. 이 또한 결혼에 관한 질문을 하는 영화였다. 톨스토이 원작을 영상화했는데 전체 내용을 톨스토이가 처음부터 끝까지 묘사했다고 생각하니 작가에 대한 존경의 마음이 생겼다. 제도와 관습에 맞추어 사는 개인이 그것을 훨훨 뛰어넘었을 때 찾아온 비극적 종말이 참 아프게 느껴졌다. 결혼이라는 제도는 양날을 가진 검이 됨을 새삼 느꼈다. 행복한 결혼은 그것보다 큰 축복은 없지만, 불행한 결혼은 한 인간을 죽음으로도 몰아감을 생각하게 했다. 결혼, 아무리 신중해도 모자란 관습이다.

2014. 2. 28.

'죽었다 살아난 경험이 누군가에게 큰 변화를 가져다주는 기회가 될 수 있다는 것을…'

어느 책에서 본 구절이다. 나의 경험도 누군가에게 희망을 잃지 않을 이유가 될 수 있게 만들고 싶다. 환난은 인내를, 인내는 연단을, 연단은 소망을 이루는 것임을 알기에. 성경에서 그렇게 말씀하심은 이유가 있는 것이기에 희망을 잃지 않고 산다. 대지에 입을 꼭 대고 사는 나무처럼 땅에 꿋꿋이 서서 하루하루를 살아간다.

2014. 3. 14.
오늘의 구절.
'모든 연애는 자기계발이다.'

2014. 3. 16.
'네가 앉은 그 자리가 꽃자리니라.'

2014. 3. 19.
내가 기도드릴 때 그는 내게 이렇게 말씀하신다.
"나는 우주다. 우주의 섭리다. 위안이 필요한 사람들에게 부처의 모습으로 또는 예수의 모습으로, 나비의 모습으로 나타나는.

내가 바라는 건 사랑이다. 서로 사랑하고 산다면 내 뜻을 실천하며 사는 것이다."

2014. 3. 20.

어느 여성 신경정신과 의사가 쓴 책을 읽었다. 부모로부터 학대받은 경험이 있는 사람들을 위한 책이었다. 그분의 치료법은 부모를 공경해야 한다는 도덕률에서 벗어나 자신을 학대한 부모를 잊어버리고 새로운 공동체에서 위안과 사랑을 찾아야 한다는 것이다. 병든 부모의 사랑을 갈구하고 평생을 그 사랑을 찾아다니는 건 영혼을 파괴하는 행동이라는 것이다.

평소에 부모로부터 상처받은 사람들은 어떻게 해야 하는지 의문점이 있었는데, 그 의문점이 풀렸다.

2014. 3. 22.

도서관에서 '사교육 없이 일등으로 키운 엄마의 달콤한 교육비결'이라는 부제하에 『10살 전 꿀맛 교육』이라는 제목의 교육에 관한 책을 빌려 왔다. 사교육 없이 삼 남매를 잘 키운 일하는 엄마의 책인데, 가슴을 울리는 진정성이 느껴졌다. 저자는 삼 남매가 아기였을 때부터 기타를 치며 동요를 불러주고, 여행 갈 때는 차 안에서 퀴즈 놀이를 하고, 명절날에는 친척들과 낱말 맞추기 놀이를 하고, 초등학교에 들어가면서 일기를 쓰게 한 후 꼭 꼬리 글을 달아주고, 독서노트를 만들어주었다(독후감을 꼭 쓰게 하지는 않았다. 독서가 지겨워질까 봐. 현명하다). 아이가 하루에 몇 가지를 실천하면 꼭 스티커를 붙여주고(피드백을 한 거다), 한 달에 한 번 상장을 주었다.

아이들과 엄마의 모습이 그림처럼 행복했을 것 같고, 참 성실한 엄마라는 생각이 든다.

'나도 좀 더 건강했으면 더욱 재미있게 우리 아이를 키웠을 텐데.'

아쉬운 점이 많지만 이런 부분을 공부해서 손자·손녀에게 적용해 봐야겠다. 그런 점에서 할머니·할아버지의 교육도 참 중요하다는 생각이 든다.

2014. 4. 2.

용인의 아기들에게 다녀왔다. 1기로 들어왔던 아기들은 이제 4살이 되었고, 또 새로운 아기들 6명이 들어왔다. 게으른 마음이 들었지만 봉사하라는 조그만 깨우침이 느껴져 오늘도 아기들과 좋은 시간을 가졌다.

어려서는 땀 흘린 뒤에 오는 행복의 가치를 잘 몰랐다. 늘 '행복하면 됐지, 꼭 땀 흘려야 하나?'라고도 생각했다. 하지만 이 세상은 그냥 이루어진 것이 아니다. 누군가의 피와 땀과 눈물로 세상이 돌아가고 있는 것이다. 그리고 그냥 얻어지는 것은 소중함을 모른다. 내가 힘들고 땀 흘린 시간만이 내 삶에 진정한 가치와 기쁨을 만듦을 54살이 된 지금에서야 절절히 느끼고 있다. 아기들을 돌보고 오는 귀갓길의 보람과 행복의 달콤함이란….

2014. 4. 8.

얼마 전 특이한 책을 읽었다. 그런데 내가 읽은 영양에 관한 책 중에는 가장 신빙성이 있는 책이었다. 그 책의 내용은 지구상의 모든 물질이 화학물질이라는 것이다. 표백제, 방부제 심지어 살충제도 자연에서 온 것이고 양이 문제가 될 뿐 적정량을 섭취하면 큰 해가 없단다. 자연물에 나트륨, 즉 소금만 넣어도 합성물로 분류된다는 것이다. 그리고 아이스크림은 방부제를 넣을 필요 없는 가장 안심하고 즐길 수 있는 식품이라는 구절을 읽고 (내가 좋아하는) 아이스크림을 마음껏 먹을 수 있게 되었다.

암은 철분을 영양분으로 하여 자라나기 때문에 철분이 많은 붉은 고기를 적정량만 섭취할 것을 권하며, 음식물로만 건강을 챙기겠다는 것이 얼마나 어리석은지를 이야기하고 있었다. 첨가물 걱정은 조금 접어두고 먹고 싶은 음식을 즐기되, 과식하지 말고 소식으로 건강을 지킬 것을 충고하고 있었다. 새로운 시각으로 음식물에 대한 편견을 없애준 소중한 책이었다.

2014. 5. 3.

세월호에서 아이들이 위기에 빠진 모습을 동영상으로 찍은 장면 중 한 소년이 "이제 우리 죽는 거야?"라고 말하는 장면이 있었는데, 그 모습이 회상될 때마다 마음이 무척 아프다. 이번 사건을 겪으면 난 'I left my heart in San Francisco'라는 노래를 완전히 이해하게 되었다. 내 마음도 하늘나라로 간 아이들과 함께 있는 것이다.

2014. 5. 10.

목요일에 '강의가 있나?' 하고 성당 문을 열었을 때 어둠 속에 한 여인의 실루엣을 보았다. 조용히 문을 닫고 돌아서며 '어떤

슬픔이 그녀를 사로잡기에 어두운 성당에서 기도하고 있을까?'
하고 생각해 보았다. 사실은 나도 매일 성당에서 기도하고 싶다.
현실에 내 맘이 없기에, 나 또한 간절한 기도 속에 살기에.

2014. 5. 20.

나의 롤모델인 아가사 크리스티 여사의 자서전을 읽었다. 그토
록 재미있는 소설을 쓴 여사의 인생은 행복했다. 첫 번째 결혼
이 끝난 후 운명처럼 두 번째 사랑이 시작되어 동화처럼 서로 사
랑하며 산 그녀의 삶은 사랑과 행복에 감사한 삶이었다. 오히려
첫 번째 사랑이 끝나버려 더 지적이고 학구적인 두 번째 남편을
만날 수 있었던 것 같다. 그녀가 쓴 책들이 나를 너무 즐겁게 해
주어 빚을 진 기분이었는데, 행복하게 살았다는 이야기를 들으
니 빚을 갚은 기분이다.

2014. 5. 28.

시어머니를 참 많이도 미워했다. 하지만 어머니를 이해해보려는
노력의 세월이 흐르고 노년이 행복하시기를 바라는 마음이 든

다. 고생하신 이야기를 그토록 되풀이하신 건 정말 힘드셨기 때문이다. 친척들이 섭섭하게 한 것을 그토록 강조하시는 건 외로웠기 때문이다. 오 남매를 키워내신 건 정말 고마워하고 감사해야 할 일인 거다. 진정으로 어머니의 노년이 행복하시길 기도해 본다. 섭섭했던 마음과 미워했던 마음이 세월과 함께, 나의 조그만 이해하려는 노력과 함께 사라져 버렸다.

2014. 6. 12.
TV를 보다가 우연히 '낭만논객'이라는 프로를 보게 되었다. 사회자가 조선시대 우리 민족이 살았던 모습을 한 외국인이 묘사한 것을 인용했는데, 잊고 있었던 우리의 옛 모습을 알게 되었다. 사랑방이 항상 있었던 우리의 선조들은 지나가는 과객이 머물고 싶다면 그 방에 머물게 하고 떠날 때 노잣돈까지 주었다는 것이다. 그 말을 듣자 마음이 진정으로 따뜻해졌다. 다음 세대에게 전해주어야 할 선조들의 모습이었다.

2014. 6. 14.

유토피아란, 가진 사람이 못 가진 사람과 나눠 갖는 사회이다.

2014. 6. 19.

o 죽음이 끝이 아니라는 걸 알기에 내게 슬픔은 그리 크지 않다.

o 인류 역사의 흐름은 한 인간의 성장 과정과도 어느 정도 유
  사점이 있다.

o 어린이 대상의 프로그램에 주의를 기울이지 않았는데, 한 프
  로를 무심코 보다가 '와우' 하고 감탄했다. '결혼은 좋아하는
  사람과 하는 거야'라는 개념을 가르치고 있었던 거다. 애니메
  이션과 어린이 프로그램에 관심을 가져봐야겠다.

2014. 6. 20.

o 진실된 삶을 살고 싶다. 그렇게 살기 위해 노력할 것이다. 생
  명이 없는 삶을, 영혼의 기쁨이 없는 삶을 살지 않겠다.

"방랑자여, 꿈을 좇으라."

누군가 내게 이렇게 말해주는 듯하다.

○ 세상이 나를 사랑하는 것 같지 않은 듯이 느껴질 때 내가 세
상을 사랑한다고 생각해 본다.

○ 사랑받지 못하고, 배움의 기회도 박탈당하며, 종교적 체험도
겪어보지 못했다면 불행하게 살 수밖에 없을 것이다. 찰스 디
킨스의 『위대한 유산』 속 주인공에게 매형이 있었기에 인생을
알 수 있었듯이, 단 한 사람이라도 믿어주면 살아갈 수 있다.

2014. 6. 21.

○ 낚시터로 반드시 가져가야 할 목록 : 경이감, 모험심, 윤리,
스포츠맨 정신, 타인에게 배우려는 의지, 자연을 생각하는
마음, 유머 감각.

○ "시비를 하지 말라"는 장자의 말을 알게 된 건 하나의 발견이
었다. 생명을 낳고 기르면서 알게 된 것은 하나의 생명이 얼
마나 고귀한가였다. 악하고 비열한 생명은 병든 거다. 예수님
이 알려주셨다. 나도 발견했다. 죄인이라고 처단하면 이 세상
에 남을 사람은 별로 없다. 용서하고, 치유하며, 넉넉한 가슴
으로 품어주기.

2014. 6. 22.

삶은 내게 진정 내가 원했던 방향으로 경력을 쌓게 해주었다. 진실로 세상에 도움이 되는 일들, 드러나지 않으나 영원 속에 속할 일들. 그런 일들을 통해 나의 경력이 쌓였고, 나는 이제 스스로 세월을 헛되이 보내지 않았다는 자신감이 든다.

2014. 6. 24.

○ 만나지 않아도 만나는 사람이 있다.

○ 왜 어떤 사람은 성공적인 삶을 살고, 왜 어떤 사람은 불행한 삶을 사는 것일까? 운명은 아닌 것 같다. 운명론을 말한 주역의 결론은 운명도 노력하면 바뀔 수 있다는 것이다. 독서와 선행과 명상에 의해 바뀔 수 있다는 것이다. 내가 54년을 살면서 내린 결론은 배움과 선행과 기도이다. 쓰고 보니 주역의 결론과 일치한다. 그런데 이런 사실을 모르는 사람들이 너무 많다. 남성과 여성 중에 이런 사실을 여성이 조금 더 모르는 것 같다. 남성성의 상징인 직업, 이 직업을 꾸준히 추구하느라 남성들은 이 세상을 떠날 때까지 노력한다. 그 노력이 남성을 좀 더 행복하게

하는 것이다. 자신의 직업을 천직으로 아는 프로페셔널한 여성이 많이 있지만, 그렇지 않은 여성도 많다. 21세기에도. 그래서 여성들을 좀 더 행복하게 하기 위해 결국 행복은 어떤 가치를 추구하는 노력으로 오는 것이라고. 오늘 도서관에서 본 잡지에서 인터뷰한 한 학자가 말씀하셨다. 한 권의 책을 쓰고 싶다. 많은 준비를 하여 정말 좋은 책을 쓰고 싶다. 글을 쓴다는 것이 재미있는 일이 될 것 같다. 노력하는 삶을 살고 싶다.

2014. 6. 25.

○ 돈을 버는 직업을, 사랑하는 일을 하겠다고 생각하니 미래가 보인다. 세상을 하나 가득 가정에 들이고 꿈꾸는 거, 우리 가정만 행복하면 된다는 거. 둘 중 재미있고 신나는 건 전자!

○ 정리가 안 된다고 투덜대던 친구에게 조언해 주었다. 많은 것을 베풀고 최소한의 것으로만 살라고. 그러면 기의 흐름도 좋아져 살아가기 좋을 거라고.

○ 성숙이란, 내가 사랑받을 만한 존재이며 그럴 자격이 있다고 생각하는 것이다.

2014. 6. 26.

당나귀와 같이 살던 염소가 격리되어 혼자 있게 되자 밖으로 나가지도 않고 먹지도 않다가, 그 당나귀를 만나게 되어 서로 스킨십을 하고는 먹이를 먹더라는 미국의 뉴스를 보았다. 동물도 인간과 같이 마음의 병을 앓는다고 한다.

'그럼 물론이지. 동물도 감정이 있는데.'

동물이 얼마나 사랑스럽고 꾸밈이 없는지 나의 사랑하는 캐리와 동이가 알게 해주었다. 동물들이 행복하게 살지 못하는 생태계에서는 인간도 살지 못한다. 우리는 하나니까. 장자가 말했듯이.

2014. 6. 27.

○ 모든 생명을 품은 자연이 태초에 있었으니, 전쟁은 해결책이 아니다.

○ 때론 누가 걸었던 길이었으면 하고 생각한다.

'내가 모르는 건 아닐까? 누가 걷던 길인데…'

○ 그가 나를 사랑한다면, 그건 내가 그와 더불어 사는 세상의
   아픔을 함께하기 때문이다.
○ 정체된다는 건 죽음이다.

2014. 6. 29.

이 아름다운 일요일에 다짐해본다. 내가 행복해지더라도 세상
을 향해 열린 마음, 나 자신의 한계에 갇히지 않기 위해 노력하
는 마음은 잊지 않겠다고. 그래야 고이지 않고, 썩지 않고 영원
한 생명을 얻을 수 있기 때문이다. 소박함, 자신을 단 하나의 우
월한 존재로 생각지 말고.

2014. 6. 30.

피부 온도가 높은 것은 피부 상태에 좋지 않다. 외모에 대한 자
신감이 자기 정체성에 중요하다고 하니, 외모도 신경을 써야겠
다. 그건 아이들도 마찬가지라 한다.

2014. 7. 2.

모처럼 용인 생명나무어린이집에 갔다. 아이들이 목욕을 하고 맨몸으로 혹은 옷을 입으며 놀고 있었다. 아이들의 생기가 나를 치료해주는 듯했다. 목욕 후 로션을 발라주고 옷을 입히고 좀 정신이 없었지만 아이들의 생명력이 정말 좋았다. 아이들은 밥을 먹고 비디오를 시청했다. 예준이를 데리고 동네공원에 갔다. 한 40분가량을 재미있게 놀았다. 혹시 내가 먼저 갈까 봐 확인해가며. 어린이집으로 돌아와 다시 예슬이를 데리고 밖으로 나와 걷다가 느티나무도서관이란 곳을 발견했다. 4층짜리 개인이 만든 공공도서관이었는데 내가 꿈꾸는 바로 그런 곳이었다. 건강한 건축물이라는 게 있다면 그런 공간구조를 지닌 사랑스러운 곳이었다. 느티나무도서관이란 곳 때문에 용인 어린이집을 더욱 마음에 담을 것 같다. 언젠가는 나도 그런 도서관을 운영해보고 싶다.

오늘도 역시 기분 좋은 추억을 만들고 어린이집에서 나와 집으로 왔다. 문득 예환이가 책을 읽어 주려 누운 내 배 위에 착 엎드리더니 책을 읽으려 배 위에서 똑바로 눕던 따뜻한 기억, 아버지가 교도소에 가 계신다기에 그 아기를 한참 더 안아주었던 기억 등이 떠오른다.

2014. 7. 3.

ㅇ 최선을 다해 살지 않은 날들은 후회를 가져올 것이다.

'교육·안전·시민참여 등에서는 소득수준에 비해 훨씬 순위가 높지만 공동체 생활·환경·건강 그리고 일과 여타 생활의 균형에서는 OECD(경제협력개발기구) 최하위권으로…'

– 중앙일보, 장하준 칼럼 중에서

경제개발에 총력을 기울이며 사느라고 우리 겨레가 고유의 여유와 정(情)을 잊어버리고 사는 것 같아 안타깝다. 그래도 내가 할 수 있는 인간적 노력과 여유를 잊어버리고 있는 우리 사회에 쏟아부으리라.

ㅇ 인간은 사람과 문화와 자연과 더불어 살아야 한다.

2014. 7. 6.

스스로 생각하고, 내 발로 땅에 서며, 내 운명을 만들어가는, 세상의 슬픔을 알고 모든 생명에 깃들어 있는 신성을 깨닫고 주님께 기도하는 그런 시간들….

2014. 7. 7.

내 모든 삶에 주님을 받아들이자. 필요할 때만 주님께 의지하는 삶이 아니라, 이웃사랑과 진리의 말씀을 내 삶에 전폭적으로 받아들이자. 진정한 신앙을 내 삶에 품자.

2014. 7. 8.

용인 아기들에게 다녀왔다. 사랑스러운 그 영혼들이 나의 희망이다.

2014. 7. 10.

나는 나의 가족 중 누구도 포기하지 않는다.

2014. 7. 12.

"기품이 있는 자는 자신의 힘으로 서 있으면서도 쾌활함과 밝음을 유지하고, 그런 의미에서 괴테가 강한 인간의 전형이다"라고 니체가 말했다. 강한 인간으로 진시황이나 칭기즈칸처럼 자신의 의지를 폭력적으로 강요하는 사람들을 떠올리는 우리의 예상과는 전혀 다른 것이다.

역사와 문화, 철학을 공부하면서 발랄하고 용기 있는 선배들의 노력과 성실로 우리의 지평이 얼마나 넓어졌나를 생각하면 한없이 고마운 마음이 든다. 니체의 철학에 내 생각을 덧붙이자면 니체는 웃을지 모르나 우주의 섭리, 그 생성의 따뜻한 힘에 귀 기울일 때 얼마나 큰 위로가 오는지 모른다는 것이다. 그리고 귀족 정신을 이야기했는데, 사랑과 정보와 본인 자신의 용기와 의지로 누구든 귀족이 될 수 있는 것이 21세기 인류의 현상학이다.

〈불교에 대하여〉

○ 몸이나 성격 그리고 자기중심적 애착에 의해서 침윤되어 있는 갖가지 생각이나 욕망에서 벗어날 때 마음은 어떻게 되는가? 그때에만 우리는 우리에게 잠재되어 있던 참된 능력들을 제대로 개화시킬 수 있다고 본다. 그때에만 자비심으로 가득

할 수 있게 된다. 이와 함께 우리는 더 이상 현실을 구성하는 인연의 흐름을 자기중심적으로 왜곡하려 하지 않고 오히려 자신뿐 아니라 모든 것이 성장하는 방향으로 흐르게 된다.

o 불교가 부정하는 것은 삶과 현실 자체가 아니라 자기 자신을 고립된 실체로 보는 무명과 이것에서 비롯되는 갈애와 집착일 뿐이다.

o 부처가 자신을 탄압하는 자들에 대해서 동정과 자부심을 갖는 것은 부처는 그들이 겪고 있는 고통과 고뇌를 꿰뚫어 보고 있기 때문이며, 그들 역시 집착과 번뇌 속에서 헤매는 자들임을 알고 있었기 때문이다.

o 허구적인 자기에 대한 집착을 넘어섰다는 징표를 우리는 모든 것에 대해서 일체감과 자비심을 느끼는 것에서 찾고 있다.

2014. 7. 17.

o 죄인이어서 경멸하지 말고, 죄인이어서 더 사랑하며 용서하라고 예수님이 가르쳐주셨다.

o 〈내 삶에서 하고픈 일〉

　1. 용인 아기들 대학교 등록금 1억 원 정도 마련하기.

　2. 이상형이 많지 않은 것이 삶의 문제임을 알고 있으니, 그

에 대한 문제해결의 책 쓰기(정들면 이상형인데…).

3. 영어 공부를 꾸준히 하여 영어로 시 쓰는 수준까지 공부해보기.

4. 내 자녀 존재의 개화와 진정한 행복을 기도하기.

5. 사랑 이루기.

6. 그림과 음악을 늘 벗처럼 함께하기.

2014. 7. 20.

가자지구에서, 바그다드에서, 비행기 사고로, 사람들이 하루에도 몇 백 명씩 죽어가는 현실. 나는 왜 54년을 살아가는가. 인류를 지키고자 하는 사명감을 가져야 한다. 초록별 지구가 영원하기를 기도해본다.

2014. 7. 23.

내가 세상을 사랑하는 한 세상은 사랑이다.

2014. 7. 24.

O 우리가 신으로부터 탄생했다면 우리도 신의 일부이다. 우리는 위대한 일을 할 능력, 사랑받을 자격이 있다. 우리는 놀라서 눈이 휘둥그레지는 우주처럼 경이로운 존재이다.

O "인생을 헤쳐 나가면서 큰 그림에 계속 초점을 맞추지 않는다면, 우리는 에너지와 힘을 이끌어내지 못하고 오히려 역효과를 불러오는 활동을 하고 있는 자신을 발견하게 될 것이다 (The seven laws of true wealth)."

– 제임스 아서 레이

2014. 7. 25.

진정으로 추구하는 것이 있다면 끝까지 가라.

2014. 8. 5.

난 정말 너무 불행했다. 과거와 단절되어야 했고, 정체성이라곤 없었으며, 건강은 최악이었다. 그때 나를 지탱해준 건 아무것도 없었다. 하지만 규니가 있었다. 내가 키워내야 할 아이. 그리고 공부를 하고 싶다는 큰 열망. 기도를 하면 더욱 외로워졌다. 그래도 보이지 않는 종교의 세계를 포기하지 않았다.

건강은 서서히 좋아졌고, 규니는 한 사람의 인격체로 성장했으며, 공부하고 싶다는 열망과 포기할 수 없었던 종교는 세상을 보여 주었다. 세상 속에서 나는 어떤 맥락 속에 있었다. 과거와 다시 연결되었고, 현재가 파악되었다. 그리고 이제 미래를 꿈꾼다. 그 슬프고 외로웠던 시절, 생명을 포기하지 않기가 나의 간절한 의무였던 그 세월을 나는 지나왔다.

2014. 8. 6.

고통스러워도 간절히 미칠 듯이 원하면 행복이 찾아올 것 같았다. 그러나 명문대를 나와 운명학을 공부한 어느 분의 책을 읽은 후 오히려 불안, 두려움, 슬픔은 행복을 이루는 데에 아무런 도움이 되지 않음을 알게 되었다. 주어진 환경에 감사하고 편안한 마음으로 몰두해서 노력할 때 원하는 것을 이룰 수 있음을 알게 되었다. 과정 자체에서 의미를 찾고 하루하루를 참되게 살아가야 하는 이유가 있는 것이었다.

2014. 8. 11.

"꿈꾸는 미래가 오지 않을지도 몰랐다. 그러나 그녀는 자신의 운명을 바꿨다. 독서와 기도와 선행으로"라고 누군가 나에 대해 얘기할 수 있도록.

2014. 8. 13.

어떤 상황이냐에 따라 자아의 모습이 변할 수 있음을 이야기한 책을 읽었다. 내가 사랑 많은 우리 부모님의 자식으로 태어나지 않았다면, 그렇게 힘든 나의 30~40대에 종교가 없었다면, 한국에 평화가 없었다면 지금의 나의 모습과는 달랐을 것 같다.

나의 정체성이라고 믿고 있는 것들이 사실은 나를 둘러싼 상황에서 비롯될 수 있음을(나 자신의 삶은 내가 이끌어간다는 나의 소신, 모든 생명체는 소중하다는 나의 믿음, 소박한 삶의 귀중함을 사랑하는 마음, 최선을 다해 나의 삶에서 의미를 찾고자 하는 나의 노력 등), 어쩌면 98%가 상황에서 비롯된 것이고 나의 순수한 노력은 2% 정도일 뿐일 수 있음을 각성하며 겸허할 수밖에 없는 깨달음을 준 책이었다.

2014. 8. 14.

프란치스코 교황께서 오셨다.

그분을 멀리서라도 뵈면 내 슬픈 마음이 위안을 얻을 것 같다.

2014. 8. 25.

도서관에서 신달자 시인의 강의를 들었다. 자신을 키운 건 고통이었다고 70살의 시인은 이야기했다. 남편이 24년간을 아프다 가셨고, 시어머님은 9년을 누워 계시다 가셨단다. 그러니까 딸 셋을 홀로 키우신 것이다. 그 끈을 놓지 않은 시인이 위대해 보였다. 나도 생명의 끈을 놓지 않고 무엇인가를 꽃피워 보리라.

성경 한 구절(이사야 1장 17절) : 선행을 배우며 공의를 구하며 학대받는 자를 도와주며 고아를 위하여 신원하며 과부를 위하여 변호하라 하셨느니라.

2014. 8. 26.

'이브 생 로랑'이라는 영화를 보았다. 그냥 내버려두는 것은 사랑이 아니다. 개입이라도 해서 인간답게 살게 하는 것이 사랑이다. 이브 생 로랑의 파트너 피에르는 이를 실천했다.

2014. 8. 28.

50여 년의 삶이 내게 가르쳐 준 것은 인생의 수많은 비극은 결핍에서 온다는 역학이다. 세상에는 수많은 사람이 굶주리기도 하고, 병들며 고통받기도 한다. 또 삶이 내게 가르쳐준 것은 그럼에도 불구하고 세상은 따뜻하다는 것이며, 결핍에도 불구하고 세상이 차가운 메커니즘으로 운행되고 있지 않다는 것이다. 내가 세상에 사랑을 쏟으면 세상은 그 몇 배로 나에게 사랑을 보내준다. 중국속담처럼 희망을 가진 가지에 노래하는 새들이 날아드는 것이다. 인생이 사랑 없는 사막이라고 생각하는 건 내가 먼저 사랑을 세상에 보내지 않았기 때문이다. 결핍 속에 있더라도 희망을 잃지 않고 사랑을 실천하면 반드시 행복이 찾아온다는 것을 50여 년의 내 삶이 가르쳐주었다.

2014. 8. 30.

○ 기도드릴 때 난 무엇이 옳은가보다 행복을 우선순위로 간구하고 있었다. 그건 아닌 것 같다. 먼저 그 나라와 의를 구하라 하셨으니 행복보다 주께서 내가 행했으면 하시는 그것을 기도해야 하리라.

○ 그에게 가족을 찾아주기.

○ 세상은 나를 제외하고 돌아가는 것 같았다. 하지만 나도 포함하여 운행되고 있었다.

2014. 8. 31.

내가 기도했을 때 주님께서 해주신 말씀.

"옛날에 상인이 있었다. 그에게는 수만 마리의 양이 있었다. 그러나 그는 그것을 다 잃고 말았다. 분노 때문에."

분노를 다스리지 않으면 모든 것을 잃게 된다는 주님의 말씀인 듯하다.

2014. 9. 9.

오늘 중요한 깨달음이 왔다. 주님께서 나를 천국건설의 일꾼으로 쓰시고 있다는 각성이 찾아왔다. 정말 죽고 싶다는 생각이 들었는데, 성령께서 어리광 부리지 말라고 하시는 것이었다. 순간 구속해 주시는 주님에 대한 감사가 들며, 좀 더 영적으로 살아야겠다는 각오를 하게 되었다. 내게 영적 세계는 숨 쉬는 것과 같이 살아있는 세계이다.

2014. 9. 17.

TV를 보는 중 문득 내가 인류의 역사를 너무 부정적인 면으로 보고 있다는 생각이 들었다. 만민평등사상, 공동체 의식, 신앙의 자유, 각종 놀라운 문화와 문명의 창조와 발명들, 각종 질병의 놀라운 치유와 예방 그리고 성형술 등등. 인류 역사의 놀라운 진보가 있다. 그건 축복이다. 그리고 쓰레기 문제, 자원의 고갈문제, 부의 편중들은 개선되었고 반드시 해결될 것이다. 감사하는 마음이 들었다.

2014. 9. 18.

'사람들은 인류를 바라보지 않고 나머지 인류에 대한 책임을 지려 하지 않습니다.'

– 신비롭게 구입하게 된 어느 책 속에서 발견한 구절

2014. 9. 22.

한 사람을 잘 알게 되면 비판하지 못하게 된다. 그의 슬픔, 고통, 열등감 등을 잘 알게 되는 탓이다. 그의 성장 과정의 슬픔을 알게 되면 결코 비판하지 못하게 된다. 그렇다고 나쁜 점을 그냥 두고 볼 수 없을 때는 계획을 세우고, 사랑을 가지며, 장기간의 프로그램으로 채워주고, 기다려주며, 치유되게 하기 위해 노력해본다. 그리고 늘 기도한다.

2014. 9. 26.

고린도 전서 13장 : 사랑은 참아야 하고, 친절해야 하며, 교만하거나 성내지 말고, 무례하지 말 것이며, 자신의 이익을 탐하지 말고, 불행한 사람을 지나치지 말 것이며, 진리에 기뻐하고 모든 것에 참고 인내하는 것이다. 사랑은 결코 실패하지 않는다.

2014. 9. 27.

○ '아가페적 사랑은 감정을 표현하는 명사적 의미가 아니라 행동을 표현하는 동사적 의미이다. 성경에서 원수를 사랑하라 하신 그 사랑은 바로 아가페적 사랑이다.'

- 어떤 책에서

○ '교도소 수감자들은 대부분 해체된 환경에서 성장한 사람들입니다. 정상적인 양육과 건강한 가정환경이 건전한 사회를 만드는 필수요소입니다.'

- 어떤 책에서

○ '90세 이상의 노인 100명을 대상으로 '만일 새로운 삶을 살게 된다면 과거와는 어떻게 다르게 행동하겠습니까?'라고 물었

다. 답은 '① 모험을 많이 하겠다 ② 반성을 많이 하겠다 ③ 죽은 이후에도 발자취를 남길 수 있는 삶을 살겠다' 등이었다.'

- 어떤 책에서

O 거의 두 달간을 쇼윈도 케이지에 갇혀 살았던 나의 사랑하는 동이는 지금도 그 후유증이 있다. 그릇에 든 사료를 먹는 것도 두려워하고, 제대로 산책을 못 한다. 사람도 그런 상처가 있는 경우가 많다. 중요한 것은 그런 생명체들의 상처를 치료하는 사람들이 있다는 것이다.

2014. 10. 4.

어제 김영탁 감독의 영화 '슬로우 비디오'를 보았다. 아! 신선한 감동.

동체 시력이 뛰어나서 움직이는 사물이 슬로우 비디오로 보이는 여장부란 사람의 조그맣고 잔잔한, 그러나 마음에 파문을 일으키는 이야기. 여장부가 뛰면 시력을 잃게 될 수도 있는데, 사랑하는 여인 봉수미를 지키기 위해 결국 뜀박질을 하게 되고 시력을 잃은 후 화가로 살아간다는 이야기.

다른 영화들이 자극과 놀라움과 묘기를 연출하고 있다면 이 영화는 그딴 비본질적 놀이에서 벗어나 시골 초등학생의 일기를 보는 듯한 맑음과 정겨움, 나름의 투명한 미학이 있었다. 봉수미를 위기에 빠트린 폭행범의 대응도 폭력적 응징이 아니다. 한 사람이 나무라자 그가 칼을 떨어트리고 경찰에 의해 잡혀간다. 합법적 응징인 것이다. 오랜만에 정신이 맑아지는 휴식 같은 영화를 보았다.

2014. 10. 6.

히틀러를 죽인다면 우리는 히틀러란 처량한 인간과 똑같은 짓을 하는 것이다. 그도 유대인들이 악이라고 생각해서 그런 끔찍한 짓을 했다고 한다.

용서하는 것, 용서받은 자의 기쁨, 용서하는 자의 자비!

2014. 10. 9.

부산에 갔었다. 바다를 보면서 문득 '매일 바다를 본다면 내 슬픔이 얼마나 경감될 수 있을까?'를 생각했다. 사랑은 문제를 알아본다는 것이다. 바다는 내 문제를 아는 듯했다.

2014. 10. 14.

용인의 아기들에게 갔었다. 아기들에게 가는 길이 쉽지만은 않
다. 하지만 성령은 내게 아기들을 돌보라 하신다. 정말 가기를
잘했다는 생각이 돌아오는 지하철 안에서 꼭 찾아온다. 사랑스
럽고 가엾은 아기들을 돌보는 일은 보람 있고 값지다. 그곳의 아
기들은 소리 지르고 울며 싸운다. 정신없이 아기들을 돌보는 건
힘들지만 갈 곳 없는 아기들을 누군가는 거둬주어야 한다. 아기
들이 너무 가여우니까. 인간은 사랑받고 사랑하기 위해 태어난
거니까.

2014. 10. 27.

삶을 지나다 보면 어쩜 그리도 옷을 못 입는 사람이 많은지. 옷
을 입는 데에는 철학을 담아야 하고, 색이 조화로워야 하며, 세
가지 색상 이상을 입으면 안 된다는 사소한 법칙도 모르는 사람
이 왜 그리 많은지. 다른 많은 현상처럼 이것도 결핍에서 비롯되
는 것 같다. 상처와 결핍으로 나타나는 현상은 참으로 광범위한
것이다. 그 원인을 없애는 것은 너무 어려우니 결과를 수정해 나

감으로써 치유하고픈 욕망. 언젠가 완성할 '여성들에게 주고 싶은 이야기'(가제)라는 내 책에서 이 문제도 꼭 다루리다.

2014. 10. 29.
예리한 관찰력, 외향적 성격, 모험을 좋아하고 낙관적, 노력하는 스타일. 이는 운 좋은 사람들의 특징이다. 인생을 대하는 가장 좋은 태도, 인생에서 무엇인가를 배우려고 하는 것이다.

2014. 11. 1.
직업을 갖는 이유가 돈만을 목적으로 한다면 그 꿈이 이루어지고 나서는 공허감에 빠지고 만다. 그 과정도 즐겁고 보람차지 못하다. 예수님은 명쾌하게 말씀하셨다. 무엇을 먹을까? 무엇을 입을까? 고민하지 말고 먼저 그 의와 나라를 구하라고. 그러면 자연스럽게 먹을 것과 입을 것이 따라온다. 직업을 선택할 때는 가장 먼저 고려되어야 할 것이 보람과 성취감이어야 할 것이다. 인생을 사는 이유도 먹을 것과 입을 것이 아니라 보람과 성취감이어야 하리라.

2014. 11. 4.

보험회사에 연금보험을 가입하러 갔었다. 모든 절차를 마치고 나오는데, 내 일을 담당했던 보험매니저가 자기와 내가 무엇이 다르기에 나는 벌써 연금을 마련하고, 자기는 계속 일해야 하는지 모르겠다고 말하는 것이었다.

나도 일을 하고 있다고, 일과 보람이 없는 곳이 바로 지옥이라고 말했다. 물질이 풍요로운 그러나 사명감도, 돌보아야 할 이웃에 대한 책임감도, 자기계발도 필요가 없는 부유층 여자들의 우울함에 대해서도 그녀에게 말해주었다. 그리고 자기가 누리고 있는 것, 자기 옆에서 사랑을 나누고 있는 사람들에 대한 감사에 대해서도 이야기했다. 나 스스로 늘 환기시켜야 하는 이야기이기도 하다.

2014. 11. 8.

독일교육에 관하여 그곳에서 10년 이상을 사신 분이 쓴 책을 읽었다. 우리나라는 우수학생에 초점을 맞춘다면, 독일은 중·하위권의 아이들에게 초점을 맞추어 교육한다고 한다. 그리고 일류

대학이라는 개념이 없고, 중학생 시절부터 대학에 갈 사람과 직업학교에 갈 사람을 나누어 교육한단다. 대학 나온 사람과 직업학교 나온 사람의 위화감이 없고, 그런 것을 구별하지 않기에 진정한 교육이 될 수 있다는 것이다.

저자는 우리나라의 교육에 대해 굉장한 비판의식을 가지고 있었다. 그러나 절대빈곤에서 시작된 우리나라의 교육은 굴절될 수밖에 없었다고 생각된다. 빨리 인재를 키워 나라를 발전시켜야만 했기에. 식민지를 가지고 기본적인 부를 갖출 수 있었던 유럽의 교육과 출발점이 달랐다. 어느 나라도 침입한 적이 없고, 노예를 다른 나라로부터 착취했던 역사도 없었던 우리나라가 절대빈곤에서 빠져나오기 위한 위기의 교육을 했던 것이다. 이제 경제 10위권의 나라가 되었으니 각 나라의 교육 현실을 종합하여 진정한 교육이 실현되기를 기원해본다.

◉

2014. 11. 12.

『인문학에 묻다, 행복은 어디에』라는 책을 읽으며 굉장한 지적 자극을 받았다. 스트라빈스키의 '봄의 제전'을 인터넷으로 검색하고, 샤샤발츠 무용단의 봄의 제전을 춤으로 표현한 공연도 보았다. '일+사랑=행복'이란 공식을 보여 준 여성 법과학 전문가의 이야기도 읽고, 다산 정약용 선생이 500권이 넘는 책을 썼단 것도 알게 되었다. '문제를 풀기 위해 궁리하는 과정이 자신을 성장하게 한다'라는 구절과도 만났다. 책을 마음껏 읽을 수 있다는 건 축복이다. 난 그 축복을 누리고 있다.

2014. 11. 28.

성경의 창세기, 탈출기, 민수기 21장 31절까지 읽으며 느낀 점은 역시 인류의 초창기 이야기인 만큼 하드웨어와 소프트웨어를 구축하려고 애쓰는 인류 조상의 모습이 나타나 있다는 것이다. 문화와 문명, 삶의 중심 내용이 그냥 생긴 것이 아닌 거다. 틀을 만들고, 질서를 정하며, 노력한 결과인 것이다. 성경을 끝까지 읽어보면 나의 삶에 어떤 변화가 올 것인지 궁금하다.

2014. 12. 3.

ㅇ 어제 『마당을 나온 암탉』의 저자인 황선미 작가의 강연이 있었다. 그분은 조용하면서 소박하고 따뜻했다. 이 작품이 그토록 세계적인 명성을 얻은 것을 처음 알았다. 나에게도 가

습을 뛰게 했으니, 세계적인 작품일 만했다. 황선미 작가는 참 좋은 느낌을 주었다. 글은 그 사람을 표현한다고 했던가….

○ 공지영 작가의 『수도원 기행2』를 읽고 있다. '조용한 빗속에서 봄 나무들이 저녁 속으로 부드럽게 젖어가고 있었다.…' 공지영 작가는 울게 만드는 글을 쓴다. 우리나라의 자랑스러운 문학인이다.

○ 공지영 작가의 글을 읽으며 문득 신해철 님이 하늘로 간 후 꾼 꿈이 생각났다. 장소는 그분의 집 거실이었다. 아내분이 신해철 님과 어떤 통신기기를 통해 이야기하는 것이었다. 그녀는 슬퍼 보이지 않았다. 신해철 님은 다음 세상에서 그녀와 통화하고 있었던 것이다. 나는 꿈속에서도 그것이 너무 기뻤고 안심이 되었다.

2014. 12. 4.

분명 결혼하고픈 여성, 결혼하고픈 남성은 있다. 그것을 계측화하고 싶은 것이 나의 목표이다. '왜 나는 이성 친구에게 인기가 없을까?'를 고민하는 사람들에게 하나의 비전을 제시하고, 무엇 때문인지의 이유를 밝히는 것.

2014. 12. 11.

절망에 빠졌을 때, 나 자신의 한계에 갇혔을 때 조용히 기도하고 우주로 내 마음을 열어보자. 조용히 나를 넘어서서 큰 사랑에 마음을 열어보자. 나는 모든 것을 알지 못하고, 내일 무슨 일이 일어날지 모른다. 미리 슬픔으로 인생을 예단하지 말고 삶은 사랑이라고 느껴본다. 삶은 기적이라고 생각해 본다. 스스로 삶을 가두어버리지 말고 가능성을 믿어본다. 나를 넘어서 본다.

2014. 12. 15.

지하철에서 할머니 두 분의 이야기를 듣게 되었다. 죽으면 끝이라며 뷔페 순례나 하자는 두 분의 이야기. 죽어보지 않았으니 다음 세상이 있다고, 확실히 내가 보았다고 말할 수는 없으나 다음 세상이 없다고 해도 이 세상에 얼마나 큰 가치들이 많은데, 인생의 주목표가 먹는 것에 있다니. 돌보아야 할 이웃이 있고, 몰입할 수 있는 문화가 있고, 비 내리는 봄밤이 있는데…. 영원한 삶은 꼭 있을 것이라는 확신이 내겐 있다.

2014. 12. 20.

내가 이렇게 힘들어 보지 않았다면 다른 사람의 슬픔을 이해하지 못했을지도 모른다. 내가 행복했다면 '다들 행복하겠지'라며 쉽게 생각했을 것이다. 이렇게 힘든 상황 속에서 내게 힘이 되는 건 주님이다.

2014. 12. 25.

크리스마스다. 절망적인 마음으로 성모상을 바라보며 "이루어질 수 있을까요?"라고 물었을 때, 성모님은 "이루어진다"라고 말씀해주셨다.

2014. 12. 30.

내년도 다이어리를 약사님께 보내드렸더니 고맙다며 전화가 왔다. 창동에 살 때부터 알던 약사님은 내 아이의 아기 때 모습을 기억하고 있었다. "예쁘니, 예뻐 아니니?" 하면 "예뻐"라고 대답하다가 조금 커서는 "아니에요"라고 대답하던 아이의 모습을. 오래된 추억을 공유하는 것이야말로 오랜 친구와의 우정이 소중한 이유이리라.

2015. 1. 1.
'소년이로학난성 일촌광음불가경(소년은 빨리 늙고 학문은 이루기 어려우니 짧은 시간도 가벼이 여기지 말라).'
내가 좋아하는 경구이다. 새로운 한 해가 시작되었다. 한순간도 불행하고 의미 없게 보내지 말 것을 다짐한다. 내겐 꿈이 있다. 한순간도 헛되이 보내지 않겠다.

2015. 1. 4.
오래전부터(그러니까 나의 20대부터) 알던 선배 언니가 지금의 내 모습이 20대에 비해 많이 부드러워지고 다정해졌단다. 그간의 세월을 그래도 제대로 산 것 같은 느낌을 받아 그 말이 즐거웠다.

2015. 1. 6.

친구를 만나러 일산으로 가는 지하철역에서 장애가 있는 걸인을 보았다. 걸인은 어감이 안 좋은데 뭐라 불러야 할지 모르겠다. 2천 원을 주려고 했는데, 문득 5천 원을 주자는 생각이 들었다. 5천 원을 건너자 그는 조금 놀랐고, 나는 그에게 용기를 잃지 말라고 했다. 그 순간 내가 느낀 것은 천국이 잠시 내려앉은 느낌이었다. 5천 원이 아니라 5만 원을 줄 걸 하는 후회가 된다. 내가 사랑하는 동화는 『행복한 왕자』다. 오스카 와일드의 작품으로 모든 것을 세상을 위해 준 한 행복한 사람에 관한 글이다.

2015. 1. 7.

'창조적인 사고는 당신이 명확한 중점목표를 달성하려는 마음가짐을 계속 유지할 것이라고 가정한다. 즉 당신이 정해진 과정과 순서에 따라 그 목표를 달성하게 될 것이라는 믿음과 확신을 가지고 있다고 전제하는 것이다.'

— 『나폴레온 힐 성공의 법칙』 중에서

2015. 1. 9.

"하나님, 제가 어떤 어려움 가운데서도 힘을 잃지 않고 생명나무 어린이들을 성인이 되어 독립할 수 있는 능력이 생길 때까지 도울 수 있게 해주소서. 예인이, 예영이, 예진이, 예찬이, 예환이, 지웅이, 예은이, 소망이, 민준이, 하사나, 은이, 건이. 이 아이들을 제가 기억하게 해주소서. 그 힘을 잃지 않게 해주소서."

'다시 말해 인생의 가장 커다란 불행과 고난도 종종 황금 같은 기회의 문을 열어주는 열쇠가 된다는 사실이다.'

- 『나폴레온 힐 성공의 법칙』 중에서

2015. 1. 15.

'당신의 벽이 속삭일 때'라는 독일을 배경으로 한 영화를 보았다. 한 평범한 대학생인 마틴이 대학에 진학하여 낡은 아파트를 구해 세 들었는데, 아리따운 집주인과 육체적인 탐닉에 빠져든다. 이후 그녀가 살인을 했음을 알게 되고 자신도 해치려 함을 알게 되면서 결국은 정당방위로 그녀를 죽이게 된다. 마지막 장면에는 마틴의 부모가 사건 현장에 와서 그 기막힌 모습을 본다. '영화가 말하고자 하는 것이 무엇일까?'라고 생각하자, 그 아리따운 집주인이 곧 아름다운 모습으로 꾸민 악이라는 생각이 들었다. 히틀러가 그럴싸한 미사여구로 독일인을 오류에 빠뜨린 것처럼. 독일인에게는 히틀러의 유령이 쉽게 사라질 것 같지 않다. 히틀러라는 비틀린 한 사람으로 인해 역사에 있어서는 안 되는 사건이 일어났으므로. 아름다운 것이 아름다운 것이 아니라는 노자의 말이 생각나는 밤이다.

2015. 1. 16.
생각은 행동을 낳고 행동은 습관을, 습관은 성격을, 성격은 곧 운명이 된다. 그러므로 생각이 참으로 중요하다.

2015. 1. 18.

규니가 전역을 했다. 무사히 병역의 의무를 다하고 공부하러 다시 갔다. 내 아이는 무사히 끝났지만 문득 구타로 사망한 윤 일병이 떠오른다.

"주님, 그의 영혼을 받아주소서. 위로해주소서. 가해자들에 대한 미움으로 그의 영혼이 병들지 않게 해주소서. 그를 치료해주소서. 세월호 아이들도."

2015. 1. 20.

불행한 사람들이 이 지구에 참 많다는 생각이 든다. 어렸을 때는 잘 몰랐는데, 나이가 들면서 그것을 알게 되었다. 이와 함께 내가 또 알게 된 것은 그런 불행한 사람을 도우려는 천사들 또한 많다는 것이다. 그분 중 대표가 내겐 예수님이다. 예수님께 의지하며 힘과 위로를 얻는다. 마음과 몸이 아픈 많은 영혼이 천사를 알고 천사에게서 힘과 위로를 얻어 행복해지기를 기도해본다.

2015. 1. 21.

"종교적 세계관의 좋은 점은 우리가 모르는 어떤 힘이 작용하고 있다는 것을 일깨워주는 것이다."

- 알랭 드 보통

2015. 1. 25.

노래로, 시로, 춤으로, 유머로, 요리로, 그림으로, 영화로, 여러 예술형식으로 나를 즐겁고 행복하게 해준 인류에게 감사를 느낀다. 참 누리고 즐기며 살았다.

"자신의 모습을 있는 그대로 수용하고, 다른 사람은 적이 아니고 친구라는 것을 믿으며, 스스로 존재만으로도 타인을 도울 수 있다는 것을 아는 것이 행복의 조건이다."

- 아들러

2015. 1. 29.

어제 조카와 함께 서강대학교에서 열린 프랑스 현대철학에 대한 강의를 들었다. 얼마나 오랜만에 신촌에 갔는지 모른다. 학창 시절의 추억이 떠오르며 감회에 젖어 가슴이 뭉클해졌다.

강사는 서강대학교 서동욱 교수님이었다. 어찌나 소탈하고 권위의식 없이, 유머와 함께 강의를 잘하시는지 많은 도움이 되었다. 강의가 끝나고 나오면서 조카에서 소탈하고 권위의식 없고 유머를 안다는 자체가 철학을 알기 때문이라고 말해주었다. 3회 남은 전 과정을 다 들을 것이다. 프랑스 현대철학에 대해 윤곽을 그릴 수 있게 되었다.

2015. 2. 3.

○ 언젠가 니트 이불을 덮고 자고 싶다는 바람으로 뜨개질을 시작했다. 단순한 작업이라고 생각했으나 결코 단순하지 않았다. 똑같은 패턴을 만들어나가는 것이 녹록지 않았다. 코가 빠지기도 하고, 색깔 선정도 만만치 않고, 인생처럼 쉬우면서도 힘들었다. 인내와 정성과 집중력이 필요했다. 이제 열 개

정도의 모티브를 만들었으니 십 분의 일 정도 만든 셈이다. 언젠가 그와 따뜻하게 덮고 겨울을 맞이할 꿈을 뜨고 있다.

○ 성적으로 등수를 매기고, 마치 인간성도 그 순서인 것처럼 생각하는 것이 얼마나 틀린 생각인가를 절절히 느낀다. 그 그릇된 편견에서 나도 자유롭지 않았다.

'인간성을 존중하고, 우등생에게 포커스를 맞추지 말고, 어려운 학생에게 집중하는 참된 교육은 언제 이루어질 것인가?'

직업의 귀천이 없어질 때 가능하지 않을까. 꼭 이루어지리라. 기대하고, 기도하며, 실현이 가능하도록 내가 할 수 있는 최선을 다해 보리라.

2015. 2. 13.

성당에서 교리공부를 시작했다. 서강대학교에서 들었던 프랑스 현대철학(현상학, 실존주의, 구조주의)과 종교는 어떻게 조화를 이룰 수 있는가를 생각하며 결론내리고 싶다. 무엇인가 있다. 신비로운, 나의 지성이 닿지 않는 2%의 무엇인가가….

2015. 2. 17.

나의 삶이 내게 원하는 것, 그 소리에 귀 기울이기로 했다. 징징
거리고 원망하며 부정하는 대신 나의 삶의 행로를 받아들이고
그 깊은 의미를 발견하고 싶다. 최선의 결과를 받아들이고 싶다.

2015. 2. 18.

용인의 생명나무어린이집을 생각하니 그곳이 바로 천국이라는
생각이 든다. 거의 일 년 내내 봉사하는 성도들, 자원봉사자들
의 사랑으로 이끌어 나가는 어린이집. 그건 기적이다. 세상이 살
만하다는 믿음을 주는 곳이다. 세상 일부에서는 생명을 파괴하
는 자들이 있지만 세상 많은 곳에서는 생명을 지키는 영혼들이
있다.

2015. 2. 19.

'한국인의 밥상'이라는 프로그램을 보았다. 우리나라 구석구석을 다니며 특산물로 만든 요리와 그곳 사람들의 모습을 담아내고 있다. 오늘은 조도군도라는 곳에서 톳 양식을 하며 혼자 자식들을 키워낸 여성의 이야기를 보았다. 75살의 여성이었는데, 그 생명력 넘치는 모습과 자신은 행복한 사람이라는 말에 어안이 벙벙해졌다. 너무나 존경스러웠다. 자신 앞의 생에 그토록 성실할 수 있는 모습에 경외감이 느껴졌다.

나도 참 힘든 삶을 이겨내며 살았다. 그러다 보니 내 안의 무엇인가가 단단해졌다. 도망치지 않고 살다 보니 내 안의 세계가 단단해진 것이다. 그 여성도 이겨내었기에 그토록 생명력이 넘치고 단단해진 것이리라. 아름다움도 중요하지만 생명력으로 어필하는 여성이고 싶다.

2015. 2. 23.

한 영혼, 영혼에게 사랑을 느끼고 존중하면 세상은 친구로 넘친다. 내가 영혼이라면 다른 사람도, 아무리 우습게 느껴지는 사람도 영혼이다.

2015. 2. 27.

〈기억력을 높이는 11가지 생활습관〉

1. 피곤하면 쉬어라.

2. 확인할 때 20초간 바라보라.

3. 시각은 기본, 다른 감각도 이용하라.

4. 새로운 정보, 즐겨 부르는 노래에 담아라.

5. 디지털 기기에 의존하지 마라.

6. 충동을 누르고, 자제력을 길러라.

7. 더 많이 걸어야 기억력이 좋아진다.

8. 꼭꼭 씹어 먹고, 껌도 자주 씹어라.

9. 정리정돈에 신경 써라.

10. 단어 건망증은 사람과의 대화를 즐겨라.

11. 사소한 일에도 기억목표를 세워라.

2015. 2. 28.

'과거의 기독교적 세계관에서는 전능한 신에 의해 한 인간의 쓰임과 운명이 태어나기도 전에 모두 정해져 있었지만, 사르트르에게 한 인간의 본질이란 죽음을 맞이하는 순간에야 비로소 규정할 수 있는 것이기에 한평생을 살아가면서 계속 수정해야 하는 것이다. 따라서 내가 어떠어떠한 인간이라고 규정될 수 있는 '나의 본질'은 내가 살아있는 동안에는 언제나 수정 가능한 상태로 열려있고, 나는 매 순간 자유로운 선택에 의해서 행동함으로써 나의 본질을 만들어간다. 모든 것이 이처럼 절대적으로 자유로운 나 자신의 선택에 달려있기 때문에, 나는 매 순간 홀로 선택의 책임을 무한히 져야 한다. 그래서 진실한 인간이라면 언제나 번민하고, 번민의 원인이 되는 자유로부터 도피하고 싶어 한다. 이것이 사르트르가 보는 인간 현실이다.'

－『프랑스 철학의 위대한 시절』 중에서

2015. 3. 15.

TV 프로그램 '세계테마여행'에서 본 파키스탄의 모습. 자연은 아름다웠지만 사람들은 가난하다. 기반시설도 없다. 다른 채널의 홈쇼핑에서는 유럽패키지 여행 광고를 한다. 부티가 줄줄 흐른다. 그 모습이 아름답게 느껴지지 않는다. 맑은 눈을 가진 배고픈 파키스탄의 아이가 커 가는데, 다른 지구의 부분에서는 관심도 없고 자기들 돈 쓰는 데만 바쁘다. 이건 아니다.

2015. 3. 18.

'장벽은 우리가 무엇인가를 얼마나 절실히 원하는지 깨달을 수 있도록 기회를 제공하는 것이다. 왜냐하면 장벽은 그것을 절실하게 원하지 않는 사람들을 멈추게 하려고 거기 있는 것이기 때문이다.'

- 『프린세스, 라 브라바!』 중에서

2015. 3. 19.

그가 선택한 이유가 있는 사람으로 살고 싶다. 3월의 희망을 품은 새싹처럼 늘 마음속에 밝음을 간직하고, 6월의 장마에도 황폐해지지 않는 고귀한 영혼으로, 9월의 생명을 위해 여무는 곡식처럼, 12월의 고요한 사랑을 품은 그런 인간이고 싶다.

2015. 3. 22.

어둠을 저주할 시간에 촛불 하나를 켜라.

- 할렘가 벽에 쓰여 있었던 글

2015. 3. 27.

'근검절약하고 끈기 있는 사람, 세세한 부분까지 신경 쓰는 사람, 책임감 있는 사람들이 가장 오래 살았다.'

- 『나는 몇 살까지 살까?』 중에서

2015. 3. 30.

성당의 여가활동 시간으로 선택한 클래식 인문학 시간에 오늘은 햄릿에 대해 들었다. '죽느냐 사느냐 그것이 문제로다, 약한 자여 그대 이름은 여자이다'라는 문구가 유명한 그의 작품 마지막에 등장인물이 모두 죽는다는 것에 새삼 충격이 왔다. 셰익스피어의 4대 비극답다. 그런데 강사님이 틀어준 동영상에 오필리어를 그린 그림이 그토록 많은 것을 알고 또 놀랐다.

잠시 생각해 보니 그 이유를 알 것 같았다. 우리가 고흐를 좋아하는 이유와 같다. 연민의 정. 아버지와 오빠가 다 죽고, 사랑의 아픔을 품고 자살한 오필리어가 너무 안쓰러웠던 것이다. 그녀의 큰 슬픔이 화가들의 정서를 움직였다.

2015. 4. 3.

같이 독서토론 리더모임을 하는 후배가 교육문제를 상담해왔다. 내가 한 조언은 "간섭을 심하게 받으면 엄마나 아이나 좋을 게 없으니 일주일에 한 번 반성의 시간을 갖고, 그때 하고픈 말을 하라"였다. 계속 잔소리를 듣는 아이들은 수동적으로 자라게 되고 신경질적인 성격이 된다. 생활의 틀만 잡아주고 자율을 배우게 해야 한다. 자율은 자유 속에서만 배울 수 있다.

또 한 가지는 자녀를 위한 기도의 시간을 하루 두세 번 가질 것을 이야기해주었다. 기도를 하면 그 내용이 우리의 무의식에 입력되어 나의 삶에 그 내용이 구현될 확률이 높아진다. 그러면서 간구하는 것을 찾게 되어 그 내용이 나의 삶에 이끌려오게 된다. 사시 합격자 10명 중 9명의 어머니가 자식을 위한 기도를 했다고 한다. 자녀를 위한 기도, 꼭 필요한 과정이다.

그리고 웃음이다. 어떤 환경에서도 웃으면 살 수 있다고 한다. 웃음이 가득한 가정은 행복을 약속한 것과 같다. 웃으면 복도 오고, 건강도 오고, 성공도 따라 온다. 마지막으로 삶이 재미있는 아이는 반드시 무엇인가를 성취하게 된다. 자녀의 삶이 재미있게 도와주어야 한다.

자녀를 세상에 놓아주어라. 그러나 세상의 잘못된 가치를 분별할 수 있게 하라. 그러기 위해서는 자녀와 대화의 시간을 충분히 가져야 한다.

2015. 4. 5.

꽃비가 내린 식목일이었다. 인간은 사랑 없이 살기에는 눈물이
너무 많은 존재다.

2015. 4. 6.

'의미가 있기 때문에 살아가는 것이 아니라 살아가는 데에 인생
의 의미가 있다고…'

– 곽세라의 『인생에 대한 예의』 중에서

2015. 4. 8.

재미있음이 경쟁력이다.

2015. 4. 9.

○ 불안하면 나무만 보고 숲을 보지 못하게 된다.

○ "데이터베이스를 충실히 만들며 메타언어(숨은 의미)를 뽑아
낼 수 있는 오늘을 만들자."

– 김정운, 교수

○ 의식의 적어도 51%는 행복을 믿어야 행복해진다. 자기 예언
이라는 것이 있어서 자신이 믿는 대로 자신의 운명이 움직이
기 때문이다.

2015. 4. 10.

"제일 중요한 교육은 자신이 사랑받고 있다는 걸 알게 해주는
것이다."

– 데니스 홍, 로봇공학자

2015. 4. 14.

'지친 머리로는 일할 수 없다.

가족은 짐이 아니라 축복이다.

투덜대지 말고 기도하라.

배운 것을 전달하라.

소비하지 말고 투자하라.

삶의 지혜를 후대에 물려주라.'

- 토드 홉킨스, 레이 힐버트의 『청소부 밥』 중에서

2015. 4. 16.

1년 전, 고등학생 아이들이 세상을 떠났다. 어른들의 추악한 욕심으로 인한 참사로. 명복을 빈다.

"얘들아, 하늘에서 잘살아. 잘 크고…"

오늘 TV에서 본 구절,

"양심이 마비된다는 것은 영혼이 병들었다는 징표입니다."

- 프란치스코 교황

2015. 4. 28.

질 들뢰즈의 사상을 검색해 보았다. 감각을 믿으며 생을 긍정하고, 신적인 존재가 되지 못함에 절망하지 말고, 한계 또한 축복임을 깨달아야 한다는 한 철학가의 고찰이 내 자신에 대해 다시 생각하게 해주었다. 꾸역꾸역 살아가는 것 같은 나의 삶에 생각해 볼 기회를 준 철학자 들뢰즈가 고마운 날이다.

2015. 4. 30.

소박하게, 단순하게.

2015. 5. 7.

아이야, 너는 항상 새봄처럼 살아라.

희망을 가슴 가득 안고 참새처럼 기쁨을 노래하며.

아이야, 너는 늘 새봄처럼 꿈꾸어라.

눈앞에 보이는 것이 모든 것이 아님을 늘 기억하며.

아이야, 너는 언제나 새봄처럼 힘내라.

삶의 마지막이 올 때에도 끝난 것이 아님을 느끼며.

2015. 5. 9.

'심리학자들은 긍정적인 기분이 세상에 큰 변화를 일으킬 수 있으며, 웃음을 통해 즐거운 기분이 들면 갑작스러운 통찰이 번득이면서 복잡한 문제를 풀 가능성이 높아진다는 사실을 발견했다.'

- 켄 베인의 『최고의 공부』 중에서

2015. 5. 11.

나의 사랑스러운 아들이 휴가를 맞아 집으로 왔다. 얼마나 힘들고 외로웠을까. 새의 둥지처럼 포근히 쉬며 위로받고 다시 힘을 낼 수 있게 따뜻함으로 감싸주어야겠다.

가정의 역할은 사회가 가르치는 지식이나 정보를 주는 데에 있는 것이 아니라 사는 이유를, 힘을 내어야 할 이유를, 아침에 일어날 이유를 주는 데에 있다. 어떤 경우에나 나를 받아들여 주고, 나를 믿어주며, 나를 위해 조건 없이 울어주는 곳. 가정은 그런 의미에서 천국과 같다.

2015. 5. 14.
'위플래쉬'라는 영화를 보았다. 경쟁 사회에서 어떻게 자신을 지켜나가는지의 이슈를 다룬 저예산이지만 격렬한 영상의 영화였다. 결국 나 자신의 한계를 넘어서는 것, 어제의 나보다 새로운 내가 되는 것, 그것이 관건이다.

2015. 5. 18.
'어릴 적부터 수도 없이 들었던 베이징 탈출 이야기. 어느 정도 철이 들면서부터 난 앞서가는 국민이란 어떤 것인지, 조직화된 훈련이 얼마나 중요한지, 일하는 방법을 달리하면 효율이 얼마나 오르는지 생각하게 됐다. 그게 바로 선진 국민과 그렇지 않은 국민과의 차이였다.'

– 손욱의 『삼성, 집요한 혁신의 역사』 중에서

2015. 5. 19.

'기쁨'에 대하여 언젠가 쓰리라….

2015. 5. 22.

그 사람의 신발을 신기 전에는 그 사람에 대해 평하지 말라.

- 인디언 속담

2015. 6. 4.

사이판 섬으로 생애 첫 해외여행을 했다. 태양은 빛났고, 바다는 푸르렀고, 모래는 너무도 하얗게 반짝였다. 하지만 그곳에도 생계를 이어가느라 힘든 사람들, 심지어 매매춘하는 여성들, 집 없는 길고양이가 있었다. 거리는 1960년대 서울을 연상시키는 널널함이 있었고, 얕은 집들이 있어서 데자뷔를 경험했다. 언젠가 와봤었던 곳, 그리운 거리의 모습이었다.

2015. 6. 10.

행복은 먼저 그 나라와 의를 구하는 데에 있다.

2015. 6. 내가 태어난 날.

55살이 되었다. 앞으로 평생 내 삶의 목표를 위해 노력하는 시간을 보낼 것이다. 노력한다는 것, 인생을 살 이유가 있다는 것만으로도 태어난 보람이 있다.

아들이 내가 자신의 엄마여서 고맙다는 취지의 생일축하 편지를 주었다. 이보다 더 감사한 말이 어디 있을까. 고맙다, 아들!

나니아 연대기에서처럼 어딘가 다른 시간대로 이동할 수 있다면 20대로 가고 싶다. 나의 20대에는 내게 생명의 샘이다. 감사한 시간대이다.

2015. 6. 22.

문득 나의 식생활을 생각하니 너무 부실하다는 생각이 들었다. '큰 병이 든 후 내게 어떤 상념이 생길까? 나의 삶에 아무런 회한 없이 세상을 뜰 수 있을까?'

나의 삶이 어떻든 최선의 노력을 해야 한다. 최선의 노력을 하면 내 삶의 방향이 바뀔 수도 있다. 큰 의지로 삶을 긍정하고 식생활에 주의를 기울여 보자.

2015. 6. 24.

'파랑새의 집'이라는 드라마가 한창 방영 중이다. 많은 드라마 중 억지가 없고, 악을 저지르는 사람도 악마로 표현하기보다 그의 갈등을 보여주고, 소시민의 정다운 일상을 그려내고, 세상을 보는 시선이 따뜻해서 즐겨보고 있다. 극 중 지완이와 현도라는 남성의 성품이 나의 주의를 끈다. 자신보다는 공동체가 우선이고 책임감 강한 바른생활 사나이 지완. 가정사 때문에 연애도 포기하는 그의 삶에 눈물이 났다. 실제로 그런 성품의 사람을 아는데, 지완을 보다 보니 그가 떠올랐다. 그에 반해 현도는 하고 싶은 대로 살다가 지키고 싶은 가치를 찾고 그것에 삶을 바친다. 현도와 지완, 두 남성의 성격이 이 드라마를 이끌어가는 축이다. 오랜만에 보는 행복을 주는 드라마이다.

'현명하구나, 안회야. 한 소쿠리 밥과 한 표주박 물을 가지고 누추한 곳에 산다면 다른 이들은 그 근심을 견디지 못하거늘. 안회는 즐거움을 잃지 않는구나. 어질다, 안회야.'
'세상이 선물하는 풍경은 모두 같다. 다만 소극적인 사람은 세상의 어두운 그림자만 보지만, 적극적인 사람은 그 빛을 본다.'

- 우간린의『어떻게 원하는 삶을 살 것인가』중에서

2015. 6. 26.
'그러나 언더우드 부인은 자기가 재미를 찾으러 온 관광객이 아니라 병든 자를 고치고, 비천하고 고통 받는 자의 영혼을 구하려고 하느님이 보낸 사도임을 되새겨 봄으로써 이러한 시련을 이겨냈다.'

-『언더우드 부인의 조선 견문록』중에서

2015. 6. 27.

1. 중년의 정체성 확립 : 과거의 성취와 실패로부터의 자유.

2. 일과 여가의 조화 : 의미 있고 자기를 표현할 수 있는 모든 활동으로 일의 포트폴리오를 넓히라.

3. 자신에 대한 배려를 잊지 마라.

4. 진지한 성찰과 과감한 실행의 조화.

5. 자신만의 자유와 타인과의 친밀한 관계의 조화.

- 윌리엄 새들러의 『서드 에이지, 마흔 이후 30년』 중에서

아무리 힘든 시간에도 감사할 거리는 있다. 죽음이 다가오면 죽어서 감사하다고 생각하고 싶다. 이 세상의 슬픔으로부터 벗어나 다른 세상에 감을 감사하고 싶다.

2015. 7. 8.

어떤 여성이 비교는 영혼을 썩게 한다고 말하는 것을 들었다. 전적으로 동감한다. 나의 상황에서 최선을 다하면 누구도 부럽지 않은 실존이 된다. 그 힘을 주는 분이 내게는 예수님이다. 예

수님께 위로받는 역학을 아니까 누구도 부럽지 않다.

2015. 7. 9.

고등학교 때 니체의 사상을 많이 읽으며 운명을 긍정하고, 굳센 삶의 의지를 갖는다는 씩씩한 면에 공감이 갔었다. 그러나 이제 삶의 마지막이 보이는 나이가 되니, 그렇게 운명을 긍정하고 굳센 삶의 의지를 갖는 힘은 사랑과 우주를 끌어안으려는 포용력에서 나온다는 것을 발견하게 된다. 위대해지려는 마음보다, 권력에의 의지를 갖겠다는 탐욕보다(항상 니체 사상에 의문인 것이 '왜 위대해지려 하고 권력은 잡아서 무엇 하려는 것인데?').

중요한 것은 너를 향한 나의 사랑인 것이다. 그것이 세상을 움직이는 힘이라는 것을 나의 삶 전체를 통해 알게 되었다. 그 힘이 정말 중요한 발명도 하게 하고, 모험도 마다하지 않게 하는 것이 아닐까. 내게 중요한 건 나만의 꽃 핌이 아니라 너의 꽃 핌인 것이다.

2015. 7. 12.

행복의 비밀을 알게 되었다. 그건 꿈을 잃지 않는 것이다.

2015. 7. 17.

'그래서 한 사회가 얼마나 성숙한지 여부는 사회구성원들이 자신이 속한 공동체와 자신과의 연관성을 얼마나 깊이 이해하느냐로 평가할 수 있다고 생각한다.'

　　　　　　　　　　　－ 이광구의 『희망교육 분투기』 중에서

〈눈 밤〉

눈이 사각사각 내린다.

식구들은 도란도란 이야기한다.

나는 가만히 방을 나와 마당에 섰다.

멀리서 개가 컹컹 짖는다.

찹쌀떡 아저씨가 지나간다.

눈을 바라보면 내겐 그리운 사람이 있다.

보고픈 사람이 있다.

2015. 7. 26.

내가 먼저 사랑과 정의와 선행을 세상에 건네면 내 자리가 꽃자리로 변한다. 세상이 사막처럼 느껴질 때 주문처럼 외우고 싶은 말이다.

2015. 7. 30.

한 달에 한 번은 여행을 해야겠다. 여행은 내 삶을 새롭게 생각하게 만들어준다. 왜 옛 분들이 큰 인물을 만들려면 여행을 보내라고 하셨는지 알겠다.

2015. 7. 31.

기도 중 '너는 죄인이니라. 속죄하는 마음으로 살아야 하느니라'라는 깨달음이 왔다. '내가 왜 죄인이지?' 하고 생각해 보니…. 그때 내가 그를 용서하지를 못했었다. 그래서 모든 것이 달라져 버렸다. 맞다. 순간적인 용서하지 못함이 인생을 바꿔버린 것이다. 용서하며 속죄하는 마음으로 삶의 행로를 끝까지 가야겠다.

"하느님을 사랑하는 것은 가장 위대한 로맨스이다. 하느님을 추구하는 것은 가장 위대한 모험이다. 하느님을 만나는 것은 인간의 가장 위대한 성취이다."

– 트라피스트회의 라파엘 시몬 신부님

2015. 8. 1.

○ 악도 용서하는 것이 진정한 용서다.

○ 불행 속에서 어떻게 행복을 만들어 가는가? 경연대회에 참가했다고 생각하면 훨씬 상황을 이겨나갈 많은 힘이 생긴다. '오호라, 이건 게임이다'라고 생각하기로 했다. 한번 해보자. 많은 스코어를 냈고, 많은 언덕을 넘었다. 목표가 그리 멀지 않았다. 이제 조금 여유가 생길 만큼 이겨내 왔다. 난 반드시 행복해질 것이다. 그것이 이 게임의 승전포인트다.

2015. 8. 3.

아들은 시스템이 잘못되어 있다고 했다. 나는 시스템은 살아있는 생물체라서 바뀔 수 있다고 했다. 인간은 영혼을 가진 존재다. 공존을 원하고 선을 향해 가고자 하는 존재다. 그러므로 의지와 노력이 있으면 사회체제를 복지와 공존의 체제로 바꿀 수 있다. 문제는 바뀔 수 없다고 아무것도 하지 않는 것이다.

2015. 8. 8.

예술은 왜 필요할까? 우리 삶을 다른 시선으로 보여 주기 때문이다. 우리 삶의 현상 이면의 본질을 이야기해주기 때문이다. 우리 삶의 비밀스러운 탈출구를 창조해내기 때문이다. 그리하여 우리로 하여금 날 수 있게 해주기 때문이다.

"당신이 의미 있는 하루를 보내고 싶다면 아침에 일어났을 때 오늘 한 사람이라도 기쁘게 해주고 싶다고 생각하라."

– 니체

2015. 8. 10.

'부자들은 불필요한 돈은 단돈 1원도 쓰지 않으려 하고 작은 지출도 효율을 따진다.'

– 신동일의 『부자의 선택』 중에서

2015. 8. 13.

나는 혁명이고 꿈이고 비전이다. 강을 건너고, 산을 넘으며, 빗속에서 밤을 보낸 것이다. 그리고 다른 행성으로 갈 것이다.

2015. 8. 15.

'사람의 뇌는 절반이 제거되어도 멀쩡하게 작동한다. 두뇌는 고도로 복잡한 신경망 네트워크이기 때문이다. 신경망은 새로운 일은 습득할 때마다 뉴런의 연결 상태가 개선되고 강화된다.'

– 미치오 카쿠의 『마음의 미래』 중에서

2015. 8. 18.

누군가를 도울 기회를 절대로 놓치지 말 것!

2015. 8. 19.

처음 한비야 작가의 책을 접했을 때는 그냥 여행을 좋아하는 사람인 줄 알았다. 그러나 세월이 흐르면서 그분은 재난지역 수호 전문가가 되고, 이화여자대학교 대학원 교수가 되고, UN에서도 일하고, 세계시민학교라는 첨단형태의 교육기관도 설립하고, 펴내는 책마다 너무도 좋은 내용의 베스트셀러가 되는 거다. 그분의 책을 읽고 내가 너무도 큰 힘을 얻었다. 어렵게 살 때에도 꿈을 잊지 않았다는 한비야 작가는 마리 퀴리, 아가사 크리스티와 함께 나의 롤모델이다. 부디, 꼭 무병장수하셔서 하고자 하는 일은 모두 완수하시길!

2015. 8. 22.

"천국으로 가는 거룩한 계단을 놓으려면 그저 망치 하나 들고 멍하니 서 있어서는 안 된다."

- 스티븐 킹

2015. 8. 26.

『미저리』, 『샤이닝』, 『캐리』, 『미래의 묵시록』 등등의 작가 스티븐 킹의 『유혹하는 글쓰기』를 읽었다. 작법에 대한 책이었다. 책을 읽고 무엇보다 크게 느낀 점은 글쓰기가 재미있어야 좋은 글이 나온다는 거다. 그는 글 쓰는 시간이 노는 시간처럼 즐겁다고 말하고 있다. 그리고 완벽한 시나리오를 가지고 글을 시작하려 하지 말고, 일단 시작하면 유기물처럼 내용이 살아 움직이기 시작한다고 이야기하고 있다. 글 쓰는 것 또한 공부하고, 연구하고, 노력하면 익힐 수 있는 기술이라는 것을 또 한 번 깨우치고 있다.

2015. 9. 1.

용인의 생명을 주는 나무에 다녀왔다. 버려진 아이들, 그 아이들을 기르는 사람들…. 그곳에서 나는 천사들을 만난다. 선한 영혼들이 모이는 장소가 있다면 바로 그곳도 그중 하나일 것이다. 시간을, 물질을, 노동을 기꺼이 나누는 그곳이 진정한 의미의 천국일 거라는 생각이 든다.

2015. 9. 3.

'자신의 영혼과 육신이 가자는 대로 그 부름을 따라 천복을 좇아 살면, 앞으로 무엇이 어떻게 될지는 몰라도 자신의 눈빛을 달라지게 하는 조그만 직관을 따르면, 창세 때부터 거기서 날 기다리고 있던 것을 만나고, 늘 보이지 않는 손이 따라다니며 문을 열어줄 거라던…'

— 조지프 캠벨의 『신화의 힘』 중에서

2015. 9. 5.

아들이 영화감독이 될 거라고 선언했다. 그 계통의 일을 하겠다고. 드디어 예술가가 되는구나. 이제 예술은 사람들의 삶 전반에 일상처럼 향유되고 있다. 예술이 곧 삶이고, 삶이 곧 예술인 것이다. 아들의 미래에 신의 축복이 깃들기를, 그가 우주의 역할을 그의 작품에 담기를.

2015. 9. 6.

성당에서 서울 시내 성지순례를 다녀왔다. 명동성당, 새남터 성지, 절두산 성지 등을 순례했다. 내가 종교의 자유를 누릴 수 있도록 믿음의 선배들이 목숨을 바쳤음을 다시 한번 알게 되었다. 그들은 목숨을 바쳤는데, 나는 무엇으로 헌신할 것인가. 하루하루를 충실히 살아감으로, 슬픔을 딛고 자유를 얻음으로…

2015. 9. 8.

그의 죄는 생각하지 않고 권위에 따랐던 것이다(한나 아렌트, 아이히만의 재판을 보고).

2015. 9. 10.

다른 사람의 삶이 나로 인해 행복해진다는 것은 큰 기쁨이다.

2015. 9. 11.

물질은 나쁜 것? 절대 아니다. 물질도 모두 자연에서 온 것이다. 아껴 쓰고, 나눠 쓰고, 교환해서 쓰고, 다시 쓰면 물질도 영혼만큼이나 중요하다. 25년째 쓰고 있는 나의 침대에서 난 신의 손길을 느낀다. 추억이 깃든 물건은 사랑의 느낌을 주기도 한다. 그리고 어떤 물건은 생명을 구하기도 한다. 물건을 쌓아놓고 썩게 하거나, 필요한 사람에게 나누어주지 않을 때는 물건에서 영혼이 사라져 버린다. 의미가 사라져 버리는 것이다.

2015. 9. 12.

TV에서 '이어령의 백년서재'라는 프로그램을 보았다. 한때 그분을 오해하기도 했지만 강의를 들으며 그분을 움직이는 것은 사명감이라는 생각이 들었다. 나 같으면 은퇴해서 세계여행을 다닐 것 같은 나이에도 IT 기기를 익히며 계속 일하는 그분에게서 슬펐던 우리나라를 기억하며 그 기억에서 유(有)를 창조해내고 있는 지성인의 모습을 본다.

2015. 9. 13.

도서관에서 눈길을 끄는 책제목을 발견하여 읽었는데, 기대 이상이다. 책 제목은 『신과 나눈 이야기』이다. 첫 파트부터 감동이다. 실제로 어떤 상태에서 신과 이야기를 나누었다는 것이다. 그 깊이와 놀라운 통찰은 믿음을 갖게 한다. 이 책을 다 읽으면 나의 많은 물음이 해답을 갖게 될 같다.

'신이 모든 요구를 언제나 들어주리라고 믿어야 하는 게 아니라, 그런 요구 자체가 필요하지 않다는 걸 직관으로 이해할 때 기도하기는 훨씬 수월해진다. 그럴 때 그 기도는 감사의 기도가 된다. 그것은 결코 요구가 아니다. 그것은 있는 그대로에 대한, 감사의 진술이다.'

- 닐 도날드 월쉬의 『신과 나눈 이야기』 중에서

2015. 9. 14.

'너희는 선이요, 자비요, 연민이요, 이해다. 너희는 평화요, 기쁨이요, 빛이다. 너희는 용서요, 인내요, 강함이요, 용기다. 필요할 때는 도와주는 이요, 슬퍼할 때는 달래주는 이요, 다쳤을 때는 치료해주는 이요, 혼란스러워할 때는 가르쳐주는 이다. 너희는 가장 심오한 지혜이고, 가장 고귀한 진리이며, 가장 위대한 평화이고, 가장 숭고한 사랑이다. 바로 이런 것이 너희다. 그리고 살면서 순간순간 너희는 자신을 이런 것들로 인식하기도 한다. 이제는 자신을 항상 이런 것들로 인식하도록 하라.'

'관계의 목적은 너를 완전하게 만들어줄 타인을 갖는 데 있는 게 아니라, 네 완전함을 함께 나눌 타인을 갖는 데 있다.'

'관계 속에서의 자아 상실은 괴로움의 주요한 원인이다.'

- 닐 도날드 월쉬의 『신과 나눈 이야기』 중에서

2015. 9. 16.

금년의 최대 수익을 들자면 『신과 나눈 이야기』를 만난 것이다. 내가 생각했던 바로 그 모습이 신의 모습이었다. 자신을 소중히 여기고, 기쁘게 살고, 유머를 사랑하고, 지옥이 있다면 구원받을 수 없다는 마음속에만 있는 것이고, 성에 대해 죄의식을 갖지 말고 청순한 관계의 기쁨으로 여기라는 말. 신이 창조한 세계이지만 진화에 의해 천천히 형성되었다는 진리, 물질과 몸도 소중히 여기라는 말…. 신의 목소리일 수밖에 없는 진실을 이 책은 말하고 있다.

2015. 9. 23.

쉘 실버스타인의 『아낌없이 주는 나무』에서 소년은 과연 무엇을 받았고, 나무가 받은 것은 무엇일까를 생각한다.

먼저 소년이 받은 것은 그야말로 나무의 아낌없이 주는 사랑이었을 거라는 생각이 든다. 그 사랑으로 인해 소년은 청년이 될 수 있었고, 삶의 전반에서 정서적으로 풍요로울 수 있었다. 그 사랑으로 인해 힘들 때마다 나무에 돌아와 쉼을 얻을 수 있었다. 나무는 그에게 고향이었던 것이다.

다음으로 나무가 받은 것은 사랑을 쏟음으로써 완성되어진 자아를 찾을 수 있었던 건 아닐까? 사랑스러운 소년이 청년이 되고 노년의 모습으로 변화되어 가는 그 역동적 모습을 볼 수 있었던 것도 큰 기쁨이었다. 그리고 소년과 함께한 아름다운 추억의 파편들도 나무가 받은 소중한 것 중의 하나였을 것이다.

그러나 생각해 볼 때 더 많이 받은 쪽은 나무였다는 생각이 든다. 소년은 받은 기억뿐이겠지만 나무는 무한히 줌으로써 얻는 기쁨을 간직할 수 있었으니까.

2015. 9. 25.

슬픔에 매몰되어갈 무렵, 나는 참으로 '내가 하고자 하는 일의 프로로 나를 단련해봤나?' 하는 생각이 들었다. 아직 나는 할 일이 남아 있다. 나는 돌봐야 할 사람들이 있다. 그리고 정말로 살아보아야 한다. 커트 코베인처럼, 로미 슈나이더처럼, 전혜린 처럼 사라질 수는 없다….

2015. 9. 28.

'주님은 나로 인하여 무엇을 이루셨을까?'를 생각하며.
나는 언제나 경제활동 인구여야 한다.

2015. 9. 29.

잠언 16장 32절 : 분노에 더딘 이는 용사보다 낫고, 자신을 다스리는 이는 성을 정복한 자보다 낫다.

2015. 9. 30.

손발이나 신체를 잊어버리고

총명을 물리치고

육체를 떠나고 마음의 지각을 버림으로써

무한의 세계와 하나가 되는 것

이것이 좌망입니다.

－『장자』대종사 중에서

2015. 10. 2.

나이가 들수록, 힘듦을 이겨냄 없이는 결실도 없다는 오래된 명
제가 진리임을 절실히 느낀다. 어려서는 과정 자체만 중요하고
행복이 가장 큰 주제어였지만, 이제는 행복도 중요하나 누군가
의 행복을 위해 헌신하는 땀방울의 의미를 알게 되었다. 히피이
즘과 실존주의에 매료되었던 소녀가 성숙한 것이다.

2015. 10. 3.

나는 어디로 가고 있는가….

2015. 10. 4.

'정신 본체에 도달하기 위해서는 인간의 이성적 인식을 초월해
야 한다.'

-『노자』해설서 중에서

이 말이 내게는 선악을 구분하지 말고, 미추를 나누지 말고, 모
든 생명을 연민의 마음을 가지고 바라보라는 말로 이해된다. 연
륜이 쌓이니 모든 생명이 안쓰럽다.

2015. 10. 9.

'그는 비어있기 때문에 다함이 없고, 다함이 없기 때문에 더욱더 새로울 수 있다.'

- 『노자』 해설서 중에서

2015. 10. 15.

'열대우림의 가난한 사람들은 그곳의 나무들을 베어내고 불을 질러서 농경지와 목초리를 만듭니다. 미국에서 사육되는 소에게 먹일 풀을 수출하기 위해서입니다. 그렇게 열대우림의 파괴를 먹고 자란 미국산 쇠고기는 다시 세계로 수출됩니다.'

- 『숲에서 길을 묻다』 중에서

2015. 10. 24.

어느 양의사에게.

당신이 경의를 표한 선진국들은 남의 나라를 약탈해서, 다 그런 건 아니겠지만, 그렇게 잘사는 거예요. 그렇게 경의를 표할 것도 없겠구먼. 그리고 우리 한국의 전통에는 이미 죽음을 벽으로 보지 않고 문으로 보는 마음이 있어요. 축제로 보는 거지요. 당신의 강의 잘 들었어요. 사전의료의향서를 알게 되어 감사해요. 잘 가시구려.

2015. 10. 25.
괴로운 사람들을 내 의식 밖으로 밀어내지 않고 그들을 위해 함께 고민하기.
포스트 모더니즘의 시작이다.

2015. 10. 27.
'부모가 평생 모은 재산을 주는 것보다 행복한 유년시절을 선물하는 것이 더 오래가는 자산일 것이다.'

− 김유경의 『제주에서 크는 아이』 중에서

2015. 10. 28.

'뿌리가 얕으면 늘 바람에 흔들린다. 관계망의 지지가 단조로운 사람은 그 내면도 허약할 수 있다. 믿을 게 자신밖에 없으니 그 자신이 흔들리면 다 흔들리는 것이다. 그러나 부모뿐 아니라 친구와 이웃, 학교, 마을로 넓어지는 풍부한 관계망에 자신이 존재한다고 여기는 사람은 다르다. 자신을 지지하는 든든한 울타리를 느낀다. 그러니 더 단단히 공동체에 뿌리내릴 수 있다.'

– 김유경의 『제주에서 크는 아이』 중에서

2015. 10. 30.

끔찍한 절망에서 희망을 길어 올렸다. 나의 감각을 믿을 수 없었고, 몸도 마음도 아팠고, 정체감도 거의 없었다. 그런데 희망을 버리지 않았더니 시간이, 사람들이, 세상의 문화와 문명이 그리고 신이 나를 절망에서 길어 올렸다. 아직 갈 길이 남아있지만 삶의 무지개가 보인다.

2015. 11. 1.

집회서 7장 33절 : 살아있는 모든 이에게 호의를 베풀고 죽은 이
에 대한 호의를 거두지 마라.

집회서 7장 34절 : 우는 이들을 버려두지 말고 슬퍼하는 이들과
함께 슬퍼하여라.

2015. 11. 4.

'페이퍼 타운(paper town)'이란 영화를 봤다. 지도상에만 존재하
는(모방을 방지하기 위해 그런 방법을 쓴단다.) 동네로 가버린 소녀.
어쩌면 고3 때 내 모습 같기도 했다. 나도 증발하고 싶었다. 그녀
를 사랑했고, 그녀로 인해 중요한 진리를 깨달은 소년은 말한다.
친구들이야말로 기적이라고. 그 기적을 알아볼 지혜를 가져야
한다고.

VOD(유료케이블방송)는 집안에 자그만 기적을 가져왔다. 집안에
영화도서관이 생긴 것이다.

2015. 11. 8.

어제 사랑하는 지인의 결혼식에 다녀왔다. 그녀가 20살 때부터 33살인 지금까지 알고 지내는 동생이다. 북한산 자락에 있는 한 카페를 빌려 앞마당에서 결혼식을 했다. 비가 내려 마당에 비닐 천장을 치고 결혼식을 진행했다. 결코 화려한 결혼식은 아니었지만, 두 사람의 사랑이 모든 것을 상쇄했다. 비닐 천장의 물을 빼가며 이루어진 결혼식은 사랑과 유머로 즐겁게 진행되었다.

그 동생은 내가 해준 조언들로 자기가 행복을 찾았다며 내게 고마워했다. 내가 그녀에게 한 말은 "결코 남자를 삶을 윤택하게 해주는 수단으로 보면 안 된다, 존경하고 사랑할 수 있는 사람을 찾아라, 나의 의견을 당당히 이야기할 수 있는 존재감과 상식을 가꾸어 나가라, 경제적으로 자립해야 사랑으로 이루어진 결혼을 할 수 있다" 등이었다. 13년간의 우리의 우정에 그녀가 감사해 하는 마음이 많이 고맙다.

2015. 11. 12.

세상에는 왜 이리 문제가 많을까? 성당 반모임에서 결혼생활에 불만 가득한 아주머니들을 만났다. 내게는 해결책이 보이는 문제들인데, 모두 괴로움을 이야기하고 있었다. 개구리가 왕자로 되기 위해서는 사랑의 시선이 필요하다. 주님이 내게 주신, 슬픈 결혼이 로맨틱 가득한 결혼생활로 바뀌는 그 방법론을 글로 써야 한다. 나의 소명이다.

2015. 11. 15.

행복한 사람들을 보면 너무 부러울 때가 있다. 그래서 질투가 나기도 했다. 하지만 모든 것을 품고 있는 슬픔의 상황이 주는 영혼의 깊이는 쉽게 얻어지는 것이 아니다. 이것을 기회로 여겨야 한다. 영혼이 깊어지고 커지는 엄청난 교육의 장으로 여겨야 한다. 하느님이 주시는 사랑, 예수님을 안다는 건 하나의 커다란 문이다. 그 문을 열 수 있는 건 행복이 가르쳐준다기보다 슬픔과 고통이 더욱 정확히 가르쳐 주는 것 같다.

2015. 11. 22.

김영삼 전 대통령이 서거했다. 국가부도 사태를 오게 한 사람 정도로만 알고 있었는데, 공도 있었다는 것을 방송을 통해 알았다. 그분의 아들이 왜 그렇게 못난 짓을 했었는지도 이해가 되었다. 그 파란만장한 정치인으로서의 삶으로 인해 그 아들이 겪었을 부침이 짐작이 가게 된 것이다. 세상사에는 세월이 흐른 뒤에야 알게 되는 진실이 있다.

2015. 11. 25.

돈이 사랑을 의미하는 사람들이 있다. 돈은 수단인데, 그것이 목적이 되어버린 가여운 영혼들이 있다.

2015. 11. 28.

자신을 객관화시킬 수 있어야 한다. 의미 있는 삶, 험한 십자가 붙들리라.

2015. 12. 4.

시립도서관 지하식당에서 밥을 먹다가 앞 테이블을 보게 되었
는데, 한 남자 학생이 음료수와 초코파이로 점심을 대신하고 있
었다. 순간 가슴이 막히며 눈물이 핑 돌았다.

'한참 성장기에 있는 청소년이 저토록 부실하게 식사를 하다니.'

제대로 먹을 수 없는 사람들을 위해 기도하며 밥을 꾸역꾸역 먹
었다. 지구의 절반이 굶주린다는데, 나는 무엇을 어떻게 해야 할
까….

2015. 12. 6.

독서는 나에게 살아가는 힘이다. 책을 읽으면 외로움이 사라지
고, 인류의 한 사람으로서의 정체성이 생긴다. 그 수많은 작가에
게서 나는 친구임을 느낀다.

2015. 12. 8.

4년여간 봉사해온 생명을 주는 나무에 다녀왔다. 그동안 정이 듬뿍 든 5살 예찬이가 앉아 있는 나의 뒤에서 내 목을 끌어안는다. 그 다정한 몸짓에서 문득 이 아이들이 클 때까지 봉사해야 한다는 깊은 의무감이 느껴졌다. 어느 정도까지 하고 나 몰라라 한다면 이 아이들의 고운 마음에 상처가 될 것 같다는 느낌….

"주님, 제게 끝까지 갈 수 있는 힘을 주옵소서."

2015. 12. 18.

장 지글러 교수가 쓴 『왜 세계의 절반은 굶주리는가』라는 책을 읽었다. 여러 가지 이유가 복합적으로 작용해서 지구의 반이 굶주리지만 결국은 우리의 의지가 없어서라는 것이 결론이었다. 아프리카의 한 국가에서 모든 것을 개혁해 효율적인 정부를 만들려는 '상카라'라는 선구자가 그 나라의 발전을 바라지 않는 선진국의 모략으로 암살되었다는 이야기. 식민시대의 산업체계 그대로를 유지해야 부를 누릴 수 있는 기득권자들로 인해 개혁이 쉽지 않다는 이야기. 시카고 곡물시장의 이중적 행태. 무력한 유엔 등등. 이 책을 다 읽었을 때 왜 예수님이 십자가를 지셔야 했는지 그 이유를 확실히 알 것 같았다. 그리고 유럽 여행의 꿈이 희미해져 갔다. 찬란한 유럽의 문명과 그들의 땅이 그리 아름다워 보이지 않게 된 것이다.

2015. 12. 24.

성탄절 이브다. 불행감을 느끼는 것도 마음을 달리 먹으면 적어도 평화로울 수는 있을 것이다. 내년에는 적어도 마음의 평화는 유지해야겠다. 온 누리에 평화, 하늘에는 영광, 오늘은 성탄전야다.

2015. 12. 26.

사랑의 마음으로 보면 안 보이는 것이 보인다.

2015. 12. 27.

아무리 슬픈 삶이라도 애플파이를 만들어 먹을 이유가 없는 삶은 없다.

〈애플파이 레시피〉

1. 적당한 크기의 사과를 4등분으로 자르고 그것을 5㎜ 정도로 얇게 썰어서 오목한 접시에 얇게 펴서 깐다.

2. 계핏가루를 뿌린다(없으면 패스).

3. 깨끗한 비닐봉지에 밀가루를 수북하게 두 숟가락, 버터를 수북하게 두 숟가락, 설탕을 수북하게 두 숟가락을 붓고 봉지째 조몰락조몰락 버무린다. 손의 체온으로 버터가 녹아서 밀가루에 스며들고 설탕도 녹는다. 이것을 썰어놓은 사과 위에 솔솔 뿌리듯이 펴서 올린다.

4. 220도로 예열한 오븐 토스터에 그릇째 넣은 후 15분 가열한다.

2015. 12. 28.

규니야, 엄마가 20대 때 문학에 뜻을 두고 매일 시를 썼지. 그렇지만 MBC 청소년 문학상 이후로는 상을 받지 못했어. 그래도 실망하지 않고 신용카드 회사도 다니고, 용산출판단지도 다니고, 지학사라는 출판사도 다니며 일을 하고 문학에의 꿈도 키워나갔어. 모두 내 경력이 된다고 생각한 거야. 네가 그랬지, 감독이 되는 인프라가 너무 없다고. 내가 너라면 일단 방송국에 들어가 영상을 접해 보겠어. 그리고 영화 주변의 일도 배우고. 꼭 영화감독으로 성공해야 행복한 건 아니잖아. 광고를 만드는 일을 할 수도 있으니 영화감독을 네 인생의 테마로 잡지 말고, 인생 자체를 네 인생의 테마로 여기길. 영화감독이 안 되면 어때. 성실한 생활인이면 되지. 영화를 포함한 방송 전반을 너의 분야로 잡으면 훨씬 할 일이 많아질 거야. 중요한 건 세상을 좀 더 낫게 만드는 거니까. 미소만 지어도 세상에 좋은 일을 하는 거니까. 예술을 하려는 사람은 이런 마음을 가져야 해. 예술이 내 삶보다 중요한 것은 아니야. 예술을 꿈꿨던 선배로서 꼭 이 말을 하고 싶었어. 잘 쉬어.

(영화감독이 되고 싶다는 사랑하는 아들이 엄마의 조언을 기억하길 바라며…)

2015. 12. 29.

[새벽]

진정으로 사랑했다면 잊어줄 수도 있어야 한다. 혼자만의 사랑
은 폭력이다.

[오후]

'모르겠어. 나는 여러 번 강렬한 이 인상을 받았다. 그들은 정말
많은 옷을 갈아입고 수많은 명승지를 여행하고 골프와 승마 혹
은 산악자전거나 요트를 즐기며 버라이어티하게 살고 있는 듯했
지만, 심지어 그들은 얼마든지 춤이나 섹스의 파트너도 바꾸고
있었지만 나는 그들이 늘 지루해하고 있다고 느꼈단다. 그러니
까 그것은 가진 것이 많은 자의 '둔함' 같은 것이었어. …… 뭐랄
까. 영혼의 생동감? 유연함? 삶의 역동성? 같은 것을 가장 많이
느낀 부류는 나의 경우는 시인과 성직자 정도? 놀랐다고? 그래
놀랍지. 나도 처음엔 전혀 알지 못했던 거란다. 여기에 소설가
는, 그러니까 잘나가는 소설가는 끼지 않아. 시인이나 성직자라
고 해도 '세상에서 잘나가는'이라는 수식어가 붙은 모든 이는 여
기에 끼지 못해.
…… 이들의 특징을 나중에 생각해 보니 인문학적 소양과 존재

의 가벼움이었다. 존재의 가벼움 말이야. 이 세상에서 버거운 질량을 가지고 존재하는 돈다발, 땅문서, 집, 건물, 전자제품, 자동차 혹은 인간관계에 대해 별로 집착할 것도 지킬 것도 없는 이들은 놀랍게도 훨씬 더 질량이 나가는 나무와 산과 들 그리고 강과 바다와 우주와 별을 즐기고 있더란 말이지. 그리하여 놀기 좋아하고 웃기 좋아하는 나 같은 사람은 이들과 함께 늘 같은 소주를 먹고 늘 같은 삼겹살 혹은 싸구려 막회를 먹으면서 우주의 유머를 알아버렸단 말이지. 삶이 막 의미 있고 재미지더란 말이야.'

– 공지영의 『딸에게 주는 레시피』 중에서

2015. 12. 30.

한 초등학교 아이가 방과 후 수업에서 비즈공예를 배우게 되었는데, 예쁜 팔찌를 만들어 가지고 와서도 집에 와서는 수업이 재미없다고 했단다. 어느 날 엄마가 학부모 참여 수업에서 비즈공예반 수업을 지켜보았다. 말없이 종이를 보며 순서대로 구슬을 꿰는 아이들의 모습이 즐거워 보이지를 않았다. 우리도 이런 인생을 살고 있지는 않을까? 번쩍거리는 경력, 큰집 하지만 재미없는 삶을 살고 있다면….

2016. 1. 1.

'바보 같은 여자. 왜 인생에 나만 있냐고, 자기 삶이 없고…'

많은 것을 깨닫게 하는 한 남자의 넋두리.

2016. 1. 2.

사랑하는 성희야, 언니가 많이 말했지. 자신만의 세계관, 뼈아
픈 절망도 헤쳐 나가는 용기, 삶의 스토리가 있어야 한다고. 그
러려면 예술을 가까이하고 한 달에 몇 권의 책을 읽으면서 세
계가 어떻게 변하고 있는지 알아야 해. 미소 짓는 얼굴에서 삶
의 진리가 나오고, 아픈 이웃에 대한 진정한 연민이 읽혀지고,
삶을 함께 나누고픈 지성이 느껴진다면! 결혼이 시작이야. 이제
함께 삶을 알아가고, 왜 지구의 절반은 굶주리는가를 고민해야
해. 눈앞에 보이는 것이 다가 아니야. 보이지 않는 진실을 볼 수
있는 혜안이 있어야 해. 언니가 왜 이런 말을 하냐면 결혼했다고
노력 안 할까 봐. 결혼생활이 재미없어지면 안 되거든. 재미는
삶을 계획하고 이웃을 우리 집에 초대하며 하느님과 동행하는
데에서 나온단다. 때로는 묵상하는 고요한 시간을 가지렴. 나이

드는 기쁨 중의 하나가 후배들에게 뭔가 이야기해 줄 수 있다는 거야. 기쁜 하루 보내.

2016. 1. 3.

돈 벌어주면 다 된다고 생각하는 남편들에게 이렇게 말해주고 싶다.

"보기만 하면 되나. 듣기도 하고 말도 하며 느끼기도 해야 완전한 거지. 모든 면이 건강해야 행복한 결혼인 거지."

2016. 1. 5.

친구가 말했다. 또 차였다고. 경제적 안정이 필요하고, 나는 살림만 하고 싶다는 등의 이야기를 했다는 거다. 친구는 예쁜 외모였지만, 마음에 드는 남성들이 다섯 번 이상 만나려 하지 않는다고 했다. 나는 그녀에게 이야기했다.

"너는 삶의 핵심적인 가치를 모르는 것 같아. 인간을 수단이 아닌 목적으로 대해야 하고, 경제적 자립이 없이는 인간적 가치의 실현도 없다는…."

나는 그녀에게 신앙을 가져보라고 권했다. 옳고 그름조차 분별 못 하면서 어떻게 결혼을 할 수 있단 말인가. 유머와 생명력에도 불구하고 사랑을 만나지 못하는 그녀를 위해 기도해본다.

2016. 1. 6.

인류를 존속케 한 핵심가치에 대해 생각해 보았다. 그건 2000 년 전 예수님이 말씀하신 바로 그것, "너희 가운데 가장 작은 자에게 한 그것이 나에게 한 것이다"라는 말씀. 에밀리 디킨슨의 시에 나오는 바로 그것, '새 한 마리를 둥지로 돌아가게 해주면 내 인생은 헛살지 않은 거다'라는 구절. 코란(IS의 코란 말고)에 나오는 바로 그것, '한 생명을 구하면 우주를 구한 것이고, 한 생명을 죽이면 우주를 죽인 것이다'라는 문구. 생명이 사라져 버린 세상은 아무 의미가 없다.

언젠가 한 정신과 의사에게 정신 건강에 대해 한마디로 요약해 달라고 하자, "산 넘고 물 건너 힘들고 아픈 사람들을 도와야 한다"라고 했다는 이야기를 읽은 적이 있다. 나이가 들수록 그 말이 정답이라는 생각이 든다. 인류를 존속케 하고, 사람들 속에서 살게 하며, 참 행복을 느끼게 하는 말이다.

2016. 1. 7.

사람들은 흔히 연애도 많이 해봐야 한다고 이야기한다. 하지만 그러려면 많은 이별도 해야 한다는 말인데, 사람과의 관계를 끝내는 이별이 얼마나 힘들고 괴로운 일인지 아는 사람은 그런 말을 할 수가 없다. 이별이 힘들고 괴롭지 않다면 별로 진지한 만남도 아니기에 절대 그런 사귐을 권하고 싶지 않다. 진지하게 만나고 진실로 사랑하는 깊은 관계를 연애라고 할 때, 그런 연애는 한 사람의 삶에 한두 번이면 충분하다고 생각한다.

2016. 1. 9.

학벌에 연연할 필요가 없는 이유가 인생은 평생학습이기 때문이다. 학교에서 배울 수 없는 것을 인생은 가르쳐 주고, 진리를 찾으려는 의지만 있으면 삶 전체가 도와준다.

'주저 없는 포기와 간절함이 타이밍을 만든다.'

- '응답하라 1988' 중에서

2016. 1. 11.

왜 남성들보다 여성들이 우울증이 많을까? 나는 그 이유가 여성은 자신의 전문분야가 없어도 된다고 보는 관습 때문이라고 생각한다. 직업을 갖는다는 것은 경제적 자립의 의미도 있지만, 사회에 참여하고 자신의 발전을 위해 노력한다는 의미가 있다. 그 과정을 통해 고립이 지양되고 세상에 참여한다는 기쁨이 생긴다. 자신이 몰두하고, 성취할 수 있으며, 보람 있는 직업이 있다는 것은 건강한 정신생활을 위해서도 꼭 필요한 일이다.

2016. 1. 13.

"성취하는 사람에게는, 특히 문학적 성취를 거두는 사람에게는 어떤 특징이 있어야 하는가에 대한 답이 대번에 떠올랐어…. 그건 소극적 능력이야. 사실과 이성을 찾아서 초조하게 헤매는 대신에 불확실성, 미스터리, 의문을 수용할 줄 아는 능력이지."

– 존 키츠, 낭만파 시인

2016. 1. 14.

기도했을 때 주님이 내게 주시는 말씀과 주역괘를 해봤을 때 나온 말씀이 일치한다. 지금은 묵묵히 노력해야 할 때이지, 전면에 나서는 때가 아니란 말씀. 주역괘에서는 이상사회를 건설할 때 나오는 괘라고, 드문 괘라고 나왔다. 나의 미래가 밝을 것 같아서 기뻤다.

2016. 1. 18.

생각하는 대로 살 것이다. 사는 대로 생각하게 되지 않기 위하여.

2016. 1. 23.

'내가 추구하는 것이 팽팽한 피부와 노화되지 않는 건강과 안락한 집과 연금인가?'

반장회의로 성당에 가서 받아온 책, 정진석 추기경의 『그분의 상처로 우리는 나았습니다』를 읽으며 영혼의 대격변을 느꼈다. 울며, 감동하며, 깨우치며, 내내 흐느끼며 책을 읽었다. 예수님의 마지막 날들에 관하여 정말 친절하고 따뜻하게 쓰인 책. 해박한 지식이 없었다면 이처럼 쉽게 읽히도록 쓰실 수 없을 것이다. 나에게 성토요일이 되도록 깨우침을 준 책이다.

2016. 1. 25.

결혼이 제2의 애착, 즉 성인 애착 관계를 만드는 것임을 '달라졌어요'라는 TV 프로그램을 보면서 알게 되었다. 주의를 기울여 보는 방송이다.

2016. 1. 31.

감사하고 긍정하는 것은 때로 생명을 구한다.

2016. 2. 3.

'노자나 열자는 하늘에 자신을 맡기고 평온을 구한다는 점에서 상당히 수동적인 면이 강하다.'

– 박홍순의 『장자처럼 살라』 중에서

적극적이어야 하고, 반항해야 하며, 행동해야 한다고 생각했다. 20세기 사상의 선배들은 그렇게 이야기했다. 그런데 어느 날부터 '수동적, 소극적, 고난을 묵묵히 견디며, 받아들이며'라는 말들이 책 속에서 내게 말을 걸어왔다. 때로는 적극적으로 반항해야 하고 행동해야 하지만 또 때로는 수동적으로 고난을 묵묵히 견디며 상황을 받아들임이 필요하다는 것을 성숙해짐에 따라 알게 되었다. 두 시점을 구별할 수 있는 지혜가 내게 있기를 바란다.

'장자는 삶과 죽음을 격한 기쁨과 두려움이라는 감정에 맡겨두지 않을 때, 죽음에 효나 영혼과 같은 특별한 가치를 결부하지 않을 때, 죽음을 자연의 변화로 담담하게 받아들일 때, 즉 죽음에 의연할 때 인간은 권력의 위협에 굴종하지 않고, 또한 지배세력의 논리에 순응하지 않고, 진정으로 자유를 향해 나아갈 수

있음을 강조한 것이다.'

– 박홍순의 『장자처럼 살라』 중에서

2016. 2. 4.

생명의 나무 어린이집에 봉사활동을 하러 가던 중 들른 붕어빵 집에서 주인 아주머니와 이야기를 나눴다. 아주머니는 봉사할 수 있는 여유가 부럽다고 했다. 그 점은 생각해 보지 않았었는데, 문득 '봉사할 수 있는 시간과 건강이 축복이구나' 하는 생각이 들었다. 아주머니도 여유가 생겨 봉사할 수 있기를 기도해본다.

2016. 2. 5.

달빛이 흐르는 겨울 끝자락의 밤.

하늘을 날고 있는 울새를 바라본다.

울새는 달빛을 바라보며 날고 있을까.

나는 달빛에게 오래된 내 사랑을 이야기해본다.

2016. 2. 9.

내가 의무라서 하는 일들이 나를 구원해주고 있다. 나는 꼭 가야 할 길이 있다.

2016. 2. 10.

친구에게 다녀왔다. 이혼 후 혼자 사는 그녀는 또 다른 가정을 원하고 있었지만 경제적 자립은 모든 인간관계의 기본이라는 명제를 받아들이지 못해서, 현실적으로 소화하지를 못해서 의식이 깨어 있는 남성들로부터 소외당하고 있었다. 솔직하고, 유머 감각 있고, 패션 감각도 좋지만 19세기적인 여성관의 경제관념에서 벗어나지 못하고 있었다. 따뜻하고 인간적인 친구이지만 그녀의 잘못된 개념은 꼭 바로잡아주고 싶다. 그녀가 미명에서 벗어나기를, 내 좋은 친구이기에 기도하고 싶다.

내가 따뜻한 방 안에서 가족들의 응원 속에서 공부하고 있을 때, 그녀는 식구들의 밥을 하고 있었다. 내가 부모님께 용돈을 받아가며 대학 생활을 하고 있을 때, 그녀는 옷을 사 입고 싶어서 울었다고 한다. 그녀의 아픔을 알기에 그녀의 문제를 외면할 수가 없다. 그녀를 도울 방법을 찾아야 마음이 편해질 것 같다.

2016. 2. 11.

'자연의 비밀은 이미 다 밝혀졌고 자연에 영혼 따위는 없다고
하면서 자연을 비웃는 사람들은, 산속의 봄 태풍을 한 번도 겪
어보지 못한 사람들일 것이다.'

- 포리스트 카터의 『내 영혼이 따뜻했던 날들』 중에서

2016. 2. 15.

내일이면 비오 신부님이 이임하신다. 영성체 시간에 그토록 정
성껏 신자 한 사람, 한 사람에게 성체를 전달해 주셨다. 고해성
사 때는 내가 좋아하는 주기도문을 외우라고 하셨다. 그리고 아
이들에게 어찌나 맑은 웃음으로 대하시는지 보는 사람 마음마
저 맑아진다. 우리 성당이 사제 서품 받으시고 첫 부임지였다.
꼭 행복한 신앙생활을 하시길 기도드린다.

2016. 2. 16.

더는 동물 친구들의 가죽으로 단장하지 않으련다.

더는 동물 친구들의 살코기로 배를 불리지 않으련다.

인간이 무슨 권리를 지녔기에 그들을 그토록 학대하고 착취하는가.

4월 하늘을 나는 종달새.

산등성이를 오르내리는 다람쥐.

그들은 우리의 친구인 것을.

2016. 2. 18.

"남성다움을 알면서 여성다움을 유지하라. 천하의 골짜기가 될 것이다."

– 노자

2016. 2. 19.

도서관에서 도서선정위원으로 일해주기를 원했지만 거절했다. 공적 생활은 더 이상 안 하기로 했기 때문이다. 기도, 봉사, 명상, 독서 등 가장 일상적이고 드러나지 않는 방법으로 세상에 이바지할 것이다.

2016. 2. 22.

'그러므로 성인은 말했다.

내가 억지로 하지 않으니

백성이 저절로 질서를 찾고,

내가 고요함을 좋아하니

백성이 저절로 바르게 되고,

내가 억지로 일을 꾸미지 않으니

백성이 저절로 부유하게 되고,

내가 지나치게 욕심내지 않으니

백성이 저절로 소박하게 되었다.'

- 노자 57장

인간 속에 신성이 내재되어 있으며, 우주에는 도가 있으니, 너무 인위적으로 무엇인가를 획책하지 않을 일이다. 아이를 기름에서도 절절히 느꼈다. 그 아이의 성품, 재능, 생각 등을 존중하며 아이를 도와주는 것이 교육임을. 인생에서도 느꼈다. 아무리 내가 행복하고 싶어도 무르익은 때가 되어야 행복할 수 있음을.

2016. 2. 23.

분노조절 장애가 있는 사람들을 가끔 본다. 그것도 용서해야겠다. 정말 기분 나쁘고 심지어 천박하게 느껴지지만, 말 그대로 분노가 내재되어 있다가 기회가 되면 폭발하는 그 역학에 깊은 슬픔이 있다고 생각된다. 용서하는 일, 참 어렵지만 이해가 선행되면 가능하다.

2016. 2. 27.

세상은 내가 기대하는 것, 상상하는 것, 그 이상의 기적이 있다.

2016. 2. 28.

'…… 결국 이타적 행동은 여유가 있을 때보다, 극한상황을 벗어나는 데 더 중요한 기능을 한다. 힘든 상황일수록 배려와 연대를 바라는 근거가 여기에 있다.'

– 하지현의 마음과 세상, 중앙일보

2016. 2. 29.

드라마 '애인있어요'의 마지막 회는 행복한 가정의 모습을 꿈처럼 보여 준다. 그런 행복이 찾아오기까지 정말 큰 슬픔을 겪었기에 나도 위안을 받았다. 행복은 그냥 오지 않는다. 드라마 속 주인공은 칼에 찔리기까지 했다. 그냥 행복해 보여서 부러울 때, 비교는 불행으로 가는 지름길이라는 말을 떠올려본다. 오늘은 4년에 한 번 오는 날이었다.

2016. 3. 5.

시간은 나에게 내려진 축복이다.

참되고, 복되고, 아름답게 보내야겠다.

내게 남은 시간은 약 40여 년.

2016. 3. 7.

내가 살고 있는 이 세상 안에 문제에 대한 해결법이 있다. 이를 찾기 위해 책을 읽고 저녁노을을 바라볼 것이고, 영혼의 속삭임에 귀를 기울일 것이다.

2016. 3. 18.

완벽하겠다는 생각을 하지 않기로 하다.

2016. 3. 19.

'대니쉬 걸'이라는 영화를 보았다. 최초의 성전환수술을 받은 사람의 이야기. 아내의 따뜻한 인류애로 그는 성전환수술을 받고 성정체성을 찾을 수 있었다.

모든 열등해 보이는 조건의 사람들을 제외하고 우수한 자질의 사람들만 살겠다는 생각은 그 생각만으로도 끔찍하다. 모두를 끌어안고 서로 존중하며 이해하는 세상이 되어야 한다.

2016. 3. 23.

하루하루가 쌓여 영원이 된다. 피할 수 없는 운명을 받아들이고 기도하기로 하다.

2016. 3. 24.

모든 생명을 사랑의 눈으로 보는 것, 중요한 명제이다.

2016. 3. 25.

언니 생일에 줄 감사패를 맞췄다. 큰오빠가 70살 생일을 맞을 때에도 만들 생각이다. 사촌 손자가 곧 태어나는데, 그 녀석에게도 감사패를 주는 건 너무 오버인가?

2016. 3. 26.

상담은 들어주고 어떤 검증된 가이드라인을 제시해주며 스스로 깨닫도록 하는 것이다. 이론을 주입하는 것이 아니다.

2016. 3. 28.

세상의 슬픔을 외면한다고 해서 행복해지는 건 아니다. 그럴 수도 없거니와 그건 책임회피다. 아프리카로 간 사람도 있는데, 못 박혀서 돌아가신 분도 있는데….

2016. 4. 1.

내게 깨달음과 유머와 기쁨을 주었던 수많은 사람. 그들에게 감사하다.

2016. 4. 5.

'사람은 자기가 좋아하는 일을 해야 한다. 깨어있는 의식을 갖는다면 사는 데에 돈이 많이 드는 것이 아니다. 시장경제 논리에 말려들어 인생의 시간을 사랑하지 않는 일에 쏟아붓지 말라.'

– 헨리 데이비드 소로우

2016. 4. 6.

가족이라는 이름으로 헛된 가치관을 강요하고, 한 존재의 자유를 억압하며, 온전한 돌봄을 회피한다면 가족은 더 이상 가족이 아니다. 성경에 나온 대로 가족이 원수가 되는 예를, 슬프고 무서운 일이지만 종종 보곤 한다.

진정한 가족, 서로의 인격을 존중해주고 자유를 방해하지 않으며 성장을 서로 돕는 정이 있는 공동체를 꿈꾼다.

2016. 4. 14.

『몸은 기억한다』라는 트라우마 치료에 관한 책을 보았다. 때로 힘든 부분도 있었지만 전체적으로 희망적인 내용이었다. 아름다움에 무심한 사람들을 간혹 보는데, 그 이유가 자기 자신을 돌보고 싶지 않아서라는 것을 알게 되었다. 부모의 거친 손길을 자신이 사랑스럽지 않아서라는 이유로 정당화하고(어린아이가 찾아낸 이유는 그 정도 수준일 수밖에 없다는 것이다.), 부모의 사랑을 갈구하며 어린 시절을 보내면 결국 자신을 소중히 여기지 못하게 된다고 한다. 그것도 모르고 아름다움은 힘이 세다며 아름답게 자신을 돌보라고만 했으니. 모든 일에는 원인이 있음을 알게 된 것도 이 책을 읽은 좋은 결실 중 하나다. 세상에 많은 트라우마, 난 그 일부만이라도 해결하고 싶다.

2016. 4. 15.

'자신의 어린 시절 상처받은 아이를 찾아가서, 그 슬픔을 인정하고 보듬어주고 그리고 상상 속에서 가해자에게 한 번만 더 그 아이를 괴롭히면 죽인다고 경고하고, 비판자 역할을 하는 자신

의 한 부분을 비판자에서 멘토로 역할을 바꾸게 한다.'

-『몸은 기억한다』 중에서

피터라는 의사의 자아 찾기 과정의 모습이다.

2016. 4. 23.
승자는 패자가 하지 않는 '반성'을 한다.

2016. 4. 26.
예수님께 길을 여쭈어보았다.
"너는 세상에 속해 있느냐, 나에게 속해 있느냐…"라고 내게 물으셨다.
"물론 예수님 세계에 속해 있습니다"라고 이야기하자,
"그러니 비전에 따라 살아야 한다"라고 대답해 주셨다.
예수님, 고맙습니다. 저에게 답을 주셔서.

2016. 4. 27.

절망에 빠져도 노력하는 자세를 버리지 않으면 그 절망을 헤쳐 나갈 지혜와 용기가 찾아온다.

2016. 5. 2.

다음 생에 가서도 공장형 축사에 사는 동물들과 인간의 이기적 욕망으로 도축되는 동물들을 위해 기도할 것이다.

2016. 5. 3.

빌 게이츠의 아버지가 쓴 『빌 게이츠는 어떻게 자랐을까?』를 읽었다. 그 책을 읽고 나니 건강한 미국 중산층 가정의 신념, 가치를 두는 이념 등을 알 수 있었다. 아마도 미국이 계속 유지될 수 있는 건 이런 건강한 가정들 때문이리라. 나누고, 힘든 일에 앞장서며, 가족이란 가치가 존중되고, 자기가 하는 일에 최선을 다하는…. 치리오라는 곳에서 14년간이나 매년 여름 2주간 열두 가족이 모여 휴가를 보냈다는 이야기가 인상에 남는다. 빌 게이츠가 행복하게 사랑받으며 성장했다는 것을 알게 해준 책이며, 90%의 재산을 사회에 되돌려 준 행동이 우연이 아님을 알게 해준 책이다.

2016. 5. 5.

〈내가 키운 아이가 내게 쓴 편지〉

엄마 생일 축하해!

벌써 내 생일이 지나고 엄마 생일이 됐네. 방학이 참 빨리 지나가는 것 같아. 평소에 항상 생각하는 건데, 엄마가 우리 엄마라는 게 참 좋은 거 같아. 이해심도 많고, 배려심도 많고, 또 어떤 질문을 해도 대답해 주고, 모르는 것을 항상 엄마와 토론할 수 있을 정도로 해박하고. 내 다른 친구들의 이야기를 들어보면 엄청나게 강요하고 밀어붙이는데, 엄마는 항상 나의 뜻을 존중하고 내가 선택한 것을 믿어주잖아. 내가 어떤 일을 하든 내가 미치도록 좋아하는 일을 찾으라고 말하고. 너무 고마운 것 같아. 엄마는 신여성이야. ㅋㅋ

엄마 생일 너무 축하하고 사랑해.

"아들아, 잘 커 주어서 고마워. 엄마는 너의 존재가 활짝 꽃피울수록 곁에서 기도하고 도와주었을 뿐이야. 엄마를 사랑하는 사랑스러운 또 한 사람의 친구가 되어주어서 고맙다. 세상의 모든 어린이가 사랑받고, 존중받으며, 성장할 수 있도록 우리 기도하고 노력하자."

2016. 5. 8.

왜 예수님이 죄인들을 위해 오셨다고 했는지, 왜 일곱 번씩 일흔 번이라도 용서하라고 하셨는지 생각해 보아야 한다. 악인이라고 누군가를 분류하는 순간, 우리야말로 악인이 된다.

2016. 5. 13.

분리수거하러 엘리베이터를 타고 내려가다 언젠가 봤던 요양보호사 아주머니를 만났다. 우리 라인에 사시는 어르신 집에서 일하고 퇴근하시는 길이었다. 남편은 떠나고 아이들은 결혼해 혼자 사신다고 했다. 외롭지 않느냐 물어보니, 하느님 때문에 외롭지 않다고 하셨다.

'그래, 나도 믿음이 있었지. 하느님께 의지하며 어려움을 이겨나가자.'

어떤 조건에서도 마음의 천국을 이루고 사는 것, 그것이 성공이다.

2016. 5. 18.

"사랑, 그거면 돼. 그게 해결책이야."

아들이 말했다. 그렇게 믿는 사람으로 키우고 싶었다.

2016. 5. 30.

'45년 후'라는 영국 영화를 보았다. 45주년 결혼기념일 파티를 일주일 남겨둔 날, 남편에게 날아든 편지. 케이트와 결혼하기 전의 스위스산맥에서 실족되었던 연인의 시신이 빙하에 갇혀 있다가 기후변화로 녹으면서 발견되었다는 소식. 그 소식 후 남편 제프는 끊었던 담배를 피우고 심란해한다. 어느 날 남편의 다락방에서 그 옛 여자 친구의 필름을 보게 되는데, 그녀는 임신 중이었던 거다(단지 집 문제로 결혼했다고 주위에 말했다고 했는데). 결혼기념일이 되고 감동적인 제프의 소감문 이후 커플은 플래터스의 '스모크 겟 인 유어 아이즈'라는 노래에 몸을 실어 댄스를 추지만 마지막 장면에서 케이트는 춤을 신경질적으로 끝내버린다. 45년간 제프는 누굴 그리워하고 있었을까….

세상의 결핍, 모든 것이 해피엔딩이 되지 못하는 세상의 불행. 그럴 때 우리는 어떤 마음가짐으로 살아야 할까? 내가 아는 결론 중 하나는, 냉소는 아무 문제도 해결하지 못한다는 것이다.

2016. 6. 3.

나는 나의 삶에서 무엇인가를 이룰 것이다.

2016. 6. 7.

어떤 원칙, 헌신 그리고 집중….

2016. 6. 9.

나를 상처 주는 행동을 하는 배우자를 이해하려면 그의 또는 그녀의 상처를 알아야 한다. 얼마나 방치되어 성장했는지, 얼마나 큰 고통 속에서 살았었는지를 먼저 알아야 한다. 그 점을 깨닫고, 연민의 정으로 배우자(혹은 상처를 준 사람들)를 용서한 많은 사람을 알고 있다.

2016. 6. 10.

인생을 예술처럼 살자.

"부모가 자녀에게 줄 수 있는 최고의 은총은 부모의 어두운 그림자를 물려주지 않는 것이다."

– 칼 융, 분석심리학 창시자

2016. 6. 14.

키가 아담하고 조신해 보이며 눈에 그리움을 담고 있는 한 여성을 알고 있다. 도서관을 오고 가며 알게 된 여성인데, 어제 도서관의 밤 강의를 함께 듣게 되어 오랜만에 만났다. 석사과정을 마친 후 일을 하고 있단다. 휴식시간에 스페인어 시험이 있다고 강의실을 나가는 그녀에게 어떤 분이 주신 예수님 그림 사진을 전해주었다. 외모에는 신경을 쓰지 않고 학구적인 그녀가 사랑을 하게 되면 정말 진지하리라는 예감이 든다. 꼭 좋은 연애하기를….

2016. 6. 16.

그동안의 시간에서 최선을 다해 노력했고, 눈물이 고이면 닦고, 또 주어진 길을 걸어왔다. 거짓 게임은 안 하려고 했기에 후회는 없지만, 내가 한 시행착오가 떠오르면 너무도 마음이 아프다. 이제 남은 나의 삶, 하늘 마음으로 살아갈 것이다. 주님이 동행하고 계심을 알고 있다.

2016. 6. 17.

사랑은 완벽한 사람을 찾는 게 아니라 함께 노력하는 거다. 그러는 가운데 함께 나눈 정, 그것이 사랑의 다른 이름 같다.

2016. 6. 18.

견진성사 이루다.

2016. 6. 19.

어떤 선행을 생각하고 그래야겠다고 되뇌며 예수님 상을 바라보았을 때, 나는 분명히 들었다. "고마워."

성경에 쓰인 '하느님께서 이토록 세상을 사랑하사 독생자를 주셨다'라는 말은 괜한 말이 아닌 것이다. 그건 사실인 거다. 가슴에 커다란 감동이 물결쳤다.

2016. 6. 20.

허명에 사로잡힌 사람들을 본다. 실속은 하나도 없고.

"뭣이 중헌디."

영화 '곡성'에 나온 대사는 많은 것을 생각하게 한다.

2016. 6. 21.

세계 안의 나임을 잊지 않는 것, 매력의 요소이기도 하고 살아
갈 동인이기도 하다.

2016. 6. 22.

'조금 길을 잃고 헤매도 괜찮다고, 꼭 행복하지 않아도 괜찮으
니 너무 걱정하지 마라. 어느 순간에든 스님이 곁에 있겠노라고
했다…'

― 원영 스님의 『지금이라도 알아서 다행인 것들』 중에서

2016. 6. 23.

온 우주가 내 속에 있는데, 나만 사랑하겠다고? 그건 나의 일부만 사랑하겠다는 거야. 우주 속에 조화를 이룬 나를 사랑해야, 내 속에 품은 우주를 사랑해야 온전히 사랑한다고 말할 수 있는 거야.

2016. 6. 27.

삶을 포기하는 사람들의 소식을 들으면 온몸에 힘이 빠진다. 어려움을 이겨내며 가치 있는 삶을 결국은 일구어냈다는 메시지를 듣고 싶다.

2016. 6. 29.

자신의 육체적 매력을 뽐내며 보기 민망할 정도로 노출이 심한 옷차림으로 거리를 걸어 다니는 사람을 보면, 어려서는 '참 한심하다' 싶었는데 지천명을 넘은 나이가 되어 그들을 보니 '참 안

됐다'라는 생각이 든다. 진정한 아름다움을 가르침 받은 적도 없고, 육체 하나로 이성을 유혹해보겠다는 얄팍한 사고가 파악되기 때문이다. 그들에게 깨우침의 순간이 오기를!

2016. 6. 30.
자기 분야에서 최선을 다하고, 가족을 소중히 여기는 사람이야 말로 보석 같은 존재다.

2016. 7. 2.
우리는 말도 안 되게 서로 그리워하고, 6펜스(서머싯 모옴의 달과 6펜스의 그 6펜스의 의미)로도 그 정을 그치지 않는다. 누구나 그래.

2016. 7. 3.

O "성공의 비결은 절실함이었습니다. 하나만 집중해 파고든다면 이 일을 간절히 원한다면 꿈은 이뤄집니다."

– 세계 3위의 줄자 제조 회사 코메론 대표

O 성당의 주보에서 읽은 이야기다. 글의 주인공이 김수환 추기경님이 살아계실 때 뵐 수 있어서 질문을 했다고 한다. 정말 주님은 계시냐고. 김 추기경님은 요한복음 8장을 말씀해주실 뿐 다른 말을 안 하셨단다. 요한복음 8장! 내가 정말 좋아하는 이야기, 간음한 여인을 돌을 던져 죽이라고 율법에 나와 있는데 "어떻게 할까요?"라고 율법 학자와 바리사이들이 물었을 때 예수님이 하신 말씀, "너희 가운데 죄 없는 자가 먼저 저 여자에게 돌을 던져라"라고 말씀하셨다는. 그 뒷이야기는 다 떠나고 여인에게 주님이 "다시는 죄 짓지 마라. 나도 너를 용서한다"라고 하셨다. 김수환 추기경님은 사랑과 용서하는 곳에 곧 주님이 계시다는 이야기를 하고 싶으셨던 것 같다. 저도 동감입니다!

2016. 7. 6.

"사람은 왜 하늘을 날지 못할까?' 하는 의문을 가지고 스스로 날 수 있는 능력을 찾으려 했다면 지금도 비행기는 없었을지 모른다. …… 한계를 인정하고 나면 가능성이 보이기 시작한다. 가능성을 통해 배움을 얻을 수 있다는 것을 나는 세인트존스에서 알게 된 것이다.'

— 조한별의 『세인트존스의 고전 100권 공부법』 중에서

2016. 7. 7.

집 뒤에 있는 유기농 식품 가게가 같은 건물에서 더 넓은 매장으로 이전을 했다. 그곳 주인 아주머니는 언제나 수수하게 외모를 단장하고 다니신다. 화장도 하면서 예쁘게 사시라고 립스틱을 선물하려는데 성령님이 하지 말라는 인식을 주셨다. 그 자체로 아름답다는 것이다. 나의 허영에 와장창 금이 가는 소리가 들렸다.

주위 사람들을 더 사랑하고, 쌀 한 톨의 가치를 깨달으며, 좀 더 진지하게 살 생각이다. 어쩌면 나의 마지막 날이 될 오늘을 소중

하게 살지 못했다. 감사하며 살아야지. 하루하루가 모여 미래가 다가오는 것이니까. 그리고 허영에 먹이를 주지 않겠다. 중요한 깨달음을 얻은 행운의 날이다.

2016. 7. 8.

〈정신 건강의 기준〉

1. 싫은 일은 자연적으로 나중으로 미루는 능력.

2. 혼자서 있을 수 있는 능력, 또 둘이서 있을 수 있는 능력.

3. (하얀) 거짓말을 할 수 있는 능력.

4. 적당히 타협하는 능력. 고집을 부리지 않는 능력.

5. 하지 않으면 안 된다고 하는 기분에 대항할 수 있는 능력.

– 히스이 고타로의 『3초만에 행복해지는 명언 테라피』 중에서

2016. 7. 12.

나는 그냥 행복을 바랐는데, 운명은 헌신이라는 오로라를 보게 하셨다. 나는 그냥 소박하게 살려고 했는데, 운명은 썩어 꽃피우는 밀알의 광채를 더해 주셨다.

나는 아마도 나는 그냥 살고, 예수님은 희생을 하시는 것이 당연하다고 생각했나 보다. 그러나 운명은 나 또한 십자가를 감당함으로써 인간이 되게 하셨다.

2016. 7. 15.

깨우침 없이 종교의 가르침을 믿지 않고 산 삶은 시행착오투성이다. 무신론·유신론을 떠나 사랑, 믿음, 소망, 용서 등 인류를 지켜온 핵심가치를 내재화하며 살아가는 삶이 결실을 맺는 것 같다.

2016. 7. 16.

긴장을 풀거나, 상상하거나, 놀이라고 생각하거나.

힘듦을 이겨나가는 몇 가지 방법.

2016. 7. 17.

시편 15 : 주님, 당신의 천막에 누가 머물리이까? 흠 없이 걸어가고 외로운 일을 하며, 마음속 진실을 말하는 이, 함부로 혀를 놀리지 않는 이라네. 친구를 해치지 않으며, 이웃을 모욕하지 않는 이라네. 그는 악인을 업신여기지만, 주님을 경외하는 이들은 존중한다네. 이자를 받으려 돈놀이 않으며, 죄 없는 이를 해치는 뇌물 받지 않는다네. 이 모든 것 행하는 사람, 영원토록 흔들림 없으리라.

2016. 7. 20.

'기도를 업으로 삼아라.'

성령이 제게 주신 말씀. 너와 나의 사랑 속에 천국이 있고, 우리를 위한 기도가 열매 맺을 때 보람이 있고, 어려움을 겪고 성장할 때 기쁨이 있고, 내 모습을 보고 누군가 희망을 배울 때 삶의 의미가 생긴다. 그래서 삶은 잊히지 않는 추억이다.

2016. 7. 26.

5박 6일간 베트남 다낭에 다녀왔다. 베트남은 한창 건설되고 있는 나라였다. 서민들의 삶은 고단하지만 사람들의 표정이 살아 있었다. 밤의 거리는 언젠가 와본 듯 정겨웠다. 비행기 타는 것이 좀 부담스럽지만 다른 문화권을 보는 기쁨 때문에 모든 번잡함을 감수하고 여행을 하는 것이리라. 그런데 지난 나의 첫 해외여행에서도 그랬지만 뙤약볕 아래서 거리 음식을 팔거나 궁핍한 생활고로 지친 사람들의 모습이 안 잊혀진다.

2016. 7. 30.

아버지 기일, 추도 미사식으로 가족이 모이다.

사랑의 눈으로 세상을 바라보기.

평화를 만드는 사람이 되기.

2016. 8. 2.

아프리칸 아메리칸이 슬픔을 이기고 인권을 되찾은 비결은 '종교, 공동체, 일'이다.

2016. 8. 4.

나란 존재가 결국 우주의 여러 요소가 모여 이루어졌다는 것을 불교 교리를 보고 알았다. 자아가 있은 후 뼈와 살과 기타가 모여 내가 된 것이 아니고, 우주에서 온 뼈와 살과 기타가 모여 내가 되었다는 이야기를 읽는데 전율이 왔다. 결국 우주와 나는 가족인 거다. 운명을 점치는 명리학도 우리가 월-화-수-목-금-토로 이루어져 있고, 수-금-지-화-목-토-천-혜-명 등 우주의 운행과 연결되어 있다고 한다. 붓다는 허무주의를 고통받는 자와 친구 되기, 즉 자비로 극복해 나가라고 조언하고 있다. 좋은 깨달음을 얻은 도서관에서의 하루였다.

2016. 8. 6.

○ 안녕, SH. 식욕·성욕·수면욕이 인간의 기본 욕구라고 해. 이
욕구가 충족된 경험이 욕망을 발달시킨다(성욕은 일정 기간까
지 부모와의 스킨십 등으로 건강하게 발육되어야 함)고 하더라. 진
실된 사람이 되고 싶다는 것도 욕망이거든. 욕망이 제대로
성장되어야 건강한 성인이 돼. 초식남이라고 들어봤지? 어른
인데 연애에 관심 없는 남자들. 부모가 절제를 너무 강조하
며 잘못 큰 거래. 욕망은 삶의 큰 동력이므로 아이의 충족되
어야 하는 욕구를 충분히 존중해야 해. 이런 정보를 어디서
알게 되었냐면 심리학자이자 의사인 프로이트의 책에서야.
20세기 초 심리학계에서는 신화적인 인물이야. 비판을 받기
도 했지만 다시 평가를 받고 있어. 또한 아이에게 식민사관
에 의한 역사의식을 갖지 않게 하기 위해 우리 역사도 알아
야 해. 식민사관은 일본 제국주의자들이 우리나라를 강점했
을 때 민족혼을 말살하기 위해 우리 역사를 폄훼하고 왜곡
하여 교육시켰던 역사의식을 말해. 왜 엄마는 공부를 많이
해야 하는지 알겠지? 그리고 "나 심심해"라고 말하는 여성이
얼마나 한심한지 알아야 해. 아내 또는 엄마는 그 가정의 영
혼이야. 시원하게 잘 지내고.

○ 어떤 의견을 설득의 과정 없이 명령할 때 대립이 시작된다. 설득의 과정을 겪어야 하고, 상대방과의 대화 후 필요하면 철회도 할 수 있는 융통성이 있어야 진정한 발전이 일어난다.

2016. 8. 7.

움직임이 없어 보이는 상황에서 변화를 일으킬 수 있는 통찰력, 혼자 있는 시간을 유용하고 필요한 시간으로 만드는 포용력 그리고 미래를 예견할 수 있는 예지력을 지닐 수 있게 도와주소서.

2016. 8. 8.

자기만의 콘텐츠와 역사를 지니고 있을 것!

2016. 8. 10.

'밤새 일했지 everyday 네가 클럽에서 놀 때 yeah'

- 방탄소년단의 '쩔어'

2016. 8. 11.

도서관 독서모임의 N 씨가 딸이 진로도 찾고, 남편과 사이도 좋아지고, 행복해진 것 같아 마음이 좋았다. 늘 온유하더니 결국 다복해졌다. 오늘 독서토론 리더모임에서 토론한 책은 제임스 딘이 나왔던 영화, 『에덴의 동쪽』의 작가인 존 스타인벡의 『생쥐와 인간』이었다. 산업화 시대에 적응하지 못한 사람들의 이야기. 가난하고 약한 사람들을 짓밟고 건설된 문명이 문제가 없을 수 있을까? 그러면서 생존하는 것이 인간의 길일까? 존 스타인벡은 그런 문제를 형상화했다. 예술이 존재해야 할 이유이다.

2016. 8. 13.

1983년에 보았던 제니퍼 빌즈 주연의 영화 '플래시 댄스'를 다시 보았다. 그때 보이지 않았던 것들, 내가 왜 이 영화를 때때로 추억했는지, 이 영화의 OST가 지금도 방송에서 나오는 이유 등을 알게 되었다.

자기의 삶을 누구에게도 의지하지 않고 스스로 만들어가는, 사랑을 그 본연의 모습대로 만들어가는 한 여성이 있었다. 그녀에게는 눈을 감으면 음악이 보인다고 말해주던 부모님과의 추억이 있었고, 종교가 있었고, 멘토가 있었고, 친구가 있었다. 그렇게 형성된 건강한 자아가 있었다. 20살 무렵에 모르던 아이를 길러 본 후 알게 된 이 영화의 또 다른 진실이다.

2016. 8. 14.

환기 미술관(종로구 부암동)에 가서 김환기 화가의 그림들을 감상했다. 가는 길에 소낙비가 내려 한가로우면서 쾌적했고, 고즈넉하게 자리 잡은 미술관이 정겨웠다. 아방가르드와 추상 미술의 대가인 김환기 화가는 우리 미술계의 자존심이다. 그의 아내 김향안 여사가 건축했다는 미술관은 부부의 사랑이 느껴진다. 후손에게 물려주어야 할 문화 공간.

2016. 8. 15.

사랑할 줄 아는 사람으로 키우는 것, 그것이 교육의 목표가 되어야 한다. 그가 나를 알아볼 수 있도록, 내가 그를 알아볼 수 있도록 나는 노력했다. 그런 노력을 지지해주는 것, 그런 노력을 방해하지 않는 것, 그것이 진정한 교육이고 배움이다.

2016. 8. 18.

로마서 12장 16절 : 서로 뜻을 같이하십시오. 오만한 생각을 버리고 비천한 이들과 어울리십시오. 스스로 슬기롭다고 여기지 마십시오.

2016. 8. 19.

한 어린이의 눈물을 닦아 주지 않는 문명은 아무 의미가 없다.

2016. 8. 20.

아이에게 너무 많은 조언을 하지 말아야겠다. 스스로 깨우치고 느끼는 것, 그것이 정말 자신에게 다가온다. 나의 어린 시절, 부모님은 내게 자유를 주셨다.

2016. 8. 21.

성당에서 우리 구역이 차 봉사를 했다. 귀찮을 거라는 막연한 생각은 기우였다. 잔잔하게 미소 지으며 성당공동체에게 음료를 나눠주는 기쁜 행사였다.

2016. 8. 22.

아침에 기상해서 하는 일 중 하나가 종이신문을 침대로 가져와 읽는 일이다. 커피를 마시며 헤드라인부터 시작해 찬찬히 모든 면을 읽어가노라면, 나는 곧 세상과 연결된다. 내가 하지 못했던 생각들, 최신의 의학상식 그리고 어떤 기사는 그 자체로 세상의 역학을 보여 주기도 한다. 구직난이라고 하나 신문에는 새로운 세상을 열어가는 새로운 일꾼들의 이야기가 늘 있다. 월 2만 원의 구독료로 나는 나의 한계를 넘어선다.

2016. 8. 23.

아기 때 양육자와 감정적 연결이 안 되면, 애착관계가 형성되지 못하면 어른이 되어 성숙한 인간관계를 맺지 못한다. 육아는 되돌릴 수 없는 프로젝트이기에 최선을 다해야 한다.

2016. 8. 29.

후배에게 보낸 메시지.

- 예스걸 하지 말라고 얘기하고 싶다. 너만의 지성과 생각이 있어야 해. 인형처럼 남자 말에 맞장구만 치면 만남이 지루해져. 책도 많이 읽고, 세상이 어떻게 변하고 있는지 알아야 해. 남자 친구가 너의 말에 귀 기울이게 만들 줄 알아야 해. 최고의 미는 지성미야. 여자 친구의 말에 인생의 진리가 담겨 있는데 그걸 싫어할 남자는 없어. 단 잘난 체하면 안 돼! 대화상대가 된다는 느낌을 주도록.

- 이렇게 추위가 시작되는 때에 난방비가 부족해서 추운 사람들이 있어. 우리 그 사람들을 위해 기도하자. 세계를 위해 큰 사랑을 품자. 그런 사람에게 사랑을 품은 따뜻한 사람이 다

가온다.

- '나는 나의 가치를 애인이 몇 명인가에서 찾았고, 버는 것보다 많이 썼으며, 빚을 지고 살면서도 아주 자상하고 돈 많은 남자가 나타나 빚을 갚아주고 나를 구해줄 것이라고 생각했다. 그래서 나는 나 자신의 강한 면을 발견할 수도, 발전시킬 수도 없었다.'

언니가 발견한 글이야. 많은 걸 생각게 하지? 청약 저축은 들었니? 미래는 지금 준비하는 대로 만들어진단다. 남자를 날 행복하게 하는 수단으로 보지 말고 한 사람의 인간으로 사랑하자. 그러기 위해서는 나 자신이 경제적으로 독립해야 하고, 정서적으로 건강해야 해. 하루하루가 축복이다.

- 언니는 네가 자유롭게 다양한 사고를 하고, 외모보다 능력을 중요하게 생각하고, 꿈꾸고 계획하며 언제나 주체적인 선택을 하려고 노력하는 여성이길 기도해! 웃기는 가치관(나 자신을 믿지 못하게 하고 나를 보이는 것만으로 판단하려 하는)이 우리를 상처 내지 못하게 하자. 조금씩 노력하면 우린 산도 옮길 수 있어.

- 오늘 하루도 잘 보냈니? 하루가 참 긴 시간이야. 어느 소설가는 하루를 가지고 책 한 권을 썼어. 그 사람의 내면의 흐름을 가지고. 그러니까 현대 작가겠지. 한 인간의 내면의 흐름에 사람들이 주의를 기울이기 시작한 것이 20세기부터니까. 많

이 생각하고, 많이 읽고, 많이 경험해.

- 좋은 사람 만나는 비법! 너도 남자가 건실한 생활인이면 좋겠지? 같이 슬픔 없는 세상을 만들려는 인격체를 만나고 싶은 것이 건강한 남자야. 언니는 남자에게 존경도 받고 싶어. 아내에게 인격적 존경심과 신뢰를 느끼고 싶은 남자가 건강한 거야. 내가 남자를 내 인생을 행복하게 해줄 수단으로 여기면 남자도 너를 그렇게 여기고 싶어 하는 사람을 만나게 돼. 비슷한 사람끼리 만나거든. 생각하며 살고, 내가 손해 보더라도 옳게 살겠다고 마음먹으면 축복이 올 거야.

- 사랑 많은 사람이 되어야 해. 너도 사랑 많은 사람이 좋지? 마음속 생각은 겉으로 다 나타나. 남자들이 여자 외모만 보는 것 같지? 일부는 그렇겠지만 똑똑한 남자들은 선한 여자, 너무 착해서 세상 모든 사람이 걱정되는 그런 마음을 지닌 여자에게 반한단다. 가정이 천국 같기를 바라는 게 모두의 마음이거든. 그러려면 천사가 살고 있어야 하잖아. 또 여자의 외모에만, 재산 등에 끌리는 남자는 문제가 있는 거야. 평화롭고 고운 사랑하기를.

2016. 8. 30.

나는 완벽하지 않다. 완벽을 향해 가는 것이 아니라 온전한 나 자신의 모습을 향해 가고 있는 것이다.

2016. 9. 2.

명상은 뇌를 쉬게 해줌으로써 새로운 힘을 얻게 한다. 호흡에만 집중하거나, 상념이 떠오르는 대로 있거나, 혹은 자신이 원하는 방법으로 뇌에 쉼을 주는 명상을 습관화하고 싶다.

2016. 9. 3.

○『엄마생활백서』라고 착한 엄마 콤플렉스에서 벗어나 내 스타일대로 아이를 키우는 나쁜 엄마를 표방하는 유익한 책을 읽었다. 놀 것을, 놀기 위함을 이 책은 말하고 있다.

그런데 꼭 노는 것만이 유익할까? 꼭 완성하고 싶은 일이 있어서 열정적으로 자기 일에 몰입하는 엄마의 모습도 아이에게는 좋은 참고가 될 것이다. 일하는 데에서도 소소한 기쁨이 있기에.

○ 꿈을 이루기 위해서는

첫째, 꿈을 적는다.

둘째, 꿈의 실현을 경험해 본다.

셋째, 즐겁게 노력하는 자를 따라갈 수 없다.

넷째, 멘토를 정한다.

2016. 9. 4.

인생에서 불협화음이 문제가 될 때가 있다. 상황에서 벗어나고 싶을 때, 그러나 벗어날 수 없을 때는 협화음을 만들어야 한다. 용인에 아이들을 돌보러 봉사를 가서 책을 읽어 주어야 하는데, 너무 시끄러워 정상적인 방법으로 읽을 수 없을 때 그 상황에 맞는 방법을 생각해내어야 했다. 포기하는 대신. 하모니는 그래서 가치가 생긴다.

2016. 9. 5.

책을 읽으면 어느 순간 글이 내게 말을 걸어온다. 외로움은 어느덧 사라지고, 나는 작가의 이야기에 귀 기울이게 된다. 그렇게 박물관이 살아나듯이, 한 권의 책이 살아나기 시작한다. 내게 말 걸어준 많은 작가에게 고마움을 표하고 싶다.

2016. 9. 7.

○ 루카복음 14장 13~14절 : 네가 잔치를 베풀 때에는 오히려 가난한 이들, 장애인들, 다리 저는 이들, 눈먼 이들을 초대하여라. 의인들이 부활할 때에 네가 보답을 받을 것이다.

성경을 읽을 때 내게 깨달음을 주는 문장을 발견하고 깊은 생각에 빠지곤 한다. 2000년 전에 예수님은 복지를 말씀하고 계신 것이다. 힘든 분들, 그들을 잊고 살기가 너무 쉬운데 성경 말씀을 읽다 보면 잊고 있던 것들을 떠올리고 다시 세상을 돌아보게 된다.

○ 인류 역사는 이미 가지고 있는 것이 정말 많다. 지천명의 여인인 나는 무엇을 지니고 있는지 알고 있어야 한다. 수많이 쌓인

문화와 문명의 축적된 보물 창고를 열어 봐야 할 때이다.

2016. 9. 8.

'절대 약삭빠른 인간이 될 수 없는 운명을 타고난 사람. 오로지 자신의 요구를 채워 주기 위해 만들어진 넓디넓은 만족의 세계에 사는 아기가 아니라, 자신보다 다른 사람들을 앞세우는 진지한 어른이 되고 싶어했던 사람.'

- 필립 로스의『미국의 목가 1』중에서

2016. 9. 10.

『미국의 목가』의 등장인물 메리는 내 사춘기 때의 모습이기도 했다. 부르주아적 삶이라고 부모님의 삶을 규정하고 반항했던 내 모습을 그녀에게서 보았다. 부모님이 전지하지 않다는 것을 고려하지 못한 생각이었다. 뇌는 간접경험과 경험을 구분하지 못한다고 하나, 그건 구분을 못 하는 것이 아니라 다 경험이라고 받아들이는 것이다. 많은 간접경험을 통해 겪어낸 행복, 슬픔, 기쁨 그리고 찾아낸 진실들….

2016. 9. 13.

안다고 다 말하지 말고

가졌다고 다 주지 말고

느꼈다고 다 표현 말고.

- 누군가의 글 중에서

2016. 9. 14.

남편을 진심으로 사랑하지 않는 아내들이 어찌나 많은지. 사랑의 눈으로 바라보고 남편 역시 상처받은 영혼이며 아내의 노력으로 변할 수 있다는 걸 안다면, 아내의 삶도 구원받게 된다. 그 첫걸음은 함께하는 시간을 마련하는 것이다. 일상에서 서로의 내면을 바라보는 시간을 의도적으로 만들어야 한다. 노년의 삶의 질은 배우자와의 관계라는데, 그 배우자와의 관계는 하루아침에 만들어지지 않는다. 내가 선택한 사람인 그를 이해해보기. 그의 상처는 무엇인지, 그를 끌어안는 방법은 무엇인지 고민해보기. 미워하고 무관심으로 나의 인생을 사막으로 만들지 말고.

2016. 9. 17.

남편에 대한 불만을 이야기하는 아내들을 관찰해 보면 그녀 자신도 이상적인 여성상에서 멀리 있다는 걸 느끼게 된다. 구시대적 사고방식에 지배당하고 있으며, 자신의 모습을 객관화시키는 능력이 현저히 떨어지고, 자신의 잘못을 반성하는 성찰의 시간·공간이 없다. 이혼을 예방하는 최대의 이슈는 자신도 잘못이 있음을 인식하는 것이라고 한다. 결혼은 했으나 행복하지 못한 커플들을 진정한 기쁨으로 이끄는 것, 그 일을 하고 싶다.

2016. 9. 21.

도서관 강좌인 미술 상담기법 시간에 옆자리에 앉으셨던 분(65살)의 이야기를 하려 한다. 그분은 화두가 손자이셨다. 그러나 얼굴은 행복해 보이지 않았다. 그분께 말씀드렸다. 자신의 삶을 찾으시라고. 부모가 없어도 잘살아 나갈 수 있는 것이 교육의 최종목표라고.

집으로 오는 길에 나도 규니에게 너무 큰 관심을 지니고 있는 건 아닌지 생각하게 되었다. 내가 그 아이에게 줄 수 있는 큰 선물이 자유일 텐데. 어떤 정신과 의사가 상담이 곧 자기 이야기라서 힘들다기보다 얻는 것이, 깨닫는 것이 많다고 한 이야기가 떠올랐다. 육아를 하면서 관련 책을 읽게 되고 상담이라는 메커니즘을 알게 되었는데, 꼭 필요한 분야임을 깨닫게 되었다. 그러한 역학으로 세상사를 보면 이해와 용서가 가능해진다. 정기적인 상담은 자기 자신을 이해하는 데 꼭 필요하다. 특히 슬플 때, 혼자 고민하지 말고 세상과 소통되는 문을 똑똑 두드려야 한다.

2016. 9. 22.
내가 꿈을 잊어버리면 그가 슬프게 된다….

2016. 9. 23.
'나는 섹시한 사서 타입 여자에게 항상 끌렸다. 책을 읽는 여자보다 더 매혹적인 존재가 있을까?'

- 데이비드 고든의 『시리얼리스트』 중에서

2016. 9. 24.

O 행복한 사람들이 있다. 그냥 내버려두자.

불행한 사람들이 있다. 기다려주자.

우주에서 비롯되었지만(우주는 광대하다) 다 각기의 사연이
있다.

O 스토리텔링은 모든 삶의 골짜기마다 필요한 도구이다.

2016. 9. 25.

초식남이라고 불리는 젊은이들은 절제를 주요 덕목으로 자녀에
게 강조 내지는 강요한 부모 슬하에서 큰 경우가 많다고 한다.
프로이트는 아기 때 포만감을 느끼도록 젖을 먹은 경험, 그것이
또 그 충족감을 느끼고 싶도록 삶을 욕망하는 도구가 된다고
했다. 욕망에는 좋은 세상을 만들고 싶은 백색 욕망도 있다. 욕
망은 삶의 주요 원동력이 되는 것 같다. 모든 사람이 자신의 본
연의 모습대로 아프지 말고 활짝 꽃피는 것, 그것이 요즘 나의
욕망이다.

2016. 9. 26.

너희가 가장 작은 이들 가운데 한 사람에게 해준 것이 곧 내게
해준 것이다(예수님).

여기에 예수의 놀라운 시대를 연 생각이 있습니다. 현대 작가들
은 대통령이나 부자에게 초점을 맞추지 않습니다. 가장 업신여
김당하는 자, 가장 평범한 사람들의 이야기를 합니다. 인류 역사
가 그럴 수 있기까지 얼마나 많은 사람의 헌신이 있었는지 모릅
니다. 시대를 이끌어간 철학의 기본 명제를 예수님은 이야기해
주신 것입니다.

– 어느 날의 단상

2016. 9. 27.

○ 하루를 통해 영원을 살다.

○ 〈어떤 대화〉

　남 : "넌 일편단심 민들레야."

　여 : "내가 일편단심 민들레이려면 넌 '일편단심 민들레야'라
　는 말을 하지 마."

남 : "왜?"

여 : "그렇게 말하면 갑갑해져. 강요하는 것 같아서. 존재 본
질은 자유거든. 인간 속에는 신성이 깃들어 있어. 강요로 무
엇을 움직일 수 있다고 생각하면 안 돼."

○ 남을 돕는다는 건 받는 사람의 자존감을 존중할 때 의미가
있다.

○ 세상의 모든 아내여, 외로운 남편을 꼭 안아주자. 그래야 남
편이 웃는다.

2016. 9. 30.

새벽에 드디어 요한묵시록까지 다 읽었다. 이로써 성경을 완독
했다. 요한묵시록에서 두 가지가 기억에 남는다. 흔히 사람들이
말하는 666의 상징은 짐승의 표가 아니라 바코드, 그러니까 물
질숭배를 경계해야 함을 말하는 것 같다. 또 한 가지는 원자 폭
탄의 오용을 경계하는 글들로 가득하다는 것이다. 어떻게 요한
사도는 거의 2000년 전에 그 두 가지를 예지했을까.

2016. 10. 1.

유머는 자유다. 문제해결이다. 그리고 생존의 본능이다.

2016. 10. 5.

세상은 생각하는 것처럼 절망적이지도, 추하지도 않다. 단지 그럴 것이라고 추측하는 무지가 앞설 뿐이다. 한 사람의 영혼에 깃든 상처나 고뇌를 이해하면, 그 놀라운 회복 탄력성에 놀랄 것이다.

2016. 10. 6.

다음은 용인 생명나무어린이집에 관하여 한 월간지에 투고했지만 실리지 않은 글 전문이다.

〈받고 싶은 칭찬〉

교회에서 열린 그 강연회에서 연사인 이기복 교수님이 "용인에서 한 목사님이 아기들을 키우고 계십니다"라는 말씀을 하셨을 때 뇌에 불빛이 반짝 켜졌다. 건강이 좋지 않았던 몇 여 년간을 거치며 항상 봉사하고 싶은 열망이 있었는데, 그 말씀이 마음에 들어온 것이었다. 강연이 끝나고 교수님께 가서 생명나무의 연락처를 물었다. 분당선 미금역에서 내려 11번 버스를 타고 목적지에 도착하여 목사님을 뵙고 아기들이 있는 빌라로 갔다. 20평 정도 되는 빌라에 10여 명의 아기가 있었다. 월령이 높지 않은 갓난쟁이 아기들이었다. 봉사하시는 분들이 바쁘게 아기들을 돌보고 계셨다. 그렇게 아기들을 만났다.

사모님의 이야기를 들으니 목사님은 어느 날 '내가 거할 곳이 없다'라는 성령의 소리를 듣고 신학 공부를 시작해 목사안수를 받으셨다고 한다. 그러니 경영하듯이 교회를 이끄시는 목사님들과 같을 수가 없었다. 버려진 아기들을 돌보는 소명을 받아들이셨다고 한다.

빌라 주인이 아기들 때문에 집이 더러워진다며 집을 비워달라고 해서 온 봉사자와 교회 관계자들이 기도한 결과, 적합한 곳을 찾게 되어 모두 기뻐하던 기억. 봉사를 마치고 나와 집에 돌아가는 길의 뿌듯한 마음으로 하늘을 바라보던 5년 여 간의 추억. 다시 엄마·아빠에게로 돌아가는 아기들의 소식을 들었을 때의 안도감. 신생아였던 아기들이 이제 6살이 되어 나를 보면 반갑게 뛰어올 때의 기쁨. 마음이 황폐할 때 아기들이 존재만으로 나를 위로해주던 따뜻함.

나는 일주일에 한 번 봉사를 가지만 매일 출근하는 상근 봉사자들이 계시다. 그분들을 볼 때 존경의 마음이 저절로 든다. 그런데 최근에 사모님이 하소연하시는 것을 듣게 되었다. 전 재산을 바쳐 교회를 열고 아기들을 키웠는데, 이제 자금이 바닥이 날 형편에 이르렀다고 하시며 매일 목사님과 눈물의 기도를 하고 계시다고.

우리가 복지 정책을 해야 하는 이유가 범죄를 예방하고, 불만 계층을 없애며, 건강한 경제활동 인구를 키우는 것에 있다고 한다. 그렇다면 아기들을 돌보는 목사님을 돕는 것은 건강한 사회를 만드는 초석을 쌓는 일이다. 이렇게 중요한 일을 하고 계시는데, 내가 해드릴 일은 너무나 작다. 그러나 걱정 속에서도 사모님이 받고 싶어 하는 칭찬을 해드리고 싶다.

"아기들이 참 사랑스러워요."

자신이 낳은 아이처럼 아기들을 사랑하시는 사모님이 제일 기뻐할 말이다.

2016. 10. 14.

조부모가 손자·손녀를 가르치는 격대 교육이 좋은 이유는 할아버지·할머니는 결과를 칭찬하지 않고 과정을 칭찬한다는 것이다. 머리가 좋아서, 재능이 있어서 잘했다고 하지 않고 열심히 노력해서 잘했다고 한다. 과정을 즐기는 것, 결국 인생은 과정의 기쁨이 중요하다는 것을 어르신들은 안다. 어떤 문제는 그 해결 과정이 더 중요하다는 글귀가 떠오른다.

2016. 10. 30.

성당의 주일 교중미사 후 마당에서 차 봉사를 구역마다 돌아가며 한다. 그 행사 중 일회용 종이컵을 쓰는 것을 바꾸어 각자 컵을 가져오자고 성당에 제안했다. 주임신부님께도 직접 말씀드렸다. 이후 드디어 종이컵이 사라졌다. 성당의 모든 모임에서도 종이컵이 사라진 것이다. 주보 마지막 부분에는 '일회용품을 쓰지 말자'라는 문구가 계속 보이게 되었다. 나의 조그만 노력이 이런 변화를 가져왔다는 데에 놀람과 기쁨이 크다. 그러니까 변화는 가능한 것이다.

2016. 10. 31.

나의 아들이 나를 이렇게 기억해주면 좋겠다.

'마음이 따뜻해 세상의 모든 생명을 품어주던 엄마, 슬픔을 이겨내고 희망을 찾아 언제나 노력하던 엄마, 낡은 가치관에 안주하지 않고 생명의 성장을 위해 용기를 내기가 매일 습관이었던 엄마, 그리하여 참으로 자유로웠던 엄마.'

2016. 11. 5.

누가 악인이고, 선인인가? 단지 불행한 인간과 행복한 인간이 있을 뿐이다.

2016. 11. 7.

로커이자 작가인 패티 스미스의 『저스트 키즈』를 읽었다. 그녀의 첫사랑이었던 로버트 메이플소프는 양성애적인 애정행각으로 살았다. 텍스트를 보았을 때 냉정한 아버지의 모습이 보였다.

그는 아버지의 사랑을 갈망한 결과 남성에게도 그런 사랑을 전이시킨 것이 아닐까.

양성애자들은 양친 중 한쪽의 사랑이 부족할 때 그 사랑을 갈망한 나머지 그런 양상을 보이는 것 같다. 1960년과 70년대의 우드스탁 페스티벌로 상징되는 히피이즘의 면면들을 패티 스미스의 책으로 알게 되었다. 내가 바라는 삶의 모습의 일면은 있을지 모르나 결코 나의 화양연화는 아니었다. 오 헨리의, 루시 몽고메리의, 진 웹스터의 글들이 보여주는 모습들이 내가 꿈꾸는 이상적인 삶의 모습이다. 그러나 히피이즘의 세월도 인류의 지나온 발자국이기에, 진정한 나의 유토피아에도 그 일면의 긍정적인 모습이 스며들어 갔을 것이다.

◦•

2016. 11. 8.

나는 글을 쓰고 읽으며 새로운 세상과 만나고 새로운 나의 삶을 만날 수 있다. 그리고 나는 신앙이 있다. 외로운 눈물을 흘리기 전에 나는 기도할 수 있다.

2016. 11. 12.

○ 성찰능력(자아강도, 불안내성).

○ 광화문에 85만 명 결집!

○ 대기면성 : 완성을 향해 항상 변해가는 과정에 있는 그릇만
이 진정 큰 그릇이 될 수 있다.

○ 내가 괴로운 것이 이상한 일이라고 생각하기도 했다. 그러나
이 세상에는 결핍이 많다. 성경에서 '에덴동산에서 너희들은
쫓겨났다'라는 말은 정말이었다. 신약시대에 예수님이 오셔
서 '그래도 사랑하라. 사랑하면 천국이 온다'라는 말이 나를
구원해주었다. 인생이 고해라고 말하시던 아버지 말도 맞는
것이다. 괴로운가? 세상엔 결핍이 많다. 사랑하라. 그러면 천
국이 온다.

2016. 11. 18.

사람을 바라보는 시선을 사랑으로. 부족한 점이 보이면 미워하
지 말고 그것을 보강해주어야겠다고 생각하게 되었다. 상담을
공부하면서부터 그리고 예수님 때문에.

2016. 11. 23.

인간을 로봇으로 대하지 말라. 매뉴얼대로 움직이는 인공지능으로 대하지 말라. 그러기엔 인간은 너무도 심오하다. 그러기엔 인간의 영혼의 고통이 너무 크다. 그러기엔 아기 때 인간의 눈동자가 너무도 맑다.

2016. 11. 26.

'쓸모없는 걱정 대신 눈앞의 하루하루를 잘 보내는 일에 힘을 쏟았다.'

— 중앙일보 기사 중에서

'내가 들이는 노력 하나하나가 모여 결국에는 지금 상황을 전환시킨다는 사실을 자각하자.'

— 혜민 스님의 『완벽하지 않은 것들에 대한 사랑』 중에서

2016. 11. 27.

지난 성당 반모임에서 여러 복음서에 나타난 예수님의 성품을 볼 때 결코 거짓말을 하실 분이 아니니, 그분이 말씀하신 부활과 영생을 믿어야 할 것이라고 반원들에게 말씀드렸다. 영원한 삶을 믿는다고 할 때, 우린 거의 핏덩이 어린아이 수준의 젊은이이니 청춘의 마음을 이 세상 떠날 때까지 간직해야 함을 말씀드렸다.

처음 우리 반의 반장을 맡을 때는 부담스러웠으나 그 직무를 수행하면서 내가 받는 축복이 엄청나다. 기쁜 마음으로 진실된 소식을 반원들에게 들려 드릴 것이다.

2016. 11. 28.

기원 전후한 시기에 세워진 백제는 구다라 열풍이라는 지금의 한류와 같은 팬덤 현상을 일본에 일으켰다. 그리고 아시아는 물론이고 인도와도 교류했다. 삼국이 끝나고 통일신라 때 경주의 찬란한 문화가 주변국에도 알려졌고, 지금까지 유물이 발견되기도 한다. 고려시대에는 여성의 지위가 높았다. 미국의 역사가

250여 년 정도라 할 때 조선의 역사 500년은 만만치 않은 연륜을 보여 준다.

우리나라의 풍광을 보고 외국 같다는 표현은 폭력적 대화의 전형이다. 아름답다는 표현을 그렇게 식민사관에 의해 이야기해도 될까? 요즘은 우리 것에 대한 정체성과 애정이 더욱 필요한 시기이다. 그러려면 먼저 오천 년 동안 무슨 일이 있었고, 선조들은 어떤 생각을 했으며, 우리의 문화는 어떤 모습인지를 알아야 할 것이다.

2016. 11. 29.

아편전쟁은 17세기부터 청나라에서 차를 수입하던 영국이 인도를 식민지화한 후 그곳에서 재배한 아편을 영국 상인들을 통해 청나라에 되팔아 찻값을 지불한 것에서 비롯된 사건이었다. 청나라에서는 아편을 금지하다가 나중에는 몰수해 태워버리자 영국이 이것을 빌미로 전쟁을 일으켰다. 그리고 승리하자 난징조약을 맺어 1997년까지 홍콩을 빼앗았다. 물론 이로 인해 기독교의 선교 사역이 중국에서 본격적으로 시작된 면도 있다. 내게는 유럽의 부흥과 문화 축적의 어두운 면들이 보이기 시작했다.

2016. 11. 30.

유럽이 어떻게 부를 쌓고 문화가 융성해질 수 있었을까? 이사벨라 여왕(스페인)의 후원을 받은 이탈리아인 콜럼버스가 신대륙 아메리카를 발견하면서부터라고 한다. 아메리카와 아프리카를 잇는 삼각무역으로 부를 얻었다. 주산업이 아프리카 사람들을 노예로 끌고 가 노동력으로 삼고, 아메리카의 온갖 자원을 차지하는 것이었다. 가장 적극적이었던 나라가 영국이었단다. 그래서 영국이 산업혁명을 먼저 이룰 수 있었고, 민주주의를 꽃피울 수 있었다. 유럽 문명은 아프리카 사람들의 희생을 바탕으로 일어선 문명인 것이다.

2016. 12. 6.

일산에 사는 친구에게 다녀오며, 내가 이루고자 하는 일의 반은 올바른 종교 생활이 해줄 수 있음을 깨달았다. 내가 하고자 하는 일은 사람들이 꿈꾸는 연애를 하고, 영원한 사랑을 이루는 일의 이론적 토대를 만드는 일이다.

섬김을 받기보다 섬기러 오셨다는 말씀, 어리석은 처녀 다섯처럼 준비 없이 인생을 살지 말라는 말씀, 늘 감사하고 끊임없이 기도하고 항상 기뻐하라는 말씀, 인간을 위해 안식일이 있지 안식일을 위해 인간이 있지 않다는 말씀 등등. 올바른 종교 생활이 내 이론의 첫 장이다.

2016. 12. 9.

정리의 달인이 되려면

첫째, 가지고 있는 것이 무엇인지를 파악해야 한다.

둘째, 영원한 삶을 안 믿더라도 언제나 청춘의 맘으로 살 것을 결심해야 한다. 그래야 세상과 소통하고, 기의 순환이 이루어지며, 버릴 것을 버리고, 쓸데없는 것과 필요한 것을 구별할 수 있게 된다.

셋째, 소중해 보이지만 내게 맞지 않는 것은 친구들에게 준다.

한 해가 다 가고 있다. 정리할 것은 정리하고 가벼운 마음으로 새해를 맞이하고 싶다.

2016. 12. 11.

'라라랜드'는 오래된 주제를 새로운 시각으로 풀어낸 아름다운 영화이다. 위플래쉬의 감독이 또 한 번 예술을 만들었다. 과거로 나를 데려갔다가, 현실을 잊어버리게 했다가, 다 보고 나니 어느새 추억이 만들어졌다.

2016. 12. 13.
아는 동생과 이야기를 하다, 그녀가 "왜 열심히 살아?"라고 물었다. 나는 "나의 삶을 통해 이루고 싶은 것이 있어"라고 대답했다.

2016. 12. 16.
개인의 탄생(역사적 의미에서)에는 기독교의 만민평등사상이 큰 역할을 했다는 책을 읽었다. 부족, 씨족, 가족사회에서 '우리'라는 테두리 안에서 한계 지어지던 한 개별 단위의 개인이 절대자 앞에 선 존재로 서게 된 계기를 기독교가 마련했다는 것이다. 내세와 개인의 의미를 보여 준 기독교 철학에 감사!

2016. 12. 22.

[아침]

한 생명은 한 우주다.

[밤]

'세상에 나쁜 개는 없다'라는 프로가 있어요. 저는 거기서 삶을 배워요. 하나 깨달은 것이 '지진이나 쓰나미는 우리가 학대한 동물들의 슬픔과 분노가 모인 것이 아닐까?' 하는 생각입니다. 양자전기역학에서 보면 맞는 말일 수 있다고 합니다. 세상에서 제일 슬픈 것이 힘 있는 자가 힘 없는 자를 학대하는 것 같아요. 그것을 방관하고 세상에 아무 문제없는 것처럼 사는 모습도 참 슬퍼요. 왜 예수님이 우는 자가 복이 있다고 하셨는지 알 것 같아요. 문제의식 없이 나만, 우리 가족만 행복하면 된다는 생각은 가능하지도, 옳지도 않은 이야기입니다. 이제는 우리가 이웃을 둘러보고 살 때가 된 것 같아요. 추운 겨울 힘든 사람들, 동물들도 생각하며 크리스마스를 맞이합시다. 결국 그것이 크리스마스의 의미겠죠. 지속 가능한 미래는 서로 사랑하는 데에서 출발하는 것 같아요. 메리 크리스마스!

2016. 12. 26.

"당신의 작업은 무슨 일이 있더라도 세상에 작용하고 그 답례로 당신이 나눠주는 것의 10배를 돌려줄 것입니다. 당신이 고물을 내놓으면 당신은 고물을 돌려받을 것입니다. 당신이 혼란을 내놓으면 당신은 자신에게 혼란을 주게 될 것입니다. 당신이 뭔가 아름다운 것을 내놓으면 당신은 삶에서 10배로 큰 아름다움을 돌려받게 될 것입니다. 그게 법칙입니다."

– 오노 요코, 비틀즈 멤버 존 레논의 아내

어느 나라의 왕이 유익한 경구를 한마디로 요약하라고 신하들에게 지시했다고 한다. 고심한 결과 결론이 났다. 그건 바로 '공짜는 없다'라는 문장이었다. 노력하지 않고 공짜로 얻으려 하는 탐욕이 결국 나라도, 가정도, 개인도 망치는 원인이다. 도서관에서 3년간 들었던 동양고전철학 강의에서도 욕심을 비우는 것이 가장 중요한 가르침이라고 했다. 불로소득을 얻으려 할 때 불행이 시작된다. 내년에는 세상 모든 사람이 땀 흘린 만큼의 수확을 기대하는 편한 마음으로 살기를….

2016. 12. 30.

예수님은 우상을 섬기지 말라 하셨다. 그러니까 예수님도 우상처럼 섬기면 안 된다. 오직 사랑으로, 이해로, 용서로.

2016. 12. 31.

부패의 지저분한 판도라 상자가 다행히 활짝 열려져 위기의 한국을 다른 국면으로 이끌 수 있는 가능성이 생긴 2016년이 끝나고 새로운 한 해가 곧 시작될 것이다.

한 해의 끝으로 한강의 『채식주의자』를 읽었다. 다 읽고 난 느낌은 놀라움, 나의 수면 아래 잠겨있던 무엇인가를 끌어올려 본 느낌, 작가라는 직업의 무한능력에 대한 경탄이다. 먹고 먹히는 법칙에 대해 다른 시선을 보여주며 결국 왜 사느냐를 작가는 내게 묻고 있었다.

"꼭대기에 올라가 보면 아무것도 없거든. 생명보다 소중한 것은 없거든. 생명이 사라져 버린 지구는 아무 의미도 없거든. 물질제일주의, 효율 만능주의, 육식주의는 곧 지구의 파멸이거든."

작가는 나한테 이렇게 말해주는 것 같았다. 내년에 나는 생명을 살리는 시간을 보내고 싶다. 아듀, 2016년! 추억으로 언젠가 만나겠지.

2017. 1. 1.

〈부부간의 금실은 어떻게 해야 타오를까?〉

1. 서로 단점을 이야기하자고 한다. 귀담아듣고 고쳐본다.

2. 공유하는 취미생활을 찾아본다.

3. 달밤이나 봄비 내릴 때 손을 꼭 잡고 산책한다.

4. 어린 시절 꿈에 대해 이야기해본다.

5. 교환일기를 써본다. 1년 이상을 해보면 남편의 아픔, 고민, 아내에 대한 사랑 등을 알게 된다. 물론 남편도 아내에 대해 알게 된다.

6. 서로 외모에 신경 쓴다.

7. 아이를 사랑으로 기른다. 격려해주고, 빈말이 아닌 칭찬을 해주며, 미래에 대해 함께 이야기해본다. 아이의 행복은 부부 금실에 기쁨과 보람을 더해 준다.

8. 서로의 원가족에 대해 비판하지 않는다. 시어머님은 천기저귀로 자식들을 기르시고, 김치를 담가 드시고, 전쟁을 겪으시고, 남존여비의 사회 가치관으로 차별받으신 분들이다. 인간

적 삶이라 하기에는 너무 수고하신 분들이다. 그분들보다 우리는 행복하게 교육받았고, 전쟁도 없었고, 문명의 이기로 편하게 산다. 그분 세대의 헌신과 희생 없이 가능했을까 싶다.

9. 아내가 어떤 분야에서 전문가일 때 남편은 사랑을 넘어 아내에게 깊은 인간적인 신뢰를 느낀다. 문제가 있을 때 의논하기도 하고, 철학적인 문제도 토론해 보고 싶어진다.

10. 성에 대해 죄의식을 갖지 않는다. 성경의 아가서는 부부간의 사랑에 대해 예찬하고 있다. 부부간의 성은 역사를 이루어나가는 엄청난 역동적 힘이다.

왜 일부의 남성들은 여성을 설레게 하고, 왜 또 일부의 남성들은 설레게 하지 못할까? 10여 년 전부터 천착한 주제이다. 결혼한 주위 사람들 중 남편과 무덤덤하게 지내는 경우가 많다. 결혼을 결심하는 여성들도 설레는 마음 없이 결혼이라는 문을 성큼 들어선다. 로맨틱 소설에서처럼의 연애는 현실에서 불가능한 것인가? 나는 아니라고 분명히 말할 수 있다.

어린 시절 양육자와 제대로 애착 관계를 맺으며 성장하고, 가혹한 교육의 희생자가 되지 않았으며, 인간적일 수 있는 환경에서 생활했고, 문화를 향유하고 살았다면 로맨틱한 남성으로 자라날 확률이 높다. 여성도 마찬가지다. '왜 어떤 남성은 로맨틱하고, 어떤 남성은 그렇지 못한가?'는 결국 성장환경, 교육과 문화의 문제인 것이다.

2017년이 시작되었다. 겨울은 봄을 향해 가고 있다.

2017. 1. 2.

○ 긍정의 힘으로 이루어내리라.

○ 뇌는 반복되는 정보에 주의를 기울이고, 소리를 좋아하고, 다양한 감각이 동원되는 것을 좋아하고, 감정이 담긴 것을 좋아하고, 이미 알고 있는 정보와 연결되는 것을 좋아하고, 나와 관련된 정보를 선호하고, 스토리를 좋아한다.

○ 인간이 화를 내거나 긴장하면 뇌에서는 노르아드레날린을 분비한다. 이 물질은 독성을 가지고 있어서 화를 자주 내거나 스트레스를 많이 받으면 그로 인해 발생되는 독성으로 병에 걸리거나 노화가 촉진되어 그만큼 빨리 죽게 된다. 반대로 늘 미소를 띠고 사물을 긍정적으로 생각하면, 뇌에서는 뇌세포를 활성화하고 육체를 이롭게 만드는 B-엔도르핀을 분비한다.

2017. 1. 18.

'피카소의 경험은 부르주아 사회가 제공하는 식의 성공과 명예
에 더는 누구도 현혹되어서는 안 된다는 것을 증명한다.'

– 존 버거의 『피카소의 성공과 실패』 중에서

2017. 1. 24.

○ 독서는 나에게 휴식과 치유와 희망을 세포 속에 가득 채워
주는 시간을 준다. 포커페이스가 되어가는 것을 막아주는,
내가 피와 눈물과 감정과 느낌의 존재임을 다시 일깨워주는
시간을, 인류의 피와 눈물과 감정과 느낌의 존재들이 마련해
주는 것이다. 엄청 땡스 작가님들!

○ 운명은 있다. 그러나 그 운명은 독서와 명상과 선행에 의해
바뀔 수 있다고 주역의 저자가 이야기했다. 또 악행과 무지와
한결같지 못함에 의해 나쁘게 바뀔 수도 있는 것이다.

2017. 1. 31.

사랑은 헤어질 때도 사랑이어야 한다.

2017. 2. 2.

어떤 상황에도 즐거운 일은 있기 마련이다. 그 즐거움에 포커스를 맞춰라. 나쁜 기억이나 나쁜 점을 자꾸 회상하지 말라. 그러면 인생이 밝게 보인다. 긍정적인 관점이 그래서 필요하다.

2017. 2. 5.

사모님께.

성공을 이끄는 힘은 곧 도덕성이라는, 그 도덕성은 결국 생각하는 힘에서 나온다는 글을 읽었습니다. 무언가를 주입하는 것이 아니라 스스로 생각하게 하는 것이 도덕성의 출발이라는군요. 그러려면 그 존재를 존중해야 합니다. 생각할 수 있는 존재로서 대해 주어야 합니다. 너는 악한 데에서 출발했기에 두드려 패서 도덕률을 주입해야 한다면 그 존재는 스스로 생각하지 못하는 존재가 됩니다. 타율에 의해서만 도덕적이고, 혼자의 시간이 되면 혼돈의 세계에 빠져버립니다. 아이 속에 신성이 있음을 깨닫고 존중받지 못했을 때 혼돈의 세계에 빠짐을 기억해야겠습니다.

2017. 2. 11.

○ "인생은 여자 친구와의 사랑에서 시작해. 그리고 그 사랑을 지키는 것에서 끝나."

- 영화 '은행털이 할배와 나' 중에서

○ 불교는 두 가지 점이 이해가 안 된다.

하나, 허무하다는 생각. 허무할 수도 있고 허무하지 않을 수도 있다고 말했어야 했다.

둘, 성불하자는 말. 인간은 한계상황 때문에 결코 성불할 수 없다. 그러니 자연과 끊임없이 대화하며 사는 역학 자체가 완전한 것이다.

○ 타자의식이라는 게 있대. 남편도 엄밀히 말하면 타인이야. 예의가 있어야 하고 존중이 있어야 해. 그리고 그의 삶이 나의 삶은 아닌 거야. 나의 삶이 풍요롭고 늘 새로워야 해. 남자는 처음 보는 여자가 이상형이라고 농담처럼 말하지? 그 말 속

에 진리가 있어. 여성들은 결혼을 대단한 성취라고 생각하여 결혼하고 나면 노력과 모험, 도전을 안 하는 경우가 있어. 그러면 지루해지는 거야. 오늘 처음 만난 사람처럼 신선함과 모험하는 듯한 재미를 느끼게 해 봐. 삶의 스토리텔링을 계속 만들기를…. (후배에게 보낸 메일)

2017. 2. 13.

O 아이를 기른다는 것은 그 아이를 신성을 간직한 한 인격체로 존중하고 사랑하겠다는 결심에서 비롯된다. 엄마·아빠 그리고 형제·자매와의 사랑의 추억은 세상을 떠날 때까지 아이의 인격에 버팀목이 된다.

부모의 성실한 생활패턴은 아이에게 롤모델이 된다. 독서를 좋아하도록 이끌고, 아이가 무언가에 몰두하고 있을 때 방해하지 말고(그래야 집중력이 커진다.), 친구들과 서로 사랑하며 지내도록 도와주고, 아프거나 힘든 사람들이 남이 아니라 같은 인류의 사람들임을 알려준다. 예술을 즐길 수 있도록 다양한 경험을 갖게 도와주고, 종교도 알려준다. 가장 중요한 것은 언제나 부모 마음속에 자녀가 빛임을 자녀 스스로가 아는 것이다.

O '달라졌어요'라는 TV 프로그램은 나에게 커다란 희망을 준다. 사람이 변할 수 있다는, 문제는 해결될 수 있다는. 참 놀랍다. 인간은 환경 때문에 망가질 수도 있고, 환경으로 인해 구원받을 수도 있다는 기적 같은 사실을 말해주고 있다.

2017. 2. 18.

중세적 가치가 우스운 것이 아니라(물론 인간적인 가치도 조화를 이루어야 하지만) 그 가치를 제대로 지키지 않아 면죄부 팔고, 성직자가 타락하며, 민중을 존중하지 않고, 기득권자들이 사치와 향락에 빠졌을 때 모든 인류의 불행이 시작된다. 그러니 모든 가치의 몰가치화가 현대의 발전된 철학의 최종 모습일 수 없다. 오래된 가치, 인류를 존속케 한 정신과 신념은 다음 세대에게 전해주어야 한다.

2017. 2. 20.

o 삶에 대한 높은 기대는 피그말리온 효과처럼 긍정적인 결과를 이끌어낼 수 있는 원동력이 된다. 감사하면서 자신의 삶이 풍요롭고, 인간적인 온기가 가득하며, 문화와 문명을 만들어내는 기쁨으로 가득 차게 예상해 보자. 재미는 노력하고 성취하는 피드백에서 나온다.

o 죄 없는 사람만 천국 간다고 하면 갓난아기만 가리. 기도하고 생각하며 실수하지 않고 죄짓지 않으려고 노력하는 가운

데 우리는 평안을 얻으리.

O 구약성경에는 죄지은 사람들을 죽이는 이야기로 가득하다. 그러나 신약성경에서 예수님은 원수를 사랑하고, 형제를 바보라고 부르지 말고, 서로 사랑하고, 일곱 번씩 일흔 번이라도 용서하라고 하신다. 구약과 신약 사이에 많은 일이 있었던 것 같다. 21세기의 상담학에서 이야기하는 상처에 의해 악인이 되는 역학을, 아무도 사랑하지 않았던 영혼이 사이코패스가 되는 역학을 예수님은 알고 계신 것이다. 여기에 예수님의 현대성이 있다.

2017. 2. 24.

사회에서 가치 높게 여기는 일과 낮게 여기는 일의 기준에 의해 자신을 평가하지 않아야 한다. 정당한 일이고 사회에 도움이 된다면 청소하는 일이면 어떻고, 장례지도사면 어떠한가. AI(인공지능)가 도입되면 없어질 폼나는 일보다 AI가 대신할 수 없는 일이 더 부가가치가 높다. 자신만의 부가가치 있는 일을 찾기 위해 어린 시절부터 독서에 취미를 들이면 큰 도움이 된다.

2017. 2. 25.

'재심'이란 영화를 보았다. 하마터면 평생 누명을 쓰고 살았을 한 사람을 구원하는 변호사의 이야기였다. 감동이 있었다.

2017. 3. 1.

자기 세계가 없는 여자는 사랑에도 성공할 수 없다. 남자에게 의존하는 여자는 존경받지 못한다. 삶을 생각하지 않는 여자는 성장하는 인간관계를 맺지 못한다. 인간은 유혹에 넘어갈 수도 있고, 실패할 수도 있고, 노력하지 않으면 결실을 맺을 수 없는 존재이다. 여자가 그렇듯이 남자도 그런 한계상황 속의 인간이다.

'뛰어난 예술 작품은 고독과 불안에서 잠시나마 우리를 자유롭게 해주며, 한정 없이 깊고 고요한 위안으로 우리를 다정하게 감싸 안아준다. 그 여운을 통해 우리는 다시 한번 이 메마른 세상을 살아갈 힘을 얻게 된다.'

- 전원경의 『예술, 역사를 만들다』 중에서

2017. 3. 2.

모든 생명에는 신성이 깃들어 있다. 지켜봐 주고, 말없이 귀 기울여 주며 기도하자. 간섭하지 말지니.

2017. 3. 3.

본능은 아름다운 것이다. 상처받았을 때만 추해진다. 감금하지 말고 세상과 교류하도록 하자.

2017. 3. 5.

'이 생의 모든 순간이 선했던 자… 여기 잠들다.'

– '도깨비' 중에서

2017. 3. 9.

ㅇ 개미 한 마리에도 영성이 깃들어 있음을 아는 거.

ㅇ 성희가 말했다. 언젠가 내가 좋은 코트를 사주며 그 옷보다
중요한 건 아름다운 영혼이라고, 가게에서 가죽옷을 입어 보
며 디자인이 좋다고 하자 가죽은 안 입는다고 했던 내 말이
좋았다고.

2017. 3. 11.

어제 국가적으로 역사적인 날이었다. 문득 우리나라가 가장 진
보되었다는 덴마크, 행복지수 1위라는 그 나라만큼 거대한 나
라로 느껴졌다. 하마터면 시리아 난민처럼 우리 국민이 공해를
떠돌 뻔했다.

2017. 3. 12.

절망하고, 아무것도 안 하고 슬픔에 빠져있고, 미래를 어둡게 보고…. 이런 마음 상태야말로 지옥임을 기억하자.

2017. 3. 17.

소소해 보이나 정말 중요한 행복을 놓치지 말자.

2017. 3. 21.

〈앨범을 정리하며〉

지나간 모든 날이 사랑과 용서와 감사의 날들이었다면.

그래도 그날들에 행복도 있었다고, 무지개도 있었다고 긍정의 눈으로 뒤돌아봐야지.

행복도 있었다고, 무지개도 있었다고….

2017. 3. 22.

'뇌의 에너지원은 포도당. 단백질은 뇌의 신경전달물질 제조에 중요한 원료. 모든 장기 중에 뇌만큼 지방을 많이 함유하고 있는 장기는 없기 때문에 고품질의 지방섭취도 중요하다.'

- 서유헌의 『엄마표 뇌교육』 중에서

2017. 3. 26.

'당신은 너무합니다'라는 주말드라마가 있다. 주연배우가 건강상 문제로 교체되었다. 그러면서 드라마의 분위기가 많이 달라 보인다. 한 사람, 한 사람의 차이는 엄청나다.

2017. 3. 29.

뜨거워야 움직이고 미쳐야 내 것이 된다

- 어느 책 제목

2017. 3. 30.

〈슬픔을 극복하고 건강을 유지하는 방법〉

1. 수확하는 기쁨은 노력과 피, 땀, 눈물이 있어야 된다는 명제를 기억하자.
2. 이미 감사할 조건도 있다는 것을 늘 떠올리자.
3. 건강하지 않으면 과정을 다 마칠 수 없다는 것을 인지하자.

2017. 3. 31.

'인생술집'이라는 프로그램에 나온 한채아 배우를 보고 느낌이 참 좋았다. 같이 드라마를 찍었던 분이 이야기하기를 보통 여주인공은 회식에 참가할 시간이 없다고 불참하는데 한채아 배우는 새벽에 촬영이 있지 않은 한 회식에 꼭 참석했다는 것이다. 또 한 가지는 울음이 나올 상황에서도 한 배우는 끝까지 울지 않았다고 했다. 내게는 그 이야기가 의미 깊게 들렸다. 여성 특유의 연약함으로 상황을 쉽게 해결하려는 점은 여성의 나쁜 성향이라고 생각하기에. 솔직하고 상황에 잘 어울려 사람들과 즐거운 분위기를 만드는 점이 인상 깊었다.

2017. 4. 2.

고해성사를 했다. 히틀러나 박근혜를 용서하기가 힘들다는 나의 고해에 신부님이 대답하셨다. 어쩜 히틀러가 지금 천국에 있을지도 모른다고. 용서 못 하는 건 교만이라고. 나에게는 인생의 가장 큰 문제가 용서인 것 같다. 그 문제를 신부님이 명쾌하게 정의해주셨다. 평화가 사제의 영과 함께….

2017. 4. 3.

○ 용서는 그리스도교의 핵심가치이다. 용서는 곧 사랑이다.

○ 인간이라는 존재는 상보관계를 통해서만 가치를 드러낼 수 있다는 동양철학의 가르침이다.

2017. 4. 7.

1. 제철 과일을 먹는다. 항산화 비타민을 섭취한다.

2. 절망이 다가오면 곧 중지하고 기도하고 산책한다.

3. 정기적으로 걷는다.

4. 청춘의 마음을 간직한다.

5. 자연을 자주 찾는다.

2017. 4. 8.

"항상 보호자님이 문제지를 풀어주셨잖아요. 아롱이가 고민할 시간이 없었어요."

- '세상에 나쁜 개는 없다' 중에서

'우리 엄마는 저와 형들이 스스로 생각할 환경을 만들어 주셨어요, 엄마·아빠나 다른 어른들이 내리는 지시를 앵무새처럼 반복하지 않고 우리만의 의견을 낼 수 있게 도와주셨죠. 근데 제 친구들을 보면 엄마·아빠 생각을 따르라고 강요하는 경우가 많았어요.'

- 『아들은 엄마의 무엇을 필요로 하는가』 중에서

2017. 4. 9.

〈드라마와 나〉

TV 드라마를 즐겨보는 나는 드라마를 하위문화로 취급하는 사람들의 이야기를 들으면 반대급부의 말들이 마구 떠오른다. 드라마를 처음 보게 된 것은 초등학교 2학년 때부터였다. 그때 우리 집에 텔레비전이 처음 들어왔다. 저녁을 먹고 나면 우리 식구들은 옹기종기 모여 앉아 드라마를 보곤 했다. 그래서인 것 같다. 드라마는 나에게 가족과의 시간을 보낸 경험을 아스라이 떠올리게 한다. 우리 인생살이의 소소한 이야기들, 소소한 눈물들을 맛깔나게 보여주는 드라마들을 보노라면 감동도 느끼고, 교훈도 찾게 되며, 보는 시간은 외로움도 사라지는 듯하다. 엉성한 드라마는 오래가지 못하고 막을 내린다. '도깨비', '응답하라 시리즈', '피고인' 등 최근에 본 좋은 드라마들. 내가 좋아하는 일일 드라마 시간에 맞추기 위해 청소도 해놓고, 집안 정리도 해놓고 드라마 속의 인물들과 만나기 위해 TV를 켠다. 하루의 휴식과 삶의 역학을 알려주는 내가 봤던 많은 드라마, 고맙습니다.

2017. 4. 11.

지금의 내 시간은 주님께 귀 기울이는 법, 미래를 만들어가는 법, 마음의 용적률을 넓히는 법을 알려준다.

2017. 4. 15.

독서토론 리더모임에서 회원들과 매매춘에 대해 이야기를 나누던 중 느낀 점은 '내게는 비전이 있구나'라는 것이다. 회원들은 매매춘이 필요악이라 했지만, 나는 결국 필요 없는 것이 될 그날을 꿈꾼다고 했다. 생각해 보면 무서운 일이고 크게 잘못된 일이다. 육체적인 교접만이 가능한 거래가 있다는 건 청소년들에게 인생을 잘못 가르치고 있다는 것이다. 거기다 필요악이라니. 그럼 전쟁위안부도 정당화하는 논리로까지 이어진다. 동물도 감정적인 교류 없이 교접하면 정신적으로 상처를 받는다고 하는데, 인간들이 그런 야만적인 거래를 한다는 건 정말 이해 안 되고 더티하다.

2017. 4. 17.

난 인생을 알았다. 인생은 감사하는 것이다. 그리고 희망을 바라보는 것이다.

2017. 4. 18.

"뉴욕 같이 수천 명의 모델이 몰리는 곳에서는 완벽하게 잘 빚어진 창조물에 큰 감동을 못 받는다. 스스로 표현할 줄 아는 개성을 중시한다."

– 정호연, 모델

2017. 4. 21.

인공지능(AI)에 대해 두려워하기보다 오히려 시적 메커니즘이 인류 역사에 작용하기 시작했다고 본다. 기계적이고 지루한 일은 AI가 하고, 사람은 종합적으로 관찰하는 역할을 하게 되며, '정말 일에는 귀천이 없다'라는 말이 진실이 되는 현상이 일어날

것이기에. 미용, 세신, 아기 돌보기 등 인공지능으로 대체할 수
없는 일들이 진가를 발휘하게 될 것이니까.

2017. 4. 23.
'무질서의 장막 뒤에 질서를 숨겨라(편성의 문제). 약함으로 강함
을 가리는 것(전술적 배치의 문제).'

- 『손자병법』 중에서(손자 : 중국 오나라 장군)

2017. 4. 25.
하잘것없고, 쓸데없어 보이는 우중충한 한 생명이 번쩍번쩍 빛
나 보이는 한 생명만큼 중요하고 존중받아야 함을 아는 것, 고
귀함(dignity)의 출발이다.

2017. 5. 5.
잘못은 지적해 주는 것이 좋다.

2017. 5. 7.

○ '세상에서 멀어지려 할 때, 다시 세상으로 당신을 밀어 넣어주
는 손길을 느끼는 순간은 신의 숨결이 존재하는 순간이다.'

– 뉴욕여행 중 본 글귀

○ 흠 하나 없는 완벽한 것이 아름다운 것이 아니라, 상처가 있
고 좀 시들었어도 사랑이 있는 것이 진정 아름다운 것이라는
것임을 나이 들어가며 알게 된다. 뉴욕 거리에서 만난 그 흠
하나 없이 탱탱하고 완벽한 모습의 패션피플 같은 사람들에
게서는 인간적인 정이 느껴지지 않았다. 자신들의 행복에만
관심 있는 표정들. 그런 의미에서 이번 여행에서 만난 블루스
음악은 내게 새로운 만남으로 다가왔다. 인간적인, 너무도 인
간적인 음악이 블루스 음악이다.

○ 주지육림에 빠지는 쾌락 말고 다른 기쁨과 환희를 알게 해야
한다. 팀워크로 이룬 일이 성공했을 때의 성취감.

2017. 5. 9.

그를 예수님인 듯 소중하게 여겨라. 현상을 보지 말고 본질을 봐라.

2017. 5. 10.

○ 분노할 것 없다. 삶의 섭리가 다 해결해 준다. 악행하는 인간
   치고 외로워지지 않는 인간 없고, 벌 받지 않는 인간 없다.
○ 인생은 여행이다.

2017. 5. 18.

'전 세계 사람들이 수용하고 싶은 문화와 제도를 구축한 나라가
최강대국이다.'

- 중앙일보 중앙 시평

'이분법에 익숙한 우리의 사고와 외교 공간을 경제·안보·환경·문
화 등 다층화된 복합구조로 바꿔야 한다.'

- 중앙일보

2017. 5. 19.

신문에서 '한국교회가 돈을 우상처럼 섬긴다'라는 제목의 기사를 보았다. 무엇을 입을까, 무엇을 먹을까를 고민하지 말고 먼저 그 나라와 의를 구하라 하시면서 예수님은 그러면 모든 것이 따라온다는 말도 덧붙이셨다. 올바로 돈을 버는 법, 바르게 돈을 쓰는 법을 가르치는 것이 선행되면 비뚤어진 돈의 우상화는 고쳐지지 않을까. 예수님도 무조건 그 나라와 의를 구하라고 하지 않으셨다. 그러면 자연히 재물이 따라온다는 말씀을 덧붙였다. 돈이 필요한 이유와 비전의 중요성을 알고 계셨다. 돈만 구하는 지금의 한국교회는 올바로 돈을 벌고 쓰는 법을 먼저 가르침으로 돈의 우상화에서 벗어나게 할 수 있지 않을까. 어떤 경영자보다 더 세속적인 목사님들을 많이 알고 있다.

2017. 5. 25.

주님의 뜻이 아니었다면 내가 지금 이 길을 걷고 있었을까? 주님이 반대하지 않으셨기에 이 길을 걸었던 것일 거다.

2017. 5. 29.

'일을 한다는 것은 새로운 경험을 공유할 수 있다는 뜻이고, 인생의 주인이 되어 에너지 넘치는 삶을 살고 있다는 증거이기 때문이다.'

– 레슬리 베네츠의 『여자에게 일이란 무엇인가』 중에서

2017. 5. 31.

어른이 되었다는 건 용서할 수 있게 되었다는 것이다. 인간이 한계상황에서 살아감을 이해하는 것이다. 불행하며 배우고 깨우칠 시간이 없었다는 건 한 인간이 열등하다는 것을 의미하지 않음을 이해할 때 어른이 된다. 가장 소박한 사람들과 함께하겠다고 다짐할 때 자유가 온다.

2017. 6. 1.

o 서울시립미술관에서 열리고 있는 까르띠에 재단 소장품 전
시회에 갔었다. 현대미술 작품들을 볼 수 있는 좋은 기회였
다. 2년여의 준비 기간을 가졌단다. 역시 예술의 정점은 단순
함과 유머라는 진리를 다시 느꼈다. '출구'라는 제목의 영상전
은 많은 것을 느끼게 했다. 난민들, 열대우림파괴 등 지구온
난화에 따라 살 곳이 줄어들고 있는 지구의 상황. 사치품을
파는 곳인 줄만 알았는데 이렇게 훌륭한 일을 하고 있다니.
주님이 지켜주시길, 전 지구가 일어나 문제를 해결하기를.

o "먹을 것, 입을 것은 기본으로 주는 것이고 친구를 만나게 해
주며 더 큰 세상과 만나게 해주는 것이 중요합니다."

- '세상에 나쁜 개는 없다' 중에서

2017. 6. 5.

생각이 깊고, 인품이 따뜻하게 살고 싶다. 어느 순간부터 찌푸리
고 계산하면서 사는 순간이 많아졌다. 노, 노. 인생은 그리 길지
않다. 길다 해도 시간을 천박하게 보내고 싶지 않다.

2017. 6. 10.

나의 주관적 판단으로 "너는 악하다"라고 말해서는 오류를 범한다. 정의롭고 객관적인 판단에 의해 남을 판단해야 한다.

2017. 6. 15.

〈'세상에 나쁜 개는 없다'를 보고 깨우친 점〉

1. 어떤 일에 대한 나의 첫 번째 반응이 꼭 옳은 것은 아니라는 것.

2. 슬픔, 절망, 영혼이 없는 것 같은 느낌에 나를 맡기지 말 것. 어두운 상황 안에 행복의 씨앗이 숨어 있을 수 있다. 왜냐하면 물극필반이니까.

3. 진실과 대면해야 한다. 나의 편견, 오류로 판단하지 말 것.

4. 멘토를 갖자. 나의 멘토는 예수님, 아가사 크리스티.

2017. 6. 18.

'기독교가 보는 가장 무서운 파괴력은 자신의 주장의 의(義)를 절대화하는 것이다. 자신이 최고의 심판자로 군림하는 자는 인간이 아니라 악마다.'

- 『강원용 목사 평전』 중에서 -

2017. 6. 21.

고통이 소멸되려면 엄청난 사랑이 있어야 한다.
세상의 어떤 일은 많은 사람이 애처로이 여겨 기운을 보내주면 해결될 수도 있다.

2017. 6. 22.

지나친 감정이입은 아무에게도 도움이 되지 않는다. 나로서의 실존성을 가지고 문제를 해결해 나가자.

2017. 6. 25.

○ 상담자격증 따기.

○ 돈이 많아야 교육이 잘 되는 것이 아니다. 부자라고 하는 사람들의 몰문화에 놀라며, 그들이 얼마나 문화 빈곤에서 사는지도 보았다. 돈이 결코 교육을 완성시키는 것이 아니다.

2017. 6. 27.

○ 이혼한 엄마와 둘이서 생명의 나무에 살고 있는 하린이와 지낸 하루. 어려운 환경이지만 하린이가 밝게 자라기를. 지구를 책임질 인재로 크기를.

○ 나는 무엇을 바랐던 것일까? 과정이 바르지 못하다면, 공의가 흐르지 않다면 옳지 못한 것이다.

2017. 6. 30.

예수님은 가난한 이웃이 있는 곳에, 고통이 있는 곳에, 사랑이 필요한 곳에 계시다고 누군가가 말했다. 나도 예수님이 계신 곳에 있고 싶다.

2017. 7. 1.

내가 세상의 힘든 곳을 차단하면 그만큼 나의 세계는 좁아진다.

2017. 7. 4.

'보렴, 도그. 네가 깊은 캄캄한 구멍에 빠져 있다고 생각한다는 걸 안다. 그러나 사실 너는 터널 속에 있단다. 계속 걸으면 빛이 나타나는 것이 터널의 속성이다. 날 믿으렴. 나는 그것을 볼 수 있어.'

                   - 그레고리 보일의 『덜 소중한 삶은 없다』 중에서

2017. 7. 6.

'우리의 영역이 넓어지면 …… 우리는 하느님의 관할 구역 안으로 들어간다.'

– 그레고리 보일의 『덜 소중한 삶은 없다』 중에서

2017. 7. 7.

'깨어있지 않으면 무의식적으로 길들여진 인습이 우리를 노예로 만들어 버린다.'

'조상 제사를 지낸 것은 중국 문화를 흉내 낸 조선 왕조의 왕족과 일부 양반들이었으며, 일제 강점기부터 대중화되었으니 전 국민적 의식이 된 것은 100년도 되지 않습니다. 우리 고유의 문화도 아니며 도입된 배경이 고결한 것도 아니었고 우리 역사 속에서 오래 지속된 것도 아니고, 과도한 제사 준비로 절반의 인구인 여성들을 불편하게 해 왔으니, 제사를 변형하거나 폐지한다고 해서 분노하거나 죄의식을 가질 필요는 없을 것입니다.'

– 우리교육 출판부의 『세상의 절반, 여성 이야기』 중에서

2017. 7. 8.

20대 때는 젊음이 그 자체로 아름다움이 될 수 있지만, 50대가 넘으면 인격의 힘이 아름다움을 만든다.

2017. 7. 11.

어떤 이는 어떤 점 때문에, 또 어떤 이는 또 어떤 점 때문에 모두 죄인으로 치부해 버리면 죄인 아닌 사람은 누구일까? 그러한 점을 치유해주는 상담사가 되고 싶다.

2017. 7. 13.

지금의 상황이 나쁘다고 생각하면 발전이 없다. 나쁘고 좋고를 떠나 나를 타락시키는 환경인지, 발전시키는 계기가 되는지에 초점을 맞춘다. 흑백논리는 발전적이지도, 위로가 되지도 않는다. 이 상황에서 나는 가능성을 찾고 앞으로 나아갈 것이다.

2017. 7. 15.

'피츠제랄드는 '위대한 개츠비'에서 꿈과 환상이 삶에서 얼마나 소중한지 새삼 일깨워 준다.'

- 김욱동의 『위대한 개츠비를 다시 읽다』 중에서

2017. 7. 23.

로맨스를 학습할 기회가 없었던 사람들. 그래서 연애를 진정으로 할 수가 없는 사람들.

2017. 7. 24.

성경은 초월적 존재를 본 한 민족의 이야기구나. 만유에 깃든 하느님의 모습의 한 단면이구나. 정화수를 떠놓고 빈 그 신령하신 분, "하느님 맙소사"라고 말할 때 바로 그분….

2017. 8. 1.

역경을 이겨나가는 드라마의 등장인물을 보며 힘을 얻는다. 좋은 드라마가 있어 삭막하지 않다. 내게 큰 힘이 된다. 우습게 보는 사람들은 결코 이해 못 한다. 드라마를 만드는 분들에게 감사의 마음을 전한다.

2017. 8. 2.

○ 오래된 가치. 지켜야 할 의미를 마음속에 품고 달린다.

○ 원수는 꼭 악이 아닐 수 있다. 객관적으로 내가 나빴다면 그 나쁨의 원수는 선일 수 있기 때문이다. 성경에 나와 있는 '원수를 사랑하라'라는 말은 악을 행한 자를 사랑하라는 말이 아니라 내게 반하는 자를 미워하지 말라는 말이다.

그리고 착한 사마리아인의 비유는 나를 도와주는 이가 이웃임을 의미한다. 하느님을 사랑하고 이웃을 사랑하는 것이 가장 큰 계명일 때 이웃은 누구냐고 예수께 물으니, 착한 사마리아인이 이웃이라고 말씀하신 것이다. 돕지 않고 지나간 레위인이나 제사랑은 이웃이 아니다. 남이 곤경에 처했을 때 그냥 지나간 악인인 것이다.

상담학과 심리학이 발전하여 악인들이 상처투성이의 인간들임을 알게 된 21세기에는 그들을 위해 기도할 수 있다. 하지만 그들의 악행이 세상을 지배하게 둘 수는 없다.

2017. 8. 3.

규니와 함께하는 귀한 시간을 충분히 가져야겠다. 곧 결혼도 할 텐데. 아들과 함께하는 시간을….

2017. 8. 6.

콩국수를 못 먹겠다는 규니에게 야단을 쳤다. 그랬더니 먹겠다고 한 후 곧 식탁을 떠났다. 끝까지 못 먹겠다고는 안 하고. 내 말에 순종한 규니에게 미안하다. 엄마는 비판하는 사람이 아니라 따뜻하게 품어주는 사람이다.

2017. 8. 7.

상상해 보세요.

가장 작은 아기가 엄마 젖을 빨며 웃는 모습을.

사는 곳이 물에 잠길 것을 걱정하지 않아도 되는 세상을.

더 이상 싸움이 없는 비둘기처럼 평화가 깃든 세상을.

우리가 함께 웃으며 바라보는 세상을.

2017. 8. 8.

'비타민D가 부족한 사람은 독소에 의해 몸의 흐름이 막혀 점점
더 많은 세포가 손상을 입거나 죽기 때문에 강력한 치유 반응
과 정화 반응을 이끌어내기 위해서는 감염이 필요하다.'

- 안드레아스 모리츠의 『예방접종이 오히려 병을 부른다』 중에서

2017. 8. 9.

"글을 쓰면 마음에 글 쓰는 길이 만들어진다."

– 강원국

2017. 8. 10.

어느 날 전쟁이 일어난다면 나는 평화의 날을 그리워하리라.

종달새 지저귀는 아침, 반짝이는 햇살을 보며 커피 한 잔을 마시던 그 봄날을.

소나기를 만나 공원을 뛰어가던 그 여름의 활기를.

떨어지는 낙엽을 주워들고 조용히 가을 하늘을 바라보던 명상의 시절을.

흰 눈이 날리는 겨울, 군고구마를 호호거리며 친구와 나누던 시간을.

평화를 지켜야 하는 거라고, 노력해야 누릴 수 있는 거라고 왜 생각하지 못했나를 후회하며 전쟁 속에서 난 하염없이 눈물 흘릴 것이다.

2017. 8. 11.

그래서 슈뢰딩거(1933년 노벨물리학상 수상)는 행복했을까? 한 여인도 그를 오래 기억하지 않았을 것 같다. 수많은 연인이 있었다고 하나.

2017. 8. 18.

○ 성당 반모임의 반장을 하게 되어 반원들에게 애정을 가지고 활동하고 있었지만 그들의 무지와 편견 그리고 이기심에 크게 실망했다. 더 큰 실망은 이성적인 논리로 이야기해도 관습과 태만함에 기인한 무지를 진리인 양 내 앞에서 떠들어댔을 때.

○ 사람들을 미워할 이유를 찾고 있는 게 아닌가 할 정도로 너무 비판적이다. 포용하자.

2017. 8. 20.

아얀 히르시 알리의 『나는 왜 이슬람 개혁을 말하는가』를 읽고
또 한 번 코페르니쿠스적인 사고의 전환과 확충이 일어났다. 저
자는 이슬람 경전 자체가 7세기에 쓰인 대로 발전 없이 전해져
내려왔고, 경전 자체에 문제가 많다는 것을 차분히 지성적으로
이야기해주고 있다. 내세에 초점이 맞추어져 있으므로 문화적·
사회적 몰입이 없어서 현대문명과 문화의 아웃사이더로 존재한
다는 것이다. 앞으로 더 읽으면 나의 사고가 더욱 풍요롭고 진리
에 가까워지리라 생각된다.

'잘 알지도 못하면서, 나는 진리 아닌 것을 이야기하곤 했던
가….'

2017. 8. 22.

○ 자기는 사랑을 할 어떤 자격도 없을 거라는 생각, 사회 안에
　서 자신의 생각이 결코 받아들여지지 않는다는 생각, 자신의
　외모에 대해 정체성이 없는 것 등으로 괴로워하는 사람들을
　상담해 줄 것이다. 몸이 아픈 사람들에게도 내가 익힌 팁을

전해주고 싶다.

○ 개그맨, 개그우먼들은 슬픈데도 웃고 싶게 만드는 내 속의 두 개의 장면을 만드는 기술자들입니다. 세상과 함께하는 기쁨을 주는 웃음을 줍니다. 방금 전까지 혼자 궤도를 이탈한 위성처럼 외로웠는데. 그대들이 없는 세상에 사느니 차라리 세상을 떠나는 게 낫겠습니다. 슬플 때는 희미한 불빛처럼 기억되는, 기쁠 때는 더 기쁘게 해주는 그대들은 나의 인생입니다.

2017. 8. 30.

다양한 상황이 있고, 여러 해결책이 있다. 21세기는 다양성을 존중하는 시대이다.

2017. 9. 3.

마음속에 '이니스프리의 섬들'이라는 시처럼 고향이 생겼다. 엄마와 아버지가 사시던 망림리. 그곳은 산세가 멋지며 정답고 아름다웠다. 외롭고 갈 곳 없다고 느낄 때 떠오르리라.

2017. 9. 5.

○ 아이와 맺은 애착 관계는 매우 중요하다. 부모는 아이의 정신과 영혼의 고향이 되어야 한다. 대가족제도의 장점을 잊지 마라. 아이를 늘 포근히 맞아주고, 부모가 늘 그들의 안식처임을 느끼게 하라. 체벌이나 외면의 방법은 좋지 않다. 진정한 권위를 회복하라.

○ 화가 치밀어 오를 때 잠시 숨을 고르며, 일의 전후 과정을 따져보고, 천천히 생각해 본다. '일노일노, 일소일소.'

2017. 9. 6.

91살을 사신 할머니를 보았다. 존경스러웠다.

2017. 9. 8.

'개인에게는 일기라면, 조직에게는 일지가 되고, 국가에게는 기록물이 된다. 이런 측면에 힘을 쓸 줄 아는 개인과 집단이 현명

하지 못한 경우를 거의 본 적이 없다.'

- 김경일의 『지혜의 심리학』 중에서

2017. 9. 9.

컬럼바인 고교 사건이나 커트 코베인의 죽음 등 끔찍한 비극 뒤에는 인간으로서 존중받지 못하고 사랑의 기억을, 사랑받음의 기쁨을 경험하지 못한 어린아이가 있다.

'그래서 행복은 '언제, 어디서, 무엇을 혹은 누구와 있을 때 행복한가에 대한 나만의 데이터베이스'를 더 많이 그리고 풍부하게 가지고 있느냐의 문제이다.'

- 김경일의 『지혜의 심리학』 중에서

2017. 9. 10.

○ 예수님께 기도 드리는 일은 내 생애 가장 중요한 일이다. 마음이 편안해진다.

○ 라디오 '저녁스케치' DJ의 진행은 배울 점이 있다. 그분이 참

고맙다.

○ 20대 때 예쁜 여성은 많다. 그러나 40이 넘고 60이 넘었을 때 예쁜 얼굴은 사라지고, 내면의 지도가 나타난다. 도전할 줄 모르고 기존의 잘못된 관념을 변화시키지 않으며 꿈과 희망이 고정되어 버린, 청춘이 사라진 얼굴이. 그들과 함께 울며 눈물을 닦아주고, 어드바이스해줄 것이다.

2017. 9. 12.

어차피 벌어진 일, 다 인샬라! 세월이 만들어 놓은 내 모습을 아름답다 생각하고 받아들인다. 이 길을 걸어오며 그래도 범법자가 아니니 다행이다. 그거면 됐지. 여전히 인생은 아름다워!

2017. 9. 15.

용인 생명나무어린이집의 사모님께서 아이들의 평균 키가 작아서 걱정이 되어 칼슘을 먹인다고 하시기에 비타민D를 같이 먹이라고 조언 드리는 순간, 아이들 키가 작은 것이 햇빛을 충분히 쐬지 못해서라는 생각이 들었다. 건강과 경제에 관한 지식을 나름 갈고닦은 결과, 아이들의 키가 평균보다 작은 이유를 알아낸 것 같아 뿌듯하고 기쁘다.

2017. 9. 16.

"본성은 근본이자 시초가 되는 재료이며 물질이다. 작위는 문리 (文理)가 융성한 것이다. 본성이 없으면 작위를 덧붙일 곳이 없 다. 작위가 없으면 본성은 스스로 아름다울 수 없다⋯. 본성과 작위를 합치면 천하를 다스릴 수 있다."

– 순자

작위는 다른 말로 혁신이고, 노력이며, 발견하고자 하는 호기심 과 의욕이 아닐까.

'그러나 유럽이 물려받은 것 중 상당 부분이, 그리고 그에 따라 당연히 21세기의 상당 부분이 고대 중국의 문화에 뿌리를 두고 있다는 사실은 의심의 여지가 없다. 능력을 가늠하는 시험(미국 에서는 SAT 등)의 기본개념은 궁극적으로 중국으로 거슬러 올 라간다. 모든 사람에게 동등하게 적용되는 법도 중국에서 왔고, 교육받은 지식층이 운영하는 관료제도 마찬가지다.'

– 마이클 푸엣, 크리스틴 그로스 로의 『The PATH』 중에서

2017. 9. 22.

요한복음 14장 17절 : 그러나 너희는 그를 아나니 그는 너희와 함께 거하심이요. 또 너희 속에 계시겠음이라.

2017. 9. 23.

"불쌍한 생명이 너무 많아요."

"너보다…."

"나보다 불쌍하지 않다고요?"

"너보다 불쌍하지 않아."

"…다행이네요. 인생들이 어두울까 봐 걱정했는데요. 제가 제일 불쌍하다고요…. 그래도 몇 년 전보다 나아요."

한 개인의 삶이 시행착오와 판단 오류, 완성을 향해 가는 여정에 있듯이 인류의 역사도 마찬가지다.

'인간은 쾌락을 추구할 때가 아니라 진실을 추구할 때 자아가 되기 때문이다.'

– 박성현의 『개인이라 불리는 기적』 중에서

2017. 9. 30.

'날마다 겪는 사소한 감정들이 어떻게 처리되는가? 그것들에 귀 기울여주는 사람이 있었는가?'

- 한기연의 『나는 왜 아이에게 화가 날까?』 중에서

2017. 10. 1.

'불만은 상태를 개선할 필요가 있을 때 생기는 감정이다. ……지금의 습관을 깨뜨리고 다른 습관을 들이기 위해서는 우선 현 상태에 대한 불만이 있어야 한다.'

- 한기연의 『나는 왜 아이에게 화가 날까?』 중에서

2017. 10. 4.

어른이 되어가면서 다음 세대들에게 전해주고 남겨줄 유산에 대해 생각하게 된다. 문화는 세대에서 세대로 전해지는 고귀한 자산이다.

2017. 10. 10.

어항이 아닌 바다로 나간 나는 힘들고 외롭고 위태로울 수 있었으나 모종의 힘을 단련시킬 수 있었다. 보다 큰 세계를 보게 되었고, 결과적으로 내가 살고자 하는 대로 살게 된 것이다.

'후드덕, 후드덕, 첨벙첨벙…'

2017. 10. 17.

'네, 맞아요. 1년 휴가를 내고, 50%의 월급을 받고, 그걸 1년 동안 상환하기로 한다면, 휴가 기간을 포함해 2년 동안 50%의 임금을 받는 방식이죠. 이때 상환 기간을 2년으로 하면 휴가 후 2년 동안 평소 월급의 75%를 받는 겁니다. 나는 6개월의 휴가를 내고 85%의 임금을 받기로 했어요. 휴가 중에 85% 임금을 받고 휴가 후에도 4년 동안 임금의 85%만 받게 되죠.'

– 이해준의 『믿음과 용기, 여행의 선물』 중에서

2017. 10. 18.

큰 용서를 하고 나니 용서의 용적이 커졌다. 일곱 번씩 일흔 번이라도 용서하리라. 그러나 그전에 무엇을 잘못했는지 알려주고 벌을 합당하게 받게 한 후 용서할 것이다. 그래야 같은 잘못을 되풀이 하지 않고, 책임을 지는 성숙한 태도를 배울 테니까.

○ 날 사랑의 이름으로 사랑해주오. 나의 미모, 재능, 어떤 능력 때문이 아니라 너무 안 되어 보여, 가엾어서, 정 때문에, 추억 때문에 사랑해주오.

2017. 10. 19.

어떤 사람은 귀하게 여김 당하며 크지 못했기에 비싼 차를 타고 그를 상쇄하려 한다. 혹은 두려워서 돈의 권위 뒤에 숨으려 한다. 조롱과 경멸로는 한 인간을 이해할 수 없다.

2017. 10. 20.

'정리정돈을 잘하는 아이로 키우기 전에 신나게 놀 줄 아는 아이로 키우는 것이 중요합니다.'

– 히라이 노부요시의 『아이에게 맡겨라』 중에서

규니를 이해하자. 얼마나 마음이 복잡할 것인가. 20대이다. 쓸데없이 말 붙이지 말고, 나부터 그 아이에 대한 예의를 지켜주자.

2017. 10. 22.

사회학적으로 한 개인을 정의하고 분류하는 것이 기분 좋지 않다. 종교 단체나 마을 도서관이 미네르바 대학 같은 비계급적 학교가 배움의 터전이 된다면 정말 좋을 텐데. 이 좋은 일요일 기도하며, 감사하며….

2017. 10. 23.

헌신하고, 봉사하며, 감사하고, 나누며 살기로 했기에 지금도 기쁘다. 쌓아두고 살기로 했다면 나는 불행했을 것이다.

2017. 10. 24.

○ 교만에 가득 차 있어서 용서하십시오, 주님. 나야말로 주입식이 아니었을까 싶습니다. 함부로 타자를 판단하고 정죄했습니다. 저야말로 죄인입니다. 용서해 주십시오. 미안해요, 저 때문에 상처받은 분들.

○ 직접 목표를 써보고, 상상하고, 이루어진 것처럼 행동하라.

○ 유머 감각은 사랑이고, 진실이며, 혁명의 마음이 있어야 생긴다. 뭔가 두려운 사람, 뭔가 억울해하는 사람에게는 안 생긴다.

2017. 10. 25.

사랑받지 못하고 그래서 사랑한 경험도 없는 생명도 있을 것이다. 그런 생명을 사랑하고, 사랑받고, 삶을 탐구하고, 비전을 갖고, 영원을 꿈꾸는 삶으로 이끌어줄 소명이 내게 있다.

2017. 10. 26.

돈 문제를 제외하고 학문을 한다거나 예술을 한다는 것은 삶의 중요한 한 면을 담아내지 못한다는 것이다. 성경에는 서로 돕고 나누는 모습이 분명히 나와 있다. 이상적인 경제 공동체의 모습을 보여 주고 계신다. 모든 인생의 모습을 가르쳐야 한다면 경제의 원리(서로 돕고 나누는)도 반드시 다음 세대에게 알려주어야 한다.

2017. 10. 28.

······ if you aren't serious about love, what for are you serious?(사랑에도 진지하지 않다면, 언제 진지해질 것인가?)

2017. 10. 30.

제가 죄를 지었음을 알게 해주셔서 감사합니다. 죄를 지은 영혼
들을 위해 기도할 수 있게 해주셔서 감사합니다. 가장 낮은 자
는 나 자신임을 알게 해주셔서 감사합니다.

2017. 10. 31.

상스럽다 → 살기 → 유기(방기)된 경험.

2017. 11. 2.

한 생명이 곧 한 우주임을….

2017. 11. 4.

o 아이의 게임 시간을 일주일에 7시간으로 정하고, 아이에게 30분 게임 쿠폰 14장을 줍니다. 15분 쿠폰으로 28장을 주어도 좋습니다. 욕구조절훈련에 도움!

o 나는 규니에게 아무것도 없는 세상에 혼자 서 있는 것이 아니라 서로 돕고, 남의 슬픔에 같이 슬퍼해 주며, 서로를 위해 기도해주는 세상에 속해 있다는 것을 알려주고 있다.

o '예술은 수천 가지의 단순하고도 눈에 띄지 않는 방식으로 엄청난 영향을 발휘한다.'

- 마이클 무어의 『세상에 부딪쳐라 세상이 답해줄 때까지』

2017. 11. 9.

o 어떤 사람을 돕고 싶다면 어떤 행위나 말도 좋지만, 그보다 그를 친구로 생각하고 있다는 것을 알게 한다.

o 요한복음 13장 34~35절 : 내가 진실로 진실로 너희에게 이르노니 종이 주인보다 크지 못하고 보냄을 받은 자가 보낸 자보다 크지 못하나니 너희가 이것을 알고 행하면 복이 있으리라.

2017. 11. 11.

○ 다양성과 다중지능이론, MBTI(메이어와 브릭스의 성격유형 검사 등), 모든 생명 안에 우주가 담겨 있음을 아는 것, 정죄하지 않는 것이 무엇보다 중요하다.

○ 자기가 죄인이라고 고백하는 사람과 자기는 정의롭다고 하는 사람. 두 사람 중 예수님이 아름답다고 하신 사람은 전자이다.

○ 어려서의 상처와 고통 때문에 잘못된 사고를 고치지 못하기도 한다.

○ 세상에 뛰어들라! 세상의 슬픔을 끌어안아라! 그게 진실이다.

2017. 11. 13.

지옥을 지나온 나는 그 시절 때문에 행복을 일구게 되었다고 말하게 되었다. 그때 해결해 주시지 않아서 감사해요, 하느님.

2017. 11. 15.

아기를 낳기 전, 아기를 좋아했던 나는 나의 아기를 상상하는 것만으로도 사랑으로 온 마음이 가득해졌다. 그때의 순수했던 아기 사랑을 늘 간직하고 싶다. 세월은 흘러 그 아기가 성인이 되었다. 이제 나는 그 아기를 다 키운 것이다. 이제 믿어주고, 존중해주며, 간섭하지 말아야 될 때가 된 것이다.

2017. 11. 17.

겨울의 밤이 가득 내린 시간에 용인 생명나무 아기들 곁에 누워 있고 싶다. 다니엘, 승찬, 승민, 로운, 태율 곁에 누워 밤의 소리에 귀 기울이며 서로 바라보고 아기들은 꿈을 꾸고, 나는 아기들 모습에서 영원을 느끼고….

2017. 11. 18.

○ 분류하지 말자. 그러나 인식의 끈은 놓치지 말자.

○ 사람들과 함께 살고 있다는 느낌. 서로 도우며 살고 있다는 것 알기.

2017. 11. 19.

나를 찾게 해준 것은 세상, 세상은 차갑지 않다. 생명은 따뜻하다.

2017. 11. 21.

"네가 땅의 일을 생각하고 있구나. 하늘의 일을 생각하노라. 일손이 부족하다."

– 주님이 주신 말씀

2017. 11. 24.

나는 모든 사람의 여러 재능이 모여 역사를 발전시켜 왔음을 안다. 유머 감각이 구원임을 알고, 노력의 가치임을 안다.

2017. 11. 25.

내게 남은 시간 약 40년. 기억하자!

2017. 11. 26.

"다 허물어진 집에서 누더기를 입고 있지만 어찌나 밝고 낙천적
인지. 그 표정에 반해 저도 모르게 셔터를 누르게 됐다."

- 김명중, 포토그래퍼

2017. 11. 27.

방치되며 컸고, 가난과 불화와 콤플렉스 등과 싸워왔다면 분노
조절 장애가 있는 것은 당연하다. 아름다운 영혼을 기대하기 어
렵다. 이해와 용서와 사랑의 포커스로 보아야 할 이유이다.

2017. 11. 28.

책 읽는 것을 두려워하는 사람들, 배우기를 중단한 사람들, 익히기를 그만둔 사람들. 그들은 어떻게 살아야 하나? 베네수엘라의 국가 부도가 걱정되고, 쓰레기를 자원화해서(종이쓰레기는 → 압축 → 건축목재로!) 활용하는 산업을 고민하며, 자살을 포기하고 살 수 있도록 하고 싶다.

'아는 자는 좋아하는 자만 못하고, 좋아하는 자는 즐기는 자만 못하고, 즐기는 자는 고민하는 자보다 못하다.'

　　　　　　　　　　　　　　　　　　　- 어떤 책에서

2017. 11. 30.

에즈라 파운드가 축축한 얼굴들이라고 한심하다고 말한 그 대중이 나는 한심하지 않고 고통스러운 영혼들이라고 느낀다. 괴로운 사람들을 위해 기도하고, 진정한 행복을 발견할 수 있도록 길을 발견할 것이다.

2017. 12. 2.

배우자! 이 세상 떠난 다음에도 배우자!

2017. 12. 3.

돈과 성공이 제일 중요하단 쓰레기 같은 관념을 아이들에게 가르쳐서는 안 돼. 나누고, 서로 돌보며, 자연을 보호하고, 함께 사는 삶의 행복과 기쁨을 가르쳐야 해.

2017. 12. 4.

지금은 천국에 계실 아버지는 생전에 "세상은 고해야"라고 가끔 말씀하셨다. 그때 난 '카니발이지 무슨 고해?'라고 생각했지만, 지천명의 끝 무렵에 이르니 아버지 말씀이 맞는다는 생각이 든다.
"그러나 아버지, 부모님과 함께했던 그때 그리고 사랑이 함께하면 고해도 기쁨이에요. 부모님 세대의 헌신으로 훨씬 덜 고해예요…"

2017. 12. 6.

인생은 한 블록씩 행복을 쌓아가 집을 만들어가는 과정이다. 불행하다고 울 것이 아니다. 내가 행복을 만들어가는 것이다. 덥석 덥석 주어지는 행복이 아니라 내가 만들어가는 행복이 진짜다.

2017. 12. 10.

〈아름다운 존재가 되는 비결〉

1. 내가 영혼이면 다른 존재들도 영혼이다.
2. 감사한다. 내가 살 수 있게 해준 자연이 있고 사람들의 노고가 있다.
3. 하루를 산다는 건 기적이다.
4. 행복은 타인을 존중하고 세상을 경이롭게 바라보며 스스로 삶을 일구어 나가는 데에 있다.

2017. 12. 11.

자신만의 아픔이 있었고, 그것을 극복했다는 것만으로도 감사
할 일이다.

'얼마나 힘들었을까….'

2017. 12. 13.

○ '시련이 그대를 세상의 끝으로 떨어뜨리더라도, 고통이 그대
   의 온 영혼에 휘몰아치더라도 하루를 살아내면 그것이 희망
   의 시작이라.'

− '꽃피어라 달순이' 중에서 −

○ 관찰하는 말을 유념하여 들음. 원인을 생각함.

2017. 12. 15.

오늘 기뻤던 것 : 현주와 영숙 만남.

오늘 힘들었던 것 : 고립.

내일 할 일 : 성당 가기.

2017. 12. 16.

원하는 삶을 꿈꿔라. 절대 포기하지 말라.

2017. 12. 21.

생명이다, 오지 시골 마을 부뚜막을 잠시 빌려 앉아있는 고양이.

생명이다, 콘크리트 사이를 오롯이 이겨내고 피어나는 들꽃.

생명이다, 어두움 즈려내고 아침을 맞이하는 사람들.

2017. 12. 23.

천변 조경은 더할 수 없이 좋다. 심지어 인적이 드물게 만든 곳
도 있다. 그곳에서 새들이 떼 지어 있었다.

2017. 12. 24.

'내가 너는 아닐까. 나는 김정은이 아닐까. 김정은은 새가 아닐
까. 새는 꽃잎을 코에 묻히고 웃는다. 나는 아무것도 바라지 않
는다. 나는 아무것도 두렵지 않다. 나는 히피다.'
이러고 싶다. 대치상황의 한반도, 힘들다.

2017. 12. 25.

프랙탈(fractal)이 전체를 표방한다면, 점점 전체가 좋아진다면
그 프랙탈도 영원의 모습이 담기겠지!

※ 프랙탈 : 작은 구조가 전체 구조와 비슷한 형태로 끝없이 되풀이되는 구조.

2017. 12. 26.
○ 스스로 경제 논리도 필요하고, 한계상황이 있으며, 무지 외로움도 있는 존재라는 것을 인정하기. 그러면서 꿈과 비전이 절실히 필요한 존재라는 것을 알기.
○ 뇌는 상상했던 것도 현실인 것처럼 인식하는 경향이 있다고 한다. 빨강머리 앤이 상상하며 미래를 꿈꾸었던 이유가 있었던 것이다.

2017. 12. 27.
오늘 아침 지하철에서의 교훈, 잊지 않으리다. 보편적 가톨릭, OK!
나빴던 거 : 나만 생각한 거.
좋았던 거 : 미워하지 않고 포용한 거.
내일 : 더 건강해진다.

2017. 12. 28.

ㅇ 케이트 미들턴은 윌리엄 왕자와의 결혼이 꿈이었다고. 꿈을 이룬 사람. 사랑했으니 서른 즈음까지 기다릴 수 있었겠지…. 경력, 세상을 향한 불타는 문제해결 의지도 모두 사랑 때문에 나오는 것을. 아이들에게 말해주고 싶다. 사랑을 이루기 위해 '생즉사, 사즉생' 하라고.

그러나 케이트 미들턴은 직업이 없기에 롤모델이 아니다.

ㅇ 〈행복해지는 방법〉

1. 나는 비전·꿈이 중요한 존재임을 알기.

2. 더불어 살아야 함을 알기.

3. 용서하기.

2017. 12. 30.

ㅇ 현상학적으로 현상을 이해해야 하는 경우가 많다. OK, 기존 관념으로 선입견을 가지지 말고 냉철하게 현상을 보기.

ㅇ 남성과 여성의 차이는 분명 있다. 그러나 차별은 없어야 한다.

2018. 1. 1.

○ 절망과 분노 등이 마음에 가득 시시때때로 날 괴롭힌다면, 나는 정말 늙은 사람이 될 것이다. 과정에도 사랑과 희망과 여유가 늘 흐르도록 해야 한다.

○ 아버지가 무서웠고 그 때문에 상처받은 사람들이 상식을 벗어난 행동을 한다. 아버지 역할의 민주적 권위가 중요하다.

○ 용인 생명나무어린이집, 그곳이 내게 적합한 일터다!

2018. 1. 2.

매매춘에 대해 생각한다. 결혼할 연령의 젊은이들을 돈으로 매수하여 영혼도 몸도 망가뜨리는 가장 비열한 짓. 탈세·횡령·배임의 지하 경제로, 경제 또한 망가뜨리는 악마의 작태. 내 형제·자매·자식이라 생각하면 그렇게 타락의 구렁텅이에 빠뜨릴 수 있을까? 붕괴되는 문명의 마지막 모습에는 성윤리의 부재가 있다.

2018. 1. 3.

○ '5살 때까지의 경험이 중요하다'라는 프로이트 이론의 소름 돋는 적확성.

○ 누군가가 내미는 희망과 지혜와 사랑의 손길은 한 사람을, 한 생명을 살아나게 한다.

○ 세상에 책임감을 느낀다. 세상의 좋은 가치를 전해주고 싶다.

2018. 1. 4.

나빴던 것 : 피곤한 몸 건강.

좋았던 것 : 두 영혼 구원했으면 하고 바람.

내일 목표 : 『금강삼매경론』 다 읽기.

2018. 1. 5.

○ 『금강삼매경론』을 읽으며 인상적인 구절을 만났다.

'열반도(노력하지 않으면) 변한다.'

제행무상(모든 것은 변한다), **제법무아**(모든 인연도 변한다, 나도 변한다).

○ 악을 사랑하지 말라. 원수를 사랑하라(원수는 나와 대척점이지 악이 아니다). 주님이 악인을 사랑해야 한다면 원수 대신 악인을 사랑하라 하셨을 것이다. 그러니 악한 사람은 일곱 번씩 일흔 번 용서하고 잊어버리자. 꼭 사랑해야 하는 것은 아니니.

○ 일의 의미는 크다. 일은 단순히 돈의 의미가 아니다. 사람을 만나고 경험을 듣고 삶의 리듬이 생기는 매체다.

○ 조언할 때 조심하자. 무슨 권위로 그러냐고 기분 나빠할 수 있다.

○ 조언을 적절하게 듣고 자라야 좋은 것이다. 이제 그 조언을 주님께 여쭈며 살아야겠다.

○ I talk to the wind.

2018. 1. 8.

나빴던 것 : 교만한 무식한 외로운 사람을 본 것.

좋았던 것 : 아기와 손잡고 계단 올라감.

내일 : 팝아트.

2018. 1. 9.

그들은 죄인이 아니라고 한다. 죄가 없다고 한다. 그들이야말로 조심해야 한다. 죄와 죄가 아님의 구별이 없고, 도덕적 자아에 대한 개념이 형성되어 있지 않다.

2018. 1. 10.

o 접신 금지 이유는 할 만큼(내게 주어진 역할 만큼) 했기에, 힘들어서, 또 다른 의존이다(의지가 아닌).

o 둘이 같이 눈싸움을 하고, 커피를 마시고, 사랑을 나누고, 밤하늘의 유성을 바라보고, 서로의 눈을 오래 응시하고. 그것에 자유라는 것이 결여되어 있으면 그것은 존재 양식이 아니다.

2018. 1. 12.

o 칸트의 영구평화를 위한 기도를 나의 간구와 지혜와 행동으

로 지구 위에 실현시킬 것이다. 내가 꿈꾸는 세상은 어딜 가나 퀸카와 킹카로 가득한 세상이다. 그건 전쟁의 종식과 올바른 배움과 나눠 가짐으로 다가온다.

o 제가 해바라기인데 장미가 될 필요는 없지요? 당신이 백합인데 해바라기가 될 필요가 없지요. 해바라기로 활짝 피다 질게요. 씨앗도 남기고.

2018. 1. 17.

사랑의 법칙, 연인들 사이를 방해하지 않는다.

2018. 1. 18.

용인 어린이집에서 오는 지하철 열차 안에서 문득 모든 것이 뇌파와 마음의 문제에서 비롯된다는 깨달음이 왔다. 외모가 피폐하고 교양, 상식, 부드러움이 감춰져 버린 아주머니, 성폭행하는 아저씨…. 그들이 과연 평온한 마음의 상태, 평안한 뇌파를 지니고 있을까? 아닐 것이다. 그들은 불안하고 불안정한 상황일 거다. 내 마음의 평화를 열차 안의 승객들에게 보내보았다. 그러고는 한참 앉아서 가는데, 안온한 분위기가 피어나는 것을 느꼈다. 작은 평화, 이해하기.

2018. 1. 19.

세월은 내게 학벌, 가문, 외모 등 북커버로 사람을 이해할 수 없음을 알려주었다.

세월은 내게 가장 낮은 사람이 오히려 하늘의 비밀을 알 수 있음을 알려주었다.

세월은 내게 생명을 소중히 여김이 천국의 열쇠임을 알게 해주었다.

2018. 1. 21.

공동체의 미래를 생각해 봄. 자연, 사람, 문화와의 접속 그리고 사랑하는 사람….

2018. 1. 23.

"음식 장사는 인심이 후해야 되더라. 쩨쩨한 집은 장사가 잘 안 돼."

- '윤식당'의 윤여정

2018. 1. 25.

○ '빛과 소금이 된다'라는 것은 사람들의 고귀함과 그들의 아픔, 그들의 나아갈 방향을 말해줄 수 있다는 것이다.

○ 이상형이 '뿅' 하고 나타나서 사랑에 빠지는 것만이 사랑의 길이 아니다. 좀 부족하면 부족한 대로 서로 격려하며 성장해 나가는 것도 사랑의 길이다. 이상형인 사람은 받은 것이 많은 만큼 세상에 줄 것도 많은 사람이다. 어쩌면 버거운 십자가를 진 사람일 수도 있다.

2018. 1. 30.

오늘 힘들었던 것 : 그리움.

오늘 좋았던 것 : 오늘도 무사히.

내일 계획 : 도서관 가기.

나의 노후자금 계획 : 기도와 간구. 그리고 할 일을 갖는 것. 돈은 충분한데 하고 싶은 일이 없는 곳이 곧 천국의 반대 장소. 몽상가의 이야기가 아니다. 인간은 꿈과 비전을 잃을 때 노화가 시작된다. 노인심리상담 자격증과 치매관리사 자격증 공부를 하며 찾아낸 진실이다.

2018. 2. 12.

'슬픈 상황에서 마음은 기쁘게 살면 어떤 결과가 올까?'라는 프로젝트 시작!

2018. 2. 17.

한 생명을 가벼이 여기면 그만큼 세상이 빛을 잃는다.

2018. 2. 19.

내리는 빗방울이 슬픔이라고 생각하는 대신, 운명은 어쩔 수 없다고 체념하는 대신, 어려움을 이겨낼 수 없다고 안주하는 대신 기도하고 계획하며 행동하자. 내 인생의 행복은 나 자신이 선택하는 것이다.

2018. 2. 21.

내가 어쩔 수 없는, 혹은 모르는 다른 세계가 있다는 것을 인정하다. 내가 해결할 수 없는, 세월이 해결해주는 한계상황이 있다는 것을. 신경 끄기의 기술, 베스트셀러 책의 제목이 진실일 수도 있음을….

2018. 2. 22.

빈센트 반 고흐의 서간문을 읽었다. 욕망을 지닌 인간이었으며, 경제적 문제로 고민하는 생활인이었고, 예술과 삶에 관해 탁월하고, 깊은 사상가였던 화가라는 직업을 가졌던 사람. 미래를 예언한 고흐. 그의 동생의 아들이 고흐재단을 세웠다고 한다. 그의 그림은 새로운 사상이었고, 새롭게 삶을 바라보는 시각이었다. 말년에는 그래도 인정을 받았으나 지병이 도지는 것을 두려워해서 스스로 삶을 마감했다. 다음 세상으로 떠났다.

"그러니 느리고 오랜 작업이 유일한 길이며, 좋은 그림을 그리려는 온갖 야망과 경쟁심은 잘못된 길이다. 성공한 만큼이나 많은 그림을 망칠 수밖에 없기 때문이다."

"그림은 결국 지극히 평범한 것이 될 테고, 화가는 지난 세기의 유물 같은 존재가 될 것이다."

- 고흐

2018. 2. 24.

○ 같이 미술 심리상담을 공부했던 한 분이 항상 마음에 예수님의 사랑과 평화를 기억하고 있으라고 조언해 주셨다. 그리고 또 다른 한 분을 보면 주님의 세계에 한 발을 들여놓고 있는 모습이다. 늘 은총의 빛을 잊지 말아야겠다.

○ '다른 사람과의 관계를 소중히 여긴다. 자기계발을 평생 지속한다. 하루도 빠짐없이 성과를 낸다. 글로벌 마인드를 한순간도 놓치지 않는다.'

－『세계 최고의 인재들은 왜 기본에 집중할까』 중에서

2018. 2. 25.

○ 진공묘유(眞空妙有) : 욕심과 성냄과 고집 속에서는 묘수가 일어나지 않는다. 오직 고요한 마음.

○ 인생이 행복한 것이 당연한 건데 아니어서 불행하다고? 행복을 위한 노력과 인고가 없는데 행복해진다면 그건 신기루다.

2018. 2. 26.

아무리 슬퍼도 사랑, 희망, 비전이 없다고 생각하지 말자.

2018. 2. 27.

고구려에 대해 탐구하고 있다. 발단은 고구려의 걸크러쉬를 알고 싶어서였는데, 정말 많은 걸 느끼고 있다. 광개토왕, 장수왕이 그토록 활약할 수 있었던 것은 소수림왕의 소프트웨어적 힘 때문이었다는 것(율령반포, 불교도입, 조세제도정비, 지방통치체제정비 등으로 중앙집권적 통치체제를 구축). 예맥족(고구려인)은 부여의 예족과 중국의 맥족을 합친 말이라는 것. 한사군이 쳐들어오기 전에는 문을 열어놓고 살았고 법령도 몇 개 안 되었지만 평화로웠다는 것. 주몽이 시조인 것은 활을 잘 쏘고, 말을 잘 다루는 그 시대가 요구하는 인물상이었기 때문이라는 것. 산과 계곡이 많고 경작지가 부족해서 늘 땅에 대한 요구가 있었다는 것. 고조선, 부여에 이어지는 고구려에 대해 알아가는 것이 신나고 즐거운 여행이다.

2018. 3. 1.

파미르 고원, 고비 사막 등에 난민이 살 수 있는 두바이 같은 도
시가 이룩되기를…. 99주년 삼일절 경축일이다.

2018. 3. 2.

'고구려는 한나라와 줄곧 전쟁을 하였다. 이는 고구려가 결코 한
나라의 지방 정권이 아니었음을 의미한다.'

'모용보라는 사람이(후연) 광개토대왕을 평주목으로 삼고 요동·
대방 2국왕으로 봉하였다. 평주가 요동과 한반도 북부를 포괄하
는 개념이기 때문에 후연이 광개토대왕에게 이런 작위를 내렸다
는 사실은 요동을 고구려의 영토로 인정한 것이라 할 수 있다.'

– 고구려연구재단의 『다시 보는 고구려사』 중에서

2018. 3. 3.

'따라서 서봉총에서 나온 합우는 연호 사용의 전통과 관련하여

고구려가 중국과는 별개의 세계를 관념, 형성하고 있었음을 상
징하는 자료이다.'

– 고구려연구재단의 『다시 보는 고구려사』 중에서

2018. 3. 4.

○ 〈우울감을 떨쳐내는 방법〉

1. 공동체와 함께하기.

2. 에너지 충만하게 생활하기.

3. 영적인 세계를 믿기.

4. 상황이 변하고 있음을 알기.

5. 현명하고 순수하기.

○ 지난 겨우내 당신은 내 맘에 함께 있었어요. 봄의 소리가 사
뿐히 들리네요. 이 봄에도 당신과 함께 있고 싶어, 그 이름
가만히 마음에 담아 봅니다.

○ 봄비가 내린 일요일. 미투 운동이 한창인 요즘 문득 성폭행
범들의 성장 과정, 사고방식, 사회와의 어떤 작용과 반작용을
겪었는지, 살아가면서 사람들과 따뜻한 교류를 한 경험이 있
는지 등등을 연구하고 싶다는 생각을 했다. 그 모든 폭행범
은 행복한 성장 과정을 겪었을 것 같지 않다. 평화로운 사고

방식을 할 것 같지 않으며, 사회와 불화했을 것 같고, 단 한 사람과도 따뜻한 교류나 인간적인 온기를 느끼며 살았을 것 같지 않다. 돌볼 사람 없는 어린아이들을 방치하면, 학대 일삼는 부모 아래서 자라는 아픈 아이들에게 관심을 두지 않으면, 즉 불행에 빠진 사람들을 끌어안지 않으면 인류는 지속 가능한 미래가 없을 수도 있다. 악한 사람을 병든 사람들로 보신 예수님, 이 세상의 모든 슬픔을 어떻게 해결해야 하는지 단서를 당신의 시선에서 발견합니다.

2018. 3. 5.

하이젠베르크의 불확정성의 원리. 가장 작은 입자는 너무 작아서 속도와 위치를 측정할 수 없다. 즉 변화하고 있으며, 파동하고 있다. 그러므로 그 작은 입자로 이루어진 모든 것이 변화한다. 주부들이 착각하고 있는 모든 것이 완성됐다는 느낌, 완성되고 더 이상의 마모는 없다는 확신은 절대 부패한다. 매일 새롭고 열반도 변한다는 것이 사실이다. 안정감은 좋은 것이지만 안주는 썩어가는 것이다.

2018. 3. 7.

'고구려의 풍속은 서적을 매우 좋아하며, 미천한 집안까지도 그 러했다. 네거리에 큰 집을 지어 경당이라 부르고, 자제들이 결혼 할 때까지 그곳에서 독서와 활쏘기를 익히게 했다.'

'중국은 고구려가 중국 영역 내의 민족이라고 주장하지만, 고구 려의 주민은 분명히 예맥족이다. 또 활동 중심이 결코 한사군의 범위를 벗어나지 못했다고 주장하지만, 그 이전에 이미 고조선 이 있었고, 한사군은 일시적으로 그 지역을 지배하였다는 것은 중국학계에서도 인정하고 있는 사실이다.'

- 고구려연구재단의 『다시 보는 고구려사』 중에서

2018. 3. 8.

나의 죄가 나를 자유롭게 해준다. 투명한 우월감보다 나도 죄인 이라는 각성이, 이 세상의 중요하지 않은 가치(어떤 직위, 권위, 명 예, 부…)로부터 나를 도망가게 해준다. 나는 힘들 때면 멸시와 조롱을 받기 원한다는 어떤 성인(聖人)의 이야기가 떠오른다.

2018. 3. 9.

○ 평창 패럴림픽 개막일.

○ 북한이 미국 대통령 방북을 요청했고, 핵·미사일 실험중단을
   선언했다. 한반도에 영구평화 정착이 시작되었다. 축복합니
   다! 기쁨, 안도, 하늘을 쳐다보며 "감사합니다"라고 기도했다.

2018. 3. 10.

비전 소프트리 크리핑….

비전을 잊어버리면 인간다운 삶을 살 수 없다.

2018. 3. 11.

예술계도 방송계도 세상의 프랙탈이었다는 사실이 속속 드러나
고 있다. 그들이 정의로움과 비전의 세계에서 작품을 만들고 있
었던 것이 아니라, 삶의 모습과 똑같은 고통과 슬픔과 병듦 속에
서 작업하고 있었다는 사실. 이제 서서히 삶의 형태와 맥락이 거
의 잡혀간다. 무풍지대는 없다. 서로 돕고 비전을 나누어야 한다.

2018. 3. 12.

내가 무엇을 이루고, 무엇을 하고 살았는지 가끔은 제삼자의 평가를 들어볼 필요가 있다.

'언제나 당신이 품고 있는 생각에 반응하는 우주는, 당신이 실제 현실에서 벌어지고 있는 일을 보면서 하는 생각과 당신이 상상력을 발휘해서 상상 중인 생각을 구분하지 않습니다. 어느 경우든 지금 당신이 하고 있는 바로 그 생각이 '끌어당김'을 시작하고 있습니다. 그래서 만일 당신이 그 생각에 충분히 오랫동안 초점을 집중시키게 될 경우, 그것이 바로 당신의 현실이 될 것입니다.'

- 제리&에스더 힉스의 『유인력 끌어당김의 법칙』 중에서

2018. 3. 13.

○ '기도하고, 기쁜 마음이 들지 않는 상황에서는 벗어나고, 세
상을 사랑으로 바라보고(죄는 미워하되 인간에게는 연민을 갖
고), 서두르지 말고.'

- 제리&에스더 힉스의 『유인력 끌어당김의 법칙』 중에서

○ 유네스코 지정 인물로 선정(2012)된 '다산'에 대하여

1. 그의 작업과 사상들은 한국의 사회·농업·정치구조의 근대
화에 많은 영향을 주었다.

2. 유학에 대한 탁월한 지식을 가졌다.

3. 무익한 탁상공론에 날카로운 비판을 했다.

4. 그의 이론이 과학적 지식과 사회 적용, 정치적 합의를 연
결하고 있다.

5. 한국 대학 철학과에서 다산의 철학을 교육할 수 있도록
했다.

6. 유럽의 근대성에 대한 열정을 지녔다.

○ 각 사람들은 자기만의 역사를 가지고 있다. 그 사람의 이야
기를 들어주고, 슬픔을 위로해주며, 아픔을 보듬어주자.

2018. 3. 14.

O "꽃도 물도 도전적으로 피고 도전적으로 흐른다."

- 한승원, 작가

O 강물이 흐른다. 돌부리에 넘어져도, 폭이 좁아 흐르기 힘들어도 강물은 유유히 흐른다.

O 스티븐 호킹 박사 영면하다. 황하, 인더스, 메소포타미아, 이집트 문명이 문명을 열었기에 서양 문명이 꽃필 수 있었다면, 이제 동양의 것을 알고 동양의 문화와 정신을 다시 돌아보고 문명에의 기여도 생각….

2018. 3. 15.

인생의 방향을 생각하다.

'나에게 중요한 것은 무엇인가?'

2018. 3. 16.

단군조선 때부터, 차축시대 때부터 영원한 것에 대한 갈망, 보이지 않는 세계를 향하는 마음, 꿈과 비전은 인간에게 중요했다. 문명과 문화가 유유히 흘러왔고, 더욱 빛을 발하는 생명에 대한 존중의 역사는 계속 지켜져야 한다. 그들 속의 꿈과 비전도.

2018. 3. 17.

그럴 리야 없겠지만 만약 내가 노벨상을 받게 된다면 이렇게 말하고 싶다.

"오래전에 이 상을 받으면 이렇게 말하리라 준비했습니다. 당신의 삶을 되돌아보십시오. 자신이 이룬 것을 생각해 보십시오. 자신의 가치를 낮다고 생각하지 마십시오. 당신은 기적입니다. 인생의 나날들은 선물입니다. 노벨상을 받지 않은 사람들이 노벨상을 받은 사람들과 똑같이 위대합니다."

2018. 3. 18.

o 스탕달의 문학이라 함은 그가 배운 문자, 그의 소재가 된 사회, 그가 쓰게 된 모티프와 말하고 싶은 것, 그의 작품을 출간한 출판사와 독자들, 지금도 그의 작품이 기억되고 있다는 사실 등 모두를 말한다.

o 어린 시절 열차를 타고 창밖을 볼 때, 그 세상은 꿈과 비전과 신비가 가득한 세상이었다. 지금은 마음속에 사랑이 살며시 자리 잡고, 여전히 세상은 꿈과 비전과 신비가 가득한 세상이다.

2018. 3. 19.

o 26살까지 성장호르몬이 많이 나온다. 그때까지 클 수 있다.

o "모르는 것은 모른다고 말한다. 할 수 없는 것은 할 수 있다고 하지 않는다. 죄송하다는 말을 자제한다. 내 고민으로 상대를 괴롭히지 않는다. 부정적인 말을 되묻지 않는다."

- 백지연

○ '투유 프로젝트 슈가맨'이라는 프로그램이 있다. 1990년대 케이팝을 재조명해서 원곡과 새로 편곡한 노래를 들려주고 원가수의 인생이야기를 듣는. 이 프로그램을 보면 '역사와 스토리와 현재의 콘텐츠를 편집하면 이렇게 재미있을 수 있구나' 하며 놀라게 된다. 재작년 우리의 촛불집회도 교육 강국의 국민과 결집할 수 있었던 스마트폰의 소통방법으로 놀라운 일이 일어났던 것이다. 이제 천재 한 명이 역사를 바꾼다는 말은 옳지 않다. 그럴 수도 없고 그래서도 안 된다.

2018. 3. 20.
성공한 인생, 실패한 인생은 없다. 행복한 인생, 덜 행복한 인생만 있을 뿐이다.

2018. 3. 21.

엄청난 경험을 할 수 있어 고마웠어. 환산하자면 8천8백8십8경 달러쯤. 나도 사랑한 거거든. 미쳐서. 행복했고, 불행했고, 꿈을 꾸는 것 같았고, 마구마구 힘이 솟아나는 나날이었어. 비 오는 날 창밖을 보며 울 수 있어 좋았고, 내가 영혼과 감정을 지닌 존재로 살아있다는 느낌을 영원토록 느낄 수 있게 해준 사람은 너야. 많이 고마워.

2018. 3. 22.

○ 일본 제국주의가 우리나라의 근대화를 가져왔다는 논점에 대하여 말하고자 한다. 근간에 중앙일보에서는 대한제국에 대하여 재평가 작업을 했다. 그 결론은 대한제국은 일본의 개입이 없었으면 더 진보된 근대화가 이루어졌을 것이라는 것이다. (신문이 사실에 근거하지 않으면 망명정부의 지폐에 불과해진다. 신문을 만드는 이들은 이 사실을 잘 알고 있다.) 일본의 강점으로 인해 길이 만들어지고, 공장 몇 개 만들어졌을지 몰라도 그들의 악행으로 대한제국의 사람들이 받은 트라우마

는 지금까지도 이어지고 있다. 적산 기업으로 시작한 대기업들의 정경유착과 그 시대를 살아낸 어르신들의 황폐해진 정신 상황을 우리 국민이 모두 감내해 내고 있다. 일본강점기로부터 계속 이어진 기득권을 정당화하려는 세력과 그의 부당함을 아는 사람들의 분열은 우리나라를 기저부터 흔들리게 하고 있다.

예수는 "이 성전을 허물라. 3일 만에 다시 세우리라"라고 말씀하셨다. 후대에 제자들은 돌아가신 지 사흘 후 부활하신 것을 의미한다고 한다. 하지만 이는 문명보다 문화와 영혼이 더 중요하다는 것을 의미하신 것 아닐까. 그깟 성전 3일이면 다 세워진다. 근대화가 길 내고, 공장 가동하면 이루어지는 것인가?

○ 봄이에요. '고구려'라는 고유명사의 뜻을 아시나요? 성을 뜻하는 구루에서 온 구려와 높다는 한자 고가 합해진 것이라고 해요. 그러니까 고구려는 높은 성이란 뜻, 고구려의 시조인 주몽의 성이 고 씨라고 하네요. 중국의 동북공정은 13억 중국의 인구 중 소수민족이 10%, 즉 1억이 넘기에 그들에게 큰 이슈가 되어서 서두르고 있답니다. 지금의 중국 땅에 살았던 모든 나라는 중국 역사가 동북공정의 결론인데요. 다양성이 건강한 문화의 핵이고, 가장 낮은 자가 곧 주님이라 하신 말씀(힘센 사람이 정의내리면 진실이 되나요?)에도 어긋나는

어거지가 동북공정입니다. 좋은 봄날, 토막 상식이었습니다. 기쁜 하루 보내세요.

2018. 3. 23.

○ 우리는 섬기는 대신 군림하라고 이야기했으며, 아프고 힘들고 고향 잃은 사람들을 돌보는 대신 우리 땅에 못 오도록 정책을 만들었고, 배움에 등급을 매겨 뒤처진 사람들을 하류 인생 취급을 했으며, 나누는 대신 악취 나도록 쌓는 사람을 승자라고 했고, 왜 성공해야 하는지 생각해 보라 하지 않고 실패하는 사람을 비웃었다. 그래서 악마가 된 영혼, 상처받은 영혼, 희망 잃은 영혼들….

○ 어제 제본 맡긴 것을 찾으러 군인공제회관 지하 문구점에 갔었다. 계산하려고 보니 신용카드가 없는 것이었다. 10분쯤 찾다가 내일 다시 계산하러 오고 제본한 것은 가지고 가기로 주인아저씨와 이야기했다. 나와서 카드 분실 신고를 하려고 전화하며 걸어가고 있었는데, 아저씨가 카드를 찾았다며 뛰어오시는 것이었다. 당혹감, 허둥지둥할 뻔했으나 평상심을 잃지 않았다. 오늘의 에피소드가 평상심을 잃지 않는 데에 경험이 될 것이다.

2018. 3. 24.

○ 동물은 왜 사랑스러울까? 천성의 모습이 살아있기 때문이리라.

○ 사람들은 세상이 100% 파라다이스여야 한다고 생각해서 아니면 울고불고 난리야. 그런데 아니거든. 한 50%쯤 부족하거든. 우리가 만들어가야 하거든.

2018. 3. 25.

○ 남녀의 차이는 다른 아름다움을 지니고 있다는 데에 있다.

○ 아들이 자기의 의견에 내가 주로 반론을 이야기한다고 한다. 너무 내 생각을 이야기했나 보다. 들어주자.

2018. 3. 26.

○ 에덴동산이었다는 하느님 말씀, 빅뱅이 나쁘단 이야기는 아니겠지, 스티븐 호킹 박사….

○ (프러포즈 받은) 지연이에게.

좋은 주말입니다. 요즘 난임으로 고민하는 커플들이 많다고 하는데 정보 하나를 들었어요. 발효유. 한국에서는 보통 요구르트 음료라고 하는데(떠먹는 것도 있고), 실험결과 가임력을 엄청 높인다고 해요. 그러나 유제품이 유방암과 전립선암에는 안 좋다고 하는 연구결과도 있으니 과하게는 말고. 이번 기회에 결혼 팁을 종합해서 알려줄게요.

첫째, 남편 가족을 내 가족처럼 여겨요. 이웃도 사랑하라고 하셨으니 남편 가족은 물론이죠. 둘째, 세상에서 하는 이야기는 하지 말아요. 그보다는 고향 같은 비전과 쉼이 있는 이야기를 해요. 셋째, 식생활에 신경을 써요. 고기, 밀가루, 유제품을 절제하는 것이 좋아요. 축제가 있고, 세상과 함께하는 기쁨을 나누는, 비전을 바라보는, 웃음 가득한 가정 이루세요.

2018. 3. 27.
너의 사랑을 살아 펄떡이는 생물체로 만들라.

2018. 3. 28.

O 사랑이 중요하지 않은 사회. 성적 교섭이 육체의 교섭일 뿐이라는 오해(로봇도 아닌데 그럴 수가 없다). 성적 교류는 뇌의 총체적 작용이다. 뇌의 총체적 작용은 도덕적 금기를 깬 쾌락에 망가진다. 살인하고 행복해질 수 있을까? 성매매, 성폭행, 성희롱, 성추행도 쾌락만 준다면 할 수 있을까? 영원한 사랑을, 소돔과 고모라를 피했더니 찾을 수 있었다면….

O 앞날에 즐겁고 보람된 일이 없을 것이라고 생각하면 안 돼.

2018. 3. 30.

O 자폐증은 수은처리 수용체가 발달하지 못한 경우, 홍역예방 등의 주사를 맞으면 발병하는 경우가 있다고 합니다.

O 〈사랑의 법칙 3가지〉

1. 서로 사랑하는 커플을 존중하고 그냥 스쳐 지나간다.

2. 사랑을 강요하지 않는다.

3. 서로 사랑하는 사랑이, 참사랑임을 기억해야 한다.

2018. 4. 6.

태양에너지로 생성된 전기 → 물을 분해 → 수소 생성 → 수소가 자동차 연료전지 안에서 전기 생성 → 수소전기 자동차 작동 → 물만 남김.

※ 세계 최초로 수소 전기차 양산(현대자동차).

2018. 4. 7.

〈시험 보는 날〉

1. 초콜릿(카페인 성분과 당 보충)과 물(뇌의 활동 원활)을 준비한다.

2. 껌(전두엽 활동 원활)도 준비한다.

3. 불필요한 음료는 카페인 과다로 화장실에 가고 싶어진다.

4. 분노, 불안, 공포, 두려움을 해소하고 시험을 본다.

5. 휴식시간마다 쉰다.

6. 너무 진지하지 말고, 시험에 떨어졌을 때의 대안도 생각해 둔다.

2018. 4. 20.

유대인 교육에 대해 관심을 가지고 있다. 인상적인 것이 13살 경성인식 이후는 결코 유대교를 강요하지 않고 스스로 선택하게 의견을 존중해준다는 것이다.

〈유대인 자녀교육 원리〉

1. 정해진 시간에 자녀와 대화하며 식사하라.

2. 자선함을 준비하여 이웃을 위한 돈을 모으라.

3. 하루에 한 가지 이상 남을 돕는 일을 하고 대화를 하라.

4. 식사할 음식을 함께 준비하며 건강한 먹을거리에 대해 공부하라.

5. 가치 있는 책 한두 권을 골라 아이와 반복해서 읽어라.

6. 책을 소리 내어 읽고 좋은 내용은 반복하여 외워지게 하라.

7. 책을 읽은 후에는 토론하라.

8. 아이의 의사를 존중하고, 스스로 결정하며, 책임지도록 도와주어라.

2018. 4. 27.

○ 비폭력 대화. 평가와 판단 전에 관찰하고, 상대가 왜 그럴까 생각하기 전에 나는 어떤 느낌이 드는가를 살피며, 상황 해결 방법을 찾기 전에 나의 채워지지 않은 욕구를 살피고, 강요 말고 부탁하는 방법으로 평화로운 대화가 가능하다.

○ 영국사학자 에드워드 기번의 『로마제국 쇠망사』에는 위대한 문명이 쇠퇴하고 멸망하는 이유에 대하여 이렇게 이야기한다. 첫째, 가정의 존엄함이 무너진다. 둘째, 세금이 늘어난다 (국고로 지나친 복지). 셋째, 쾌락을 미친 듯이 추구한다. 넷째, 개인의 책임감 상실이라는 내부의 큰 적은 보지 못하고 바깥의 적을 키우기 위해 군사력을 키운다. 다섯째, 종교가 쇠퇴한다.

2018. 4. 28.

〈4·27 남북정상회담에 흠집 내는 발언을 하는 분들에게 드리는 나의 충고〉

'오백 년 도읍지를 필마로 돌아드니 산천은 의구한데 인걸은 간

데없네. 어즈버 태평연월이 꿈이런가 하노라'라고 야은 길재 선생이 이야기했던 그 도읍지가 개경, 지금의 개성입니다. 개성공단이 재개될 것이고, 종전선언이 약속될 평화를 위한 첫걸음이 시작되었습니다. 대부분의 대한민국 사람들이 기뻐하는 일에 재를 뿌리는 발언을 하는 사람들이 있습니다. 그분들은 계속 대치상황이 지속되어야 이익이 생기는 분들입니까? 한반도의 1/2의 땅이 인권이 확고하게 보장되지 못하고, 경제적 부진으로 신음하다가 이제 상생의 길로 들어서겠다는 의지를 보여 주는데, 그것을 조롱하는 그분들의 삶의 목적은 무엇입니까? 평화를 약속하고 평화협정을 시작하나요? 평화는 결과물로 실현될 것입니다. 나만 잘살고 나의 기득권만 지키면 평화와 번영이 오던가요? 그들과 우리의 파이를 나눌 때 그들의 슬픔이 달래지고 시너지 효과가 일어나 진정한 평화가 올 것입니다.

2018. 5. 1.

○ 아무도 조롱하지 않으리. 굳게 마음먹었다.

○ '내면의 존재가 아무리 강하다고 하더라도 외부의 어떤 요인에도 흔들리지 않을 정도로 강한 피조물은 이 세상에 없다.'

– 조지 엘리엇의 『미들마치』 중에서

2018. 5. 19.

'마음은 아주 미세한 입자로 되어 있으며, 이것은 물리적 입자와 동일하므로 입자로 존재할 때는 일정한 공간에 한정되어 있지만, 파동으로 그 성질이 변하면 시공간을 초월하여 이동할 수 있다.' 미국 프린스턴 공대 교수 로버트 잔과 심리학과 교수 브렌다 듄이 1976년부터 20년간 전자난수발생기를 사용하여 마음의 에너지 상태를 실험했다. 마음이 파동으로 변할 때는 기도, 명상 등과 같이 마음이 세상을 향할 때를 말한다. 기도가 삶의 무엇인가를 변화시킬 수 있다는 확실한 이론적 근거이다.

2018. 5. 28.

〈노자 사상〉

1. 모두 옳다는 것은 옳지 않다.
2. 모두 아름답다는 것은 추한 것이다.
3. 싸우지 않고 해결하는 것이 최선이다.
4. 마음을 비우면 배부르다.
5. 무욕이면 묘한 것이 보인다.

6. 어수룩하게 보여라.

7. 낮은 곳으로, 가고 싶어 하지 않는 곳으로 가라.

8. 부드러움이 강한 것을 이긴다.

2018. 6. 2.

'어머, 제 참 젊고 예쁘다. 난 늙은 얼굴이 싫어.'

이렇게 늘 젊고 예쁜 것을 예찬하다가 남편이 젊고 예쁜 여자를 좋아하는 걸 알게 되면 속물이라며 울고불고. 잘 알려지지 않았지만 남편은 아내의 생각에 많은 영향을 받는다고 한다. 아내는 가정의 영혼이라고 하던가. 남편이 가정에 머물게 하려면 생각하고 말하라.

2018. 6. 4.

악을 처단하기 전에, 나는 악의 원인을 해결하고 싶다. 완성하지 못하더라도 세상 떠나는 날까지 기도하고 무언가를 할 것이다.

2018. 6. 10.

사랑이 타락하고, 종교가 타락하면 문명은 멸망하기 시작한다.

2018. 6. 14.

5년 6개월여 몰두하던 독서토론리더모임의 피날레를 『82년생 김
지영』으로 장식했다. 90여 권의 책을 토론하고 논제를 뽑고….
책 만든 모든 분에게 감사하다. 같이 이야기 나눈 회원들에게도
감사하다. 책을 통해 우리의 이야기를 서로 나누고, 서로의 영감
이 되며, 서로 위로를 나누었다. 그동안의 나날들이 주마등처럼
스쳐간다.

2018. 6. 30.

어제 국립극장 달오름극장에서 본 국립 국악관현악단의 '제주
할망 연주곡'. 애니메이션이 연상되는 재미난 연주. 제주 해녀 노
동요와 별로였던 서도 민요. 그리고 달밤이 떠오르던 아련한 통

소연주. 인위적인 노력이 때 묻은 것처럼 느껴지게 하는 우리 가락. 달빛이 흐르던 6월의 밤이었다.

2018. 7. 3.

나는 사람들 안의 가능성을 보기로 했다. 그러자 엄청난 풍요가 나의 인식 안에 들어왔다.

"너는 이 점이 부족하고, 너는 이 점이 틀렸어"가 아니라 "당신은 이 점이 뛰어나시군요, 당신은 이 점이 감동을 주네요"이다.

2018. 7. 6.

'아이 필 프리티', 내 인생의 터닝포인트를 만들 영화. 누가 만든 스탠다드인가? 순위 매기고 서열 만드는 일들이 과연 옳은 일인가? 여러 가지를 생각하게 했다.

2018. 7. 8.

o 수많은 사람의 협업으로 살아가고 있으니 감사할 일이다. 낮은 자가 곧 나, 예수님이라 하신 그 말씀은 얼마나 낮아지신 말씀이란 말인가. 생명이 다한 고양이의 모습을 보고 얼마나 마음이 아팠던가. 인간에게도 항상 연민을 느끼자. 왜 인간에게는 미운 마음이 들고 싫어할까? 고운 마음으로 평상심을 간직하며 살아갈 수 있도록 하자.

o 〈사랑이란…〉

1. 연인 사이에 끼어들지 않는다(안 그러면 반경 200미터 안에 300여 명 정도의 사람이 죽어나간다).

2. 결혼은 좋아하는 사람과 하는 것이다.

o '섬진강에서 지는 매화꽃을 보지 않고 섣불리 인생을 사랑했다고 말하지 말라.'

- 정호승의 '낙화' 중에서

2018. 7. 21.

거리를 걷다 느끼게 되는 좋지 않은 시선을 얼마나 미워했던가.

아파서 그런 건데…. 아무도 미워 말자.

2018. 7. 25.

〈그래도 한국이 좋은 까닭〉

1. 영국은 우리보다 자동차 도난이나 파손사고가 많다.

2. 미국에서는 강가나 바닷가에서 술을 마시는 행위가 금지된 지역이 많다.

3. 한국은 밤에 안전한 국가다.

4. 한국은 배달 문화가 발달했다.

5. 한국은 인터넷이 정말 빠르다.

6. 도시 한가운데 산이 있는 나라는 매우 드물다.

7. 한국은 전철이 정교하게 연결돼 있으며 저렴하다.

- 매일경제

2018. 7. 28.

아가들에게 미안해. 너희들을 위해 기도할게. 꼭 할게. 어여쁜 나의 동물 친구들, 사랑한다. 꼭 너희들의 생명존중을 위해 노력할게. 공장형 축사는 인류가 저지른 가장 끔찍한 범죄라는 이스라엘 히브리대학교 유발 하라리 교수의 말에 전적으로 공감한다.

2018. 7. 29.

"저 둘에게 없는 게 있지. 사랑하는 사람과 일상을 함께하며 서로에게 충실하려는 의지와 욕구."

- '헤밍웨이 인 하바나' 중에서

"인간이 가진 소중한 가치는 기꺼이 위험을 감수한다는 것이다."

- 어니스트 헤밍웨이

2018. 8. 1.

박제가의 사상에 대해 쓴 사서를 읽었다. 산업의 혁명과 국수주의의 편협함을 이야기한 초정의 생각에는 찬성이다. 그러나 우리 것의 소중한 것은 지켜나가야 한다. 교류한다는 것, 경청한다는 것의 중요성에 대해 점점 개안하고 있다.

2018. 8. 5.

사랑의 프레임에서 꼭 생명체를 파악하자.

2018. 8. 15.

○ 하나님께 여쭈어본다.

"주님과 닮은 사람은 누구인가요."

"자신을 낮추는 사람, 죄인이라고 고백하는 사람, 결코 프로라고 말하지 않는 사람."

○ 기욤 뮈소의 『파리의 아파트』를 읽었다. 사랑 없는 거리에

사랑을 품고 생명을 구하는 이야기. 따뜻한 메시지에 힘을 얻는다.

2018. 8. 16.

'로맨스 패키지'라는 TV 프로그램에서 마성의 남자라 칭해지던 남성이 커플로 맺어지면서 그 여성을 택한 이유를 말하다.

"감정선이 일치했고, 배울 점이 있는 사람이어서…"

정말 퀸카, 킹카가 되고 싶다면 배움과 경험에 투자하라.

2018. 8. 17.

무식한 것은 알면서도 행하지 않는 것이고, 교양 없는 것은 증거 없는 증언을 하는 것이며, 우아하지 못한 것은 타인의 시선을 존중하지 않는 것이다.

2018. 8. 18.

주님은 내게 동업자가 될 것을 제안하셨다. 난 기꺼이 그렇게 할
것이다. 이제 세상은 내게 모두 데이터베이스가 된다.

2018. 8. 20.

이상하다, 숲에 오면.

평화로웠던 그 시절로 돌아간다.

이상하다, 숲에 오면.

마음의 짐이 어디론가 사라진다.

이상하다, 숲에 오면.

2018. 9. 3.

가톨릭대성모병원의 언덕길을 걸어 성의회관으로 향하던 중 더
이상 걸을 수가 없었다. 기도하자 마리아님께서 동행해 주셨다.
심호흡을 하고 다시 걸어갔다.

2018. 9. 4.

○ '시인 보들레르는 현대적 감각으로 그림의 주제가 어떻게 변하는지를 관찰하며 우발적인 변화라도 주의 깊게 살펴보라고 화가들에게 권함.'

-『마네와 모네』 중에서

○ 그냥 의식 없이 물질적으로 도와주는 건 의미가 없다. 냉정한 이타주의자가 되자. 도움받는 사람에게도 그냥 도움받는 건 의미가 없다. 도움받는 사람의 성장과 성숙을 생각하자.

2018. 9. 6.

힘들게 먹을 것 얻어먹고, 교육받을 기회도 없이 커버렸다면. 느낌도 없이 결혼하고, 이루고 싶은 목표도 없이 산다면. 그들을 돕고 싶다.

"당신이 가졌던 것을, 지니고 있는 자질을, 품고 있는 이상을 생각해 보세요. 당신은 귀하고 사랑스럽고 능력이 많습니다. 먼저 갖추고 있는 것이 무엇인지 생각해 보세요."

2018. 9. 16.

진정한 남녀평등을 알게 되었다. 그건 남녀평등이라는 말이 없게 되는 것이다. 공기가 필요하단 말이 필요 없듯이, 그건 말로 필요성을 말할 이유가 없는 현상이다.

2018. 9. 20.

성희롱, 성폭행을 일삼는 자들은 성기능이 없어지리라. 성의 쾌락을 팔고 사는 자들은 낱낱이 진상이 밝혀지리라. 성의 윤리가 땅에 떨어질 때 그 문명은 망하리라. 소돔과 고모라처럼, 고대 로마처럼.

2018. 9. 26.

어젯밤에 아들이 잡아 온 황어를 목욕탕 욕조에 놓아 주고, 그후 방생했다. 물고기가 그렇게 어여쁜 생물체임을 처음 알았다. 내가 영광송을 들려주자 순간적으로 날개가 퍼덕였다. 정말 (냉

동고에 넣지 않고) 방생해주길 잘했다. 이제 물고기에 대한 내 생각의 틀이 바뀔 것 같다.

2018. 9. 29.
○ 인력(끄는 힘)이 느긋해지면 진자의 주기가 길어진다. 진자가 느긋하게 흔들리게 된다. 평상심을 유지해야 하는 이유다.
○ 남녀 간의 미묘한 그러나 큰 차이는 무엇일까? 아름다움에 대한 기대(기준)가 다른 것 아닐까?
○ 본연의 모습을 찾을 때. 여러 가지 스트레스가 해소되었을 때 본연의 아름다움이 나타나기 시작한다.

2018. 10. 1.
박성호 작가의 『바나나 그 다음,』을 읽었다. 카이스트를 졸업한 수재 소리 듣던 청년이 여행가이며 작가의 길을 가게 된 이야기. 카이스트에서 친구들이 하나둘 목숨을 끊더란다. 순간 섬뜩했다고 한다. '뭐지? 내가 애쓰며 살아온 거, 이 길 맞아?' 하고 생각하게 되었단다.

2018. 10. 7.

"배우자. 벌자. 사랑은 노력이다."

– 김미경, 강사

2018. 10. 22.

10월 8~22일 이스라엘, 스페인, 포르투칼(파티마) 성지순례를 하다.

'세상 모든 이의 평화 없이 내 평화만 지켜질 수 없음을 늘 기억
하게 하소서.'

2018. 10. 24.

원하는 대로 이루어진다. 무엇을 원하는가?

2018. 10. 31.

"전 연기와 노래, 그 밖에 오페라에 필요한 전인적 요소를 갖추려 했어요. 그것이 저를 다른 가수들과 차별화한 이유인 것 같아요."

- 홍혜경, 소프라노 가수

2018. 11. 1.

〈이스라엘 1〉

예수님의 자취를 따라가 본다는 의미에서 이스라엘 여행은 내게 의미가 있었다. 유대교는 예수를 인정하지 않는다고 했으나, 어쩌면 이리도 나사렛 예수의 발자욱마다 보존을 잘해 놓았을까. 어쩌면 정말 그분이 메시아인지는 2000여 년이 지나야 알 수 있다는 치밀한 예측하에 이렇게 보존해 놓은 것은 아닌지. 세상을 구원하면 메시아가 아닐까? 끊임없이 몰려드는 세계 각국의 순례객들이 그가 세상 사람들의 멘토임을 보여 준다. 어쩌면 유대교가 나사렛의 예수가 메시아임을 인정할 날이 곧 올지도 모르겠다.

〈이스라엘 2〉

처음 며칠은 이스라엘에 와서 생각하길 '왜 남의 땅을 점령하고 사는 걸까?'였는데 놀라울 정도로 땅을 잘 가꾸고 사는 모습을 보고(현대와 옛날이 정말 조화롭고 아름답게 어우러져 있었다.) 이 지역에서 나가라고 하는 것보다 '이스라엘이 중동지역의 평화와 번영에 이바지하는 리더가 되는 것이 좋겠다'라는 생각이 들었다. 시대에 맞게 변화되어 오고 엄청난 교육열에 의해 이룩된 이스라엘의 발전상은 낙후된 다른 지역과 많이 달랐다. 이스라엘의 발전된 모습은 이스라엘이 중동지역의 리더가 되어 베풀고 나누는 편이 이상적일 거라는 생각을 하게 했다.

2018. 11. 4.

1. 어깨를 펴고 똑바로 서라.

2. 당신 자신을 도와줘야 할 사람처럼 대하라.

3. 당신에게 최고의 모습을 기대하는 사람만 만나라.

4. 당신을 다른 사람과 비교하지 말고 오직 어제의 당신하고만 비교하라.

5. 아이를 제대로 키우고 싶다면 충고를 망설이지 말라.

6. 세상을 비난하기 전에 우선 여러분의 집을 완벽하게 정돈하라.

7. 편리한 게 아니라 의미 있는 것을 추구하라.

8. 진실만을 말하라.

9. 다른 사람이 말할 때는 경청하라.

10. 분명하고 정확하게 말하라.

11. 아이들이 재밌게 놀 때 방해하지 말라.

12. 길에서 고양이와 마주치면 쓰다듬어 주어라.

- 조던 피터슨의 『12가지 인생의 법칙』 중에서

2018. 11. 12.

가난이 강처럼 흐른다.

그런데도 세상이 완벽하다며 다이아몬드 성을 짓는 사람들이 있다.

그들이 라흐마니노프를 이해하건, 피카소의 진품을 소장하건

그들은 무식하고 비열하다.

이웃의 인생을 아는 것.

그것이 교양이고 지성의 첫걸음이다.

2018. 11. 14.

O 종교 때문에 싸운다면, 그건 신의 뜻이 아니다.

O 고난이 없었다면 나는 그냥 인간이었을 것이다. 고난이 나를
하느님을 아는 인간으로 만들었다.

2018. 11. 17.

아름다워 보이지 않는 사람들은 그를 품어준 누군가가 없거나
부족했기 때문임을 나는 알겠다.

2018. 11. 19.

사랑의 매는 없다. 사랑의 매를 꼭 어른이 아이에게 때려야 할
까? 누구나 실수는 한다. 실수할 때마다 인간은 맞아야 할까?
따뜻하고 단호한 타이름만으로도 충분하다.

2018. 11. 21.

결혼에서 제일 중요한 것이 남자의 경제적 능력이라는 답을 하는 여성을 보면 깜짝 놀라게 됩니다. 그건 그 남자만을 위한 성을 줄 테니 너는 나를 먹여 살리라는 말이죠. 일종의 일인 매매춘 아닌가 합니다. '시크릿 가든' 등의 드라마에서 상류층 남성이 가난한 여성과 결혼을 결심하는 이유는 그 여성이 자신의 돈에 관심이 없고, 그 남성 자체를 목적으로 대하기 때문입니다. 그 변주곡쯤 되는 스토리가 자주 쓰이는 것은 그만큼 중요한 이야기이기 때문입니다. 이것은 현대성과는 관계없는 인간 본연의 시각에 관한 이야기입니다. 인간을 수단이 아닌 목적으로 대하는 것. 예수님이 말씀하셨고 공자, 석가, 칸트 등 인류의 멘토가 반복적으로 이야기했던 바로 그 말. 한 해가 끝나가는 즈음에 2018년이라는 시간 동안 인간을 수단으로 대한 적은 없는지 반성하게 됩니다.

2018. 11. 23.

당신은 그 사람의 최종 모습을 알고 있습니까? 개구리에게 사랑과 정을 쏟았더니 이상적인 사람의 모습이 되었다는 개구리 왕자 동화는 사실입니다.

2018. 11. 29.

인생에는 아무것도 없다는 말은 거짓이다. 아무것도 없다면 나는 존재할 수 없었다. 늘 날 위로해주는 자연도 있고, 사랑 많은 사람들도 있고, 비틀즈도 있다.

2018. 12. 1.

○ 부모님 덕을 보려고 한 적이 없듯이, 자식 덕을 보려고 하지 않을 것이다. 이미 아이는 할 효도를 다했다. 존재 자체로 축복이다.

ㅇ 자신의 틀에 갇혀 사는 마음, 비전 없는 마음이 불행의 시작
이다.

2018. 12. 4.
"전 심각한 문제를 겪고 있어요. 그러나 그것은 곧 해결될 것입
니다. 하지만 하루하루를 지내는 것이 힘듭니다. 어떤 마음가짐
을 가져야 할까요?"
"이 또한 지나가리라 생각하세요. 당신의 일에 집중하세요. 일
상의 리듬을 잃지 마세요. 남자에게 의존하지 마세요. 책임을
남 탓으로 돌리지 마세요."

2018. 12. 6.
사랑하는 친구 시윤. 어려움을 이겨내고 씩씩하게 살아가는 내
친구!

2018. 12. 9.

나와 의견이 달라도 언성 높이지 않고 차근차근 이야기하는, 오히려 미안해지게 잘못해도 화내지 않고 차분히 이야기하는, 배고플 때 밥을 꼭 챙겨주는, 세상을 위한 기도와 사랑이 있는, '그래 집에 왔어. 우리 집…'이라고 느끼게 해주는 어머니가 되고 싶다.

2018. 12. 14.

"어려서는 누군가가 나를 날아갈 곳으로 안내해주었다면, 이제는 스스로 날아갈 곳을 찾을 때다. 그곳으로 날아가는 것도 중요하지만 어떻게 날아갈 것인지도 중요하다."

- 헨리, 가수

2018. 12. 21.

깊은 애착 없이 행해지는 성행위는 애착 호르몬(옥시토신, 도파

민, 엔도르핀 등)이 거의 분비되지 않는다고 합니다. 그저 기계적인 작용에 지나지 않는 행위인 거죠. 난잡한 성생활을 행하는 사람들이 바라는 극치의 쾌락은, 결코 난잡한 성생활로는 이를 수 없는 경지인 것입니다. 성은 종합적인 뇌와 마음과 영혼의 활동입니다. 서로 사랑하라, 결코 사랑하는 사람과의 약속을 깨지 마라. 1%가 좋다고 사랑의 약속을 깨버렸을 때, 내 안의 너를 인간되게 하는 것이 사라져 버릴 것이니….

2019. 1. 1.
새 땅과 하늘이 열린 것만큼, 새로운 한 해가 시작되었다.
Good morning sun, I am a bird….

2019. 1. 6.
세상을 이분법으로 보는 사람들, 무엇이 이익이고 무엇이 불이익인지 기준이 명확하나 그 기준을 회의할 줄 모르는 사람들에게 "좀 자유롭게 살면 안 되겠니? 인생에 감사하며 즐기며 살면 안 되겠니?" 하고 묻고 싶다.

"비우면 다함이 없게 되고, 다함이 없으면 매일이 새롭다."

- 노자

2019. 1. 16.

존 윌리엄스의 『스토너』를 읽었다. 다 읽었을 때 가슴이 먹먹해
졌다. 태어나서 사랑하고 일하고 죽는 이야기였는데, 어쩌면 그
렇게 감성을 적시는 힘을 가졌는지. 다 용서하고 담담히 죽음을
받아들이는 주인공 스토너의 마지막 모습이 영상이 되어 떠오
른다.

이제 곧 봄이 오겠지. 겨울은 침묵으로 말하고 있다. 겨울 속에
생명이 잉태되어 있다고….

≪기도≫

문제를 해결해 주십사 하고 드리는 기도보다 그 문제를 대하는 나의 용적률을 크게, 나의 해결력을 키우는 기도.

O 하느님을 믿는다는 것은 기적이 일어남을 믿는다는 것이다.

O 무엇을 해달라고 기도하기 시작했는데 점점 기도하는 자체가 즐거워지기 시작했다.

O 기도의 형태 : 예수님께서 어떤 곳에서 기도하고 계셨다. 그분께서 기도를 마치시자 제자들 가운데 어떤 사람이 "주님, 요한이 자기 제자들에게 가르쳐 준 것처럼, 저희에게도 기도하는 것을 가르쳐 주십시오" 하고 말하였다. (루카 11.1)

O 소리기도(주님의 기도 등)·묵상기도·관상기도(관상기도는 생각을 정지하고 하느님 앞에 그냥 가만히 앉아있는 것입니다. 테레사 성녀는 이렇게 말했다. "마음으로 하는 관상기도란 제 생각에, 우리를 사랑하시는 그 하느님과 자주 단둘이 지냄으로써 친밀한 우정의 관계를 맺는 것입니다.").

O 주여, 나를 평화의 도구로 써주소서. 미움이 있는 곳에 사랑을, 상처가 있는 곳에 용서를, 의심이 있는 곳에 믿음을, 절망이 있는 곳에 희망을, 어둠이 있는 곳에 빛을, 슬픔이 있는 곳에 기쁨을 심게 하소서. (성 프란체스코의 기도)

O 기도는 행복해지는 방법이다. 미움과 포기의 세계에 들어서려는 순간 기도로 다시 나를 구원의 세계로. 세상의 모든 슬

픔하고 들숨, 내 속에서 기쁨으로 변화시킨 후 세상의 모든 기쁨하고 날숨. 시간이 없어도 기도하는 습관을 길러라.

o 정의롭지 못한 것을 이루어달라고 기도하면 안 이루어진다. 기도는 하느님의 뜻과 맞아야 한다.

o 미세한 마음의 변화가 일어났다. 절망에 빠지는 대신 세상의 큰 섭리에 마음을 열게 된 것이다.

o 기도 역시 꾸준히 하는 것이 관건이다.

o 세상의 모든 기쁨, 세 번 흡입.

o 얼마나 많은 것을 베풀었나를 생각했었는데, 어느 순간 얼마나 많은 것을 받았는가에 초점을 맞추게 되었다.

o 아침에 일어나 기도할 때 새가 두 번이나 창가로 날아들었다. 전에도 그랬을지 모르나 기도 시작 후 자연의 호흡에 더 귀를 기울이게 되었다.

o 희망을 잃지 않는 것 또한 기도의 자세 중 하나이다. 기도가 이루어지는 시기는 내 마음대로가 아니기 때문이다. 내 뜻대로 마옵시고.

o 항상 믿음, 소망, 사랑을 품고 있어야 함은 물론이다.

o 기도는 고립되지 않고 다음 날 다음 해가 또 떠오른다는 마음을 가지고 잠드는 것이다. 아무런 기대 없이 사는 것은 엄청난 우주의 섭리를 못 볼 수 있다는 것을 의미한다. 세상을 향해 마음을 열고 눈을 뜨자. 감지 말고.

○ 아멘의 뜻 : 진실로 그렇게 될 것을 믿습니다.

○ 어거스트 투랙의 『수도원에 간 CEO』라는 책에서 소박하고 온갖 고생을 마다하지 않고 사시다 의연히 죽음을 받아들이고 돌아가신 신부님의 죽음에 관해 이렇게 써놓았다. '그러니까, 사람들은 다 트라피스트 수도사처럼 죽고 싶어 하지요. 트라피스트 수도사처럼 살고 싶어 하는 사람은 아무도 없어요.'

○ 노동이 곧 기도다.

○ 기도하는 맘으로 세상을 바라보면 세상이 밉지 않다. 내 곁을 스쳐 가는 저 사람과 내가 고립된 섬들이 아닌 거다.

○ 기도를 하다 보면 해결책이 찾아지기도 한다.

○ 누군가를 위해 기도해준다는 것은 소통의 한 방법이기도 하다.

○ 일정한 시간에 하는 기도는 일상의 삶에 리듬을 준다.

○ 어떤 분은 아들이 무슨 생각을 하며 사는지 몰라 아들에 대한 주님의 생각과 기도 방향을 잡아줄 성서 구절을 일러 달라고 기도했답니다. 며칠 뒤 꿈을 꾸었는데, 아들이 성경 중 사도행전 한 구절을 손가락으로 짚으며 읽더래요. 그래서 그 구절을 방향타 삼아 아들을 위해 기도했답니다.

○ 기도를 통해 신의 어깨로 당신의 짐을 옮겨 놓아라.

○ 이루어진 것을 생각할 때 앞으로 내게 이루어질 것들을 기도하지 않을 수 없다. 매일 같은 것을 기도하니 지루하다면 이

미 이루어졌다고 생각하며 그 기쁨을 느껴보자.

○ 기도를 삶에 초대하자 삶을 바라보는 자세에 변화가 왔다.

○ 기도하는 것을 몰랐다면 삶은 잿빛이었을 것이다. 기도하는 것은 내 삶에 빛을 뿌려 주었다.

○ 기도는 우주의 섭리와의 만남이다.

○ 기도하는 것은 절망하지 않겠다는 결단의 표현임을 알게 되었다.

○ 도올 김용옥의 『로마서 강해』라는 책을 읽고 하느님이 이스라엘의 신만이 아님을 다시 확인한 것은 좋았으나(정화수 떠놓고 기도드린 우리 선조들이 마음속에 생각한 하늘님도 결국 내가 성당 나가 기도하는 하느님이라고 나는 생각한다.) **구약을 설화 수준의 역사적 사실이 아니라고 치부하며 신성이란 것, 어떤 우주의 섭리를 인간의 이성으로 갈아엎는 논리에는 찬성할 수 없었다. 살아오면서 악한 자는 외로워지고 선한 자는 복을 받는 것을 보았고 어떤 신비의 영역을 보았기 때문이다.**

○ 가정기도 순서(가족 마주보기) : ① 시작 성가 ② 자유기도 ③ 복음 성서 낭독 ④ 복음 묵상 나누기 ⑤ 대화시간 ⑥ 부모의 훈화 ⑦ 부모 축복의 기도 ⑧ 마침 성가.

○ 기도를 시작하며 성호경을 긋는 순간, 나는 다시 세계에 속한다는 느낌을 갖게 된다.

○ 어느 순간 성령이 함께하심을 느끼기 시작했다.

○ 기도하는 삶은, 아무렇게나 살고 아무것도 안 하고 살면 누 군가 교묘하게 구성된 거짓으로 사람들을 속일 때 속수무책 이 됨을 알려준다. 마음속에 기도가 담겨야 한다.

○ 어느덧 기도는 나의 내면을 돌아보는 시간이 되었다.

○ 기도하지 않는다면 당신의 신앙과 사랑은 꺼져 갈 것입니다. (성요한 바오로 2세 교황)

○ 기도한다는 것은 세속적 가치로 살지 않겠다는 결심의 표현 입니다.

○ 너희 염려를 다 주께 맡기라. 이는 그가 너희를 돌보심이라. (베드로전서 5:7)

○ 아무것도 염려하지 말고 다만 모든 일에 기도와 간구로, 너 희 구할 것을 감사함으로 하느님께 아뢰라. (빌립보서 4:6)

○ 오직 믿음으로 구하고 조금도 의심하지 말라. 의심하는 자는 마치 바람에 밀려 요동치는 바다 물결 같으니 이런 사람은 무 엇이든지 주께 얻기를 생각하지 말라. 두 마음을 품어 모든 일에 정함이 없는 자로다. (야고보서 1:6-8)

○ 너희가 내 안에 거하고 내 말이 너희 안에 거하면 무엇이든 지 원하는 대로 구하라. 그리하면 이루리라. (요한복음 15:17)

○ 기도의 순서를 잡자. 일정한 시간에 하자. 자세를 갖춘다.

○ 하느님의 세계를 믿음은 내 생활의 축이니 그 안에서 내가 위로를 받고, 힘을 얻고, 희망을 갖게 됨이다.

○ 기도를 생활에 초대하면서 절망하는 버릇을 버리기로 했다.

○ 성모송에서 '은총이 가득하신 마리아 님, 기뻐하소서! 주님께서 함께 계시니'는 예수님의 탄생을 예고하는 가브리엘 천사의 인사에서, '여인 중에 복되시며 태중의 아들 예수님 또한 복되시나이다'는 성령의 영감을 받은 엘리사벳이 건넨 인사에서 각각 비롯됨. 나는 성모송을 읊조리며 얼마나 많은 마음의 위로를 받았던가. 아픈 사람이나 반려견을 품에 안고 성모송으로 기도를 하는 그 시간이 얼마나 생명의 순간이었던가.

○ 자기 전 내일 하루도 평화롭기를 기도하라. 내일에 대해 15분간만 생각하고 기도하면 내일 기적이 다가올 수도 있다고 한다.

○ 지금의 삶이 나의 운명이라면 나는 그것을 저주해서는 안 된다. 조용히 지나가기를 기도하라. 어떤 섭리가 있으리라는 겸허한 생각을 해야 한다.

○ 이루어졌으면 하는 모습을 떠올리며, 그 즐거움을 만끽하며 기도할 때 이루어진다고 많은 영성 전문가가 말한다.

○ 성부와 성자와 성령께 귀 기울여 보자. 항상 내 기도만 하지 말고 성령이 내게 원하시는 것이 무엇인지, 세상에서 나의 소명이 무엇인지 성령께 귀 기울여 보자.

○ 주님이 내 삶에 사랑의 개입, 넛지를 하고 계시다는 믿음….

주님을 믿기로 마음먹었다는 건 우주의 섭리가 내 인생에 따뜻하게 작용하기 시작했다는 것이다.

○ 구체적으로 기도하라(기도하고자 하는 바를 시간, 장소 등 세부 사항을 표현하라).

○ 점점 기도는 세상과 나를 이어주는 시간이 되어 간다.

○ '은총이 가득하신 마리아님… 저희 죄인들을 위해 빌어주소서' 성모송을 처음 접했을 때 '저희 죄인들을 위해'라는 구절이 마음에 들지 않았었다. 왜 우리는 죄인이어야 하나. 그러나 시간이 흘렀을 때, 자기가 무엇을 잘못했는지 알았을 때 마음의 근육이 성장함을 체험했다. 성모송의 끝부분을 조용히 읊조려 본다. 저희 죄인을 위해 빌어주소서….

○ 어느 날의 기도. 제가 봉사하고 있는 어린이집 건물을 8경 번 돕니다(월세가 인하되게 해주십시오). 한반도를 8경 번 돕니다(평화가 정착되게 해주십시오). 지구를 8경 번 돕니다(영원한 평화가 정착되게 해주십시오).

○ 북한의 김정은 위원장과 미국의 트럼프 대통령에게 사랑과 평화와 상생의 뇌파를 보내본다. 그들의 뇌파가 공존의 뇌파로 발전하기를 기도하며.

○ 이루어질 것을 믿으며 기쁜 마음으로 진정으로 기도한다. 절망적으로 슬프게 기도하는 건 이루어질 가능성을 믿지 않는다는 전제가 깔려 있다. 그러니 슬픈 것이다. 이렇게 기도하

면 위로가 되지 않는다. 내 기도가 이루어졌을 때의 기쁨을 가득 담고 기도해야 한다. 이것은 하느님에 대한 신뢰와 믿음이 기본전제로 깔려 있다는 방증이다.

○ "기도란 다른 것이 아닙니다. 기도란 우리가 지극히 사랑하는 주님과의 친밀한 대화입니다. 기도란 우리는 그분을 바라보고, 그분은 우리를 바라보는 것입니다. 기도란 우리가 그분께 사랑한다고 말씀드리고, 그분 발치에 머무는 것을 기뻐하며, 그분 앞에 살고, 그분 앞에 죽고 싶다고 말씀드리는 것입니다." (샤를르드푸코 신부)

○ 어느덧 나는 저녁기도 하며 노래를 부르고 있었다. 그리고 어느 날은 즐겁게 춤을 추며 기도드리고 싶었다. 가스펠, 즉 복음은 행복한 소식이니까.

○ 엉엉 울고 싶은 내가 마음속으로 하소연하며 흐느낄 때 말없이 귀 기울이시고 사랑의 눈으로 바라봐 주신다는 느낌만으로도 나는 주님께 빚졌다.

○ 기도를 통해 건강해졌고, 건강해짐에 따라 더 기도 생활을 잘할 수 있게 되었다.

○ 봉사하는 생명나무어린이집의 월세 인하를 기도하고 있는데, 응답이 왔다. 큰 폭은 아니지만 인하되었다는 것이다. 할렐루야!

○ 고통 받고 있는 베네수엘라를 위해 기도합니다. 민주화되게

하소서!

○ 주여, 당신께 이 짐을 맡깁니다. 혼자 짊어지고 갈 수가 없습니다. 몸을 짓누릅니다. 당신께 모두 맡기면 관리해주시고, 조절해주시고, 정리해주실 것을 압니다. 저의 죄를 가져가셨으니 저의 슬픔을 가져가시고 당신의 평화, 당신의 안식을 제게 주십시오. (F.B.메이어 : 인도의 비밀에 나오는 기도문)

○ 내 마음의 평화를 위한 기도. 제가 타인을 바꾸려 하지 말고 그의 본래의 모습으로 긍정하고, 인정해주고, 틀린 모습을 봤을 때도 비난하지 말고, 스스로 깨달을 수 있도록 도와주게 하소서. 때때로 영혼이 자유로울 수 있게 스스로 허하게 해주소서. 마지막으로 오늘이 세상에서의 끝날이라면 어떻게 살 것인지 생각하며 살게 해주소서.

○ 이제 나는 내 마음을 진솔하게 주님께 말씀드리기 시작했다. "주님, 오늘 하루를 또 저에게 주셨습니다. 그런데 저는 하루를 사는 것이 두렵습니다. 그리고 밝게 미래를 바라보아야 하겠는데 왠지 어둡게 보입니다. 그러나 용기를 내어 보겠습니다…"

○ 기도를 하는 것은 내 마음이 머물 곳이 있다는 거, 내 마음에 천주를 품고 살아간다는 거.

○ 어느덧 기도를 의식화해서 생활화한 지 8개월여가 되어간다. 이제 공기에서 하느님의 숨결이 느껴진다. 주님을 모르고 살

던 시절도 있었는데 이제 주님이 보인다. 느껴진다.

○ 기도는 대화다. 주님의 일방적인 지시가 아니다.

○ 기도하는 중 '믿음이 이 세상 이긴다'라는 성경 구절이 생각
났다. 그냥 수사적인 표현이 아니라는 깨달음이 왔다. 믿음이
있다면, 주님이 나를 도와주고 계시다는, 꼭 병이 나으리라
는, 이 어려움이 해결되리라는, 다음 세계(주님이 약속하신)가
기다리라고 있다는 확신으로 힘을 내어 하루를 더 살 수 있
다. 그러나 믿음을 잃어버리면 4초도 견디기 어렵다. 적어도
나에게 믿음은 이 세상이 사랑이라는 에너지로부터 시작되
었다는 확신에서부터 비롯된다.

○ 예지의 능력을 주십사 하고 기도하기 시작했다. 이런 능력도
기도로 얻을 수 있지 않을까.

○ 밤늦게 기도하려는데 성령님도 쉬셔야 할 것 같아 주님과 성
모상을 바라만 보았다. 바라보기만 해도 기도가 되었다.

○ 주님께 여쭈어보면 때로 내가 슬프고 힘든 게 안쓰러워 포기
하라고 그냥 쉬라고 말씀해주신다. 나는 그것이 사랑임을 알
게 되었다.

○ 내가 아는 상식을 뛰어넘는 것이 주님의 세계다. 왜냐하면
나는 모든 것을 알지 못하니까.

○ 예수님이 먹고 마시고 술을 드신 것에 대해 비난했다는 이들
에게. "먹고, 마시고, 술을 드시지 않음 에너지가 없어서 돌

아가셔. 육화되어서 오셨으니까. 너는 왜 사랑의 마음이 없니. 예수님이 노래 부르고 행복하셨으면 좋겠어, 난"

○ Sunshine's almost always… (존덴버, Sunshine on my shoulder 중에서) 음… 햇빛은 거의 모든 길에 비추고 있어. 맞다. 내가 감사와 기도의 마음을 지니고 있으면 햇빛이 내 마음에 언제나….

○ 나는 내 역할을 재가 수도자로 받아들였다. 그러자 내 고통의 의미도 이해가 되었고, 하느님이 나와 항상 함께하시기 시작했다.

○ 세상은 곧 사랑이구나. 세상이 생기게 된 건 곧 사랑이구나….

○ 기도는 자신의 한계를 깨닫고, 보다 참다운 삶을 찾아 나서는 여정이다.

○ '내 영혼이 은총 입어~ 슬픔 많은 이 세상도 천국으로 화하도다…' 이 노래에 기도의 비밀이 있다. 주 예수와 동행하니, 슬픔 많은 이 세상이 천국으로 화하도다… 기도하면 나의 세상이 천국으로 화한다.

○ 슬픈 기도는 기쁜 기도로 전환하자.

○ 내 눈을 감기세요. 전 기도할 수 있습니다. 주님을 떠올릴 수 있습니다.

○ 선명한 언어로 구체적인 기도를 하되, 순리대로 이루어지기를 기도할 것. 주님께 이루어 달라고 강권하지 말기.

○ 기도하기가 없었다면 난 삶을 버티지 못했을 것이다.

○ 세상의 아픈 곳을 어루만지는 것, 이 또한 기도다.

○ 성물방의 모든 작품, 그 의미가 이해되기 시작했다.

○ 저기 불행한 표정으로 지나가는 아주머니, 저기 절망의 골짜기에서 헤매는 젊은이. 그들의 모습이 행복한 사람들과 조화를 이루는 삶의 모습이라고 생각했던가. 혹은 별 관심이 없던가. 나는 죄인이었다. 사랑과 기쁨과 지혜와 보람이 깃든 표정의 사람들, 행복한 이웃들이 사는 곳, 나는 그곳을 향해 기도해야 한다.

○ 이렇게 찬송가가 달콤한 노래였구나. 이렇게 찬송가가 위로의 노래였구나.

○ 기도로 힘든 시간을 이겨내고 있다. 온갖 부정적인 감정으로 괴롭지 않게. 그 선택이 나를 훨씬 편하게 해주고 있다. 아무리 힘들어도 기도로 마음의 천국을 품고 사는 삶…. 난 그런 선택을 하고 있다. 그것이 나를 내가 꿈꾸는 삶으로 인도해주고 있다.

○ 기도할 때 호흡하는 공기는 신선하고 맑다. 나는 또 다른 세상으로 이동한 것이다.

○ 내가 하는 기도에 주님이 귀 기울이고 계심을 알게 되었다. 내가 원하는 일들이 조금씩 다가오고 있다.

○ 안식일을 특별한 날로 만드는 것. 과거를 반성하고, 현재의

의미를 깨닫고, 미래를 생각해 보는 영적이고 쉼이 있는 날로 만드는 것. 진정으로 기도하는 날로 확보하기.

○ 희망으로 세상을 밝혀라. 주님이 주신 말씀.

○ 기도가 깊어질수록 느끼는 건, 주님은 사랑이시라는 것. 선을 위해 내가 헌신할 때 주님은 우신다는 것. 하느님이 예수님을 사랑하지 않아, 십자가를 지게 하신 게 아니라는 것.

○ 기도는 영성학자 디팩 초프라가 말하는 보이는 현실을 뛰어넘는 세계와 관계 맺기이다.

○ 기도는 하느님께서 내 삶에 넛지(긍정적 개입)을 해주심을 믿는 것이다.

○ 기도했을 때 내가 바라는 것을 이루어주시기 위하여 주님은 힘들게 수고하실까? 그럴 것 같다. 그러나 나 또한 힘들게 수고해야 한다. 기도가 이루어짐은 주님과 나의 협업인 것이다.

○ 믿음은 바라는 것의 실상이요, 보이지 않는 것의 증거니라(히브리서 11장 11절). 기도 또한 마찬가지 아닐까?

○ 기도하며 주님의 세계에 머무르는 법을 배우다.

○ 세상을 품어 안아라. 아무도 미워하지 말아라. 주님이 기도 중 주신 말씀.

○ 요한복음 12장 46절 말씀. 주님은 빛으로 세상에 오셨으니, 주를 믿는 자들이 어둠에 거하지 않게 하려 함이로다…. 어둠에 거함은 자신이 세상의 주인 됨이라고 새벽에 듣는 찬송

전해주는 방송에서 말씀해주신다. 자신이 세상의 주인 됨, 곧 자신이 전지전능한 신이므로 자신이 곧 법이고 종교이며 최종권위자인 삶. 그들의 불행한 종말이 요즈음 계속 들려온다. 실존주의에서도 알고 있는 한계상황에 있는 인간의 모습을, 서로 위로하며 소통하며, 주님께 기도함으로써 아름다운 삶의 여정을 걸어감을 그들은 모른다.

○ 영혼의 파국으로까지 가는 슬픔이 몰려올 때 문득 기도해본다. 지옥을 건너 천국으로 간다.

○ '내가 선하게 살 수 있음을 감사합니다'라고 기도한 율법 학자보다 저는 죄인이라고 기도하며 눈물 흘린 사마리아인이 옳다고 주님은 말씀하셨다. 어디 죄 하나 없는 사람이 있을까? 중요한 건 죄에 무감각하지 않다는 것. 반성할 줄 안다는 것. 주님께서 저를 용서해주심 같이 저도 용서하게 해주소서. 덜 죄짓게 해 주소서….

○ '아주 소수의 사람들만이 자신의 생각을 의도적으로 이끌어감으로써 자신의 감정을 통제할 수 있고, 그 결과 자신의 삶에 나타나는 것들에 긍정적인 영향을 미칠 수 있다는 사실을 인식하고 있습니다.' (『끌어당김의 힘』 중에서) 기도하는 것과 같은 과정이다.

○ '너희는 세상의 빛과 소금이다.' 제자들에게 주신 이 말씀에서 빛이 의미하는 건 밝음이고, 소금은 곧 음식을 완성하는

것이니, 우리가 주님의 제자로서 살아가려면 어둠과 결탁하면 안 될 것이고, 세상을 아름답고 건강하고 진실되게 이루어나가 완성시켜야 하리라. 주님, 빛과 소금으로 살아가겠나이다. 매일 아침을 맞이한 때마다 떠올리고 싶다. 빛과 소금의 역할로 살아가는 것.

○ 예수님은 의인을 부르러 오신 것이 아니라 죄인을 부르러 오셨다고 한다. 그러시면서 죄인을 악한 자라 하시지 않고 병든 자라고 하셨다. 오호라, 21세기 상담 심리학에서 말하는 것을 이야기하셨다. 그리고 자신을 의롭다고 생각하는 율법 학자보다 죄인이라 생각하며 참회의 눈물을 흘리는 사람이 옳다 하셨다. 주님, 한 마리의 참새에게 진실을 드러내시는 주님….

○ 주님, 내 마음에 계심. 눈을 감고 조용히 기도드림.

○ 기도는 삶에서 잠시 벗어나 또 다른 세상에 머물게 해준다.

○ 두바이처럼 사막에 혹은 고원에 거주지를 만들어 갈 곳이 없는 난민들이 살 수 있게 우리가 힘을 모으기를, 세상의 모든 쓰레기가 재활용되는 구조를 우리 모두 구축하기를, 모든 마음에 평화가 깃들기를 내 온 마음을 다하여 기도드립니다.

○ '아골 골짝 빈들에도 복음 들고 가오리다'라는 찬송가의 가사가 필요한 상황이 삶의 여정에 불쑥불쑥 나타난다. '사랑은 용서다'라고 나는 이야기하고 싶다. 일곱 번씩 일흔 번이라도, 끝없이 용서하라고 말하고 싶다. 복음은 용서하는 법

을 이야기하는 소식이라고 나는 감히 말하고 싶다. 주님, 내가 마음이 깊어져, 삶이 얼마나 각 생명에게 힘든 모습으로 나타나곤 하는지 알기에 용서하게 하소서. 나 자신도.

○ 주님, 고난을 주셔서 기도할 수 있게 해주셔서 감사합니다.

○ 사랑을 행하지 않고 자비를 품지 않고 용서하지 않으면 불행이 다가옵니다. 기도 중 주님이 주신 말씀.

○ 세상의 모든 슬픔을 들이쉬고, 6초 후(모든 슬픔이 모든 기쁨으로 바뀐다 생각하고) 세상의 모든 기쁨을 내쉰다. 전에는 그 모든 슬픔이 어둡게만 느껴졌는데 오늘 아침에는 그 슬픔 속에 행복의 씨앗이 숨어 있다고 어렴풋이 그러나 확신 있게 느껴진다. 부자가 되려 말고, 먼저 나라와 의를 구하십시오. 그러면 먹을 것, 입을 것이 뒤따라옵니다. 주님 말씀, 아멘.

○ 자신에게 침잠함. 합리와 비합리를 넘어서는. 온갖 소란함을 잊는. 그리하여…. 주일, 안식하는 날, 비로소 호흡해 보는 맑은 대기.

○ "소주를 마셨습니다. 너무 괴로워서요. 두 잔 마셨습니다. 다음부터는 안 마실게요"라고 기도했다. 주님이 "두 잔만 마시면 좋겠다"라고 말씀해주셨다.

○ 하느님께 기도함은 멸망으로 가서 생명을 버리지 않기 위함이니, stand by 주님….

○ 먼저 그 의와 나라를 구하라. 그러면 입을 것과 먹을 것이 따

라오리라(피터 드러커의 경영이론, 먼저 비전을 세워라). 보냄을 당한 이가 보내신 이보다 못하고, 종이 주인보다 못하다(20세기 실존주의 철학자 사르트르의 한계상황이론).

○ 인간을 위해 안식일이 있다. 안식일을 위해 인간이 있는 것이 아니다(휴머니즘 철학).

○ 희망을 안고 기도하며 살아가면 소원이 이루어지나 알고 싶었다. 곧 소원이 이루어질 것 같다.

○ 주님, 제가 걸어온 길은 주님께로 가는 길이었습니다.

○ 응답은 내가 생각하지 못할 방법으로 왔다. 기도는 꼭 응답받는다. 확신이 왔다.

○ 세상의 많은 문제를 하느님께 여쭈어보는 게 기도의 전부는 아니었다. 주님의 세계를 마음속에 느끼고 체험하는 신비로운 경험, 그것이 기도가 주는 참 기쁨이다.

○ 기도하는 참 자세 중 하나는 경멸하고 싶고, 미워하고 싶은 마음을 생명존중의 마음으로 바꾼 후 마음을 모아 기도생활을 하는 것이다. 한 생명을 내 마음에서 경멸하고 미워하는 건 한 생명에 대한 폭력이나 마찬가지다. 그러면 나의 영혼이 자유롭게 되지 않는다. 오히려 미운 그 생명을 축복해주고 의식에서 놓아준다….

○ 천국에 가면 기도 생활 안 해도 될까? 아니, 난 꾸준히 하고 싶다….

생명역
7번 출구

초판 1쇄 발행   2021년 6월 10일

지 은 이   감사와은혜
펴 낸 이   정혜윤
디 자 인   더블디앤스튜디오
펴 낸 곳   SISO

주   소   경기도 고양시 일산서구 일산로635번길 32-19
출판등록   2015년 01월 08일 제 2015-000007호
전   화   031-915-6236
팩   스   031-5171-2365
이 메 일   siso@sisobooks.com

ISBN 979-11-89533-59-5 03230